経営管理理論

講義草稿

LECTURE NOTES IN MANAGEMENT THEORIES

中原翔
NAKAHARA Sho

千倉書房

まえがき

本書は、経営管理論の講義草稿をまとめたものである。もともと講義草稿を書くことになったのは、私が『シラバス論—大学の時代と時間、あるいは〈知識〉の死と再生について—』(芦田宏直、晶文社、二〇一九年)という書物の校正作業を担当したことに始まる。それまで私は、経営管理論において既成の教科書(他者が執筆した教科書)を使って講義を行っていた。その講義については特段の不満などはなく、また学生たちも最低限ではあるが経営管理の知識を修得しているように感じたため、そのような講義形式を修正するつもりなどはなかった。だが、『シラバス論』にも記されているように、既成の教科書(他者が執筆した教科書)ではシラバス自体もその教科書の見出しを拾うように書いてしまうため、教壇に立つ教員が、その日のその時間で一体どこから、どこまで、どれくらいの深さで教えるのか(=学ぶのか)が明示できていなかった。そのような状況で、『シラバス論』に取り上げられているコマシラバスを自分でも執筆してみると、確かにその時間で、どこから、どこまで、どれくらいの深さで教えるのか(=学ぶのか)という時間化ができない部分も多々あり、それまでの講義の不完全さを痛感する羽目になった。

そのため、私は大阪産業大学経営学部商学科で担当していた経営管理論の講義草稿を一から書き始めた。意気揚々と始めたものの、講義草稿を一から執筆するというのは、とても大変な作業だった。そもそも、講義草稿を書くために文献を一つ一つ取り寄せるところから始まった。文献が届いても、その文献の一行一行を丹念に読解し、学生にもなるべく分かりやすい文章で書いていくという作業は大変骨の折れる作業であった。また、講義草稿が仮に書けたとしても、読みにくい箇所がないかを少なくとも講義の一週間前までには校正し、それを学生に印刷をして渡す作業が必要になった。講義が終わった後も、説明がうまくいかなかった箇所や補足説明が必要な箇所などを来期に向けて改訂していく作業も求められた。

しかし、もともと講義というのは、このように講義草稿を自ら書き始めて際限なく改訂を行っていく道のりのことかもしれない。経営学で言えば、バーナードの『経営者の役割』やサイモンの『意思決定の科学』も、もとは〈大学〉という教育研究の場において聴衆（学生）に向けて執筆された講義草稿であった。講義という聴衆（学生）と教員の閉鎖的＝秘儀的な空間での有り様を、書物という公共的な文書として刊行するからこそ、その一冊に「豊穣な知の大海」が広がる。私の講義草稿がそのような大海に程遠いことは重々承知しているが、だからこそ、その道のりを時には険しく、時には楽しく歩むものでありたい。

最後に、本書（＝講義草稿とコマシラバス）を作成するにあたり、『シラバス論』の内外で丁寧に指導してくださった芦田宏直先生（人間環境大学理事・統括副学長）、他分野ではあるがともに講義草稿とコマシラバスを作成してくださった中西大輔先生（広島修道大学教授）、城田純平先生（人間環境大学講師）には心から感謝の意を表したい。また、千倉書房の岩澤孝様には出版を快く引き受けていただき、感謝しなければならない。千倉書房と言えば、わが国の経営学における数々の名著を刊行されてきた出版社でもあり、正直に言えばそれに臆する部分もあった。本書がその名を汚さぬものとなっていることを願うばかりである。本書に至らぬ部分があるとすれば、すべて筆者の責任である。

二〇二三年四月　生駒山麓をのぞむ大学の研究室にて

中原　翔

経営管理論——講義草稿　目次

まえがき iii

第1章 経営管理論が目指すもの 001
第一節 【コマ主題細目①】講義を受けること 001
第二節 【コマ主題細目②】コマシラバスとは何か 004
第三節 【コマ主題細目③】経営管理論で教えることと学ぶこと 008

第I部 古典的管理論

第2章 アメリカのビッグ・ビジネス 019
第一節 【コマ主題細目①】ビッグ・ビジネスの生成 019
第二節 【コマ主題細目②】ビッグ・ビジネスと経営思想 024
第三節 【コマ主題細目③】ビッグ・ビジネスと組織構造 027

第3章
科学的管理法 033
第一節【コマ主題細目①】テイラーの経歴 033
第二節【コマ主題細目②】工場管理法と科学的管理法 038
第三節【コマ主題細目③】精神革命、その威光 043

第4章
管理過程論 049
第一節【コマ主題細目①】ファコールの経歴 049
第二節【コマ主題細目②】産業ならびに一般の管理 055
第三節【コマ主題細目③】公共心の覚醒 062

第5章
復習コマ① 067
第一節【コマ主題細目①】小テストの意義 067

第二節【コマ主題細目②】履修判定指標の再確認 069
第三節【コマ主題細目③】標準偏差と平均点の役割 072

第II部 新旧人間関係論と組織論的管理論

第6章 人間関係論 077
第一節【コマ主題細目①】照明実験と継電器組立作業実験 077
第二節【コマ主題細目②】面接実験とバンク配線作業実験 084
第三節【コマ主題細目③】人間関係論における管理教育の必要性 089

第7章 新人間関係論 097
第一節【コマ主題細目①】リッカートの管理論 097
第二節【コマ主題細目②】マグレガーの管理論 104
第三節【コマ主題細目③】マズローの管理論 107

第8章 組織論的管理論 115

第一節 【コマ主題細目①】人間と協働 115
第二節 【コマ主題細目②】組織論的管理論 122
第三節 【コマ主題細目③】推理することと直観すること 126

第9章 復習コマ② 133

第一節 【コマ主題細目①】小テストの意義 133
第二節 【コマ主題細目②】履修判定指標の再確認 135
第三節 【コマ主題細目③】標準偏差と平均点の役割 138

第III部 経営組織論

第10章 組織文化論 143

第一節【コマ主題細目①】文化とは何か 143

第二節【コマ主題細目②】組織文化とは何か 147

第三節【コマ主題細目③】組織エスノグラフィーとは何か 154

第11章 組織と環境 163

第一節【コマ主題細目①】私たちの認識 163

第二節【コマ主題細目②】技術決定論としてのサウス・エセックス研究 168

第三節【コマ主題細目③】主意主義としてのサウス・エセックス研究 174

第12章 意思決定 179
第一節 【コマ主題細目①】サイモンの経歴とバーナードとの関係 179
第二節 【コマ主題細目②】合理性と原理 183
第三節 【コマ主題細目③】経営者の意思決定 186

第13章 経営と戦略 191
第一節 【コマ主題細目①】企業戦略論 191
第二節 【コマ主題細目②】戦略経営論 198
第三節 【コマ主題細目③】戦略経営の実践原理 201

第14章 復習コマ③ 207

第一節 【コマ主題細目①】小テストの意義 207
第二節 【コマ主題細目②】履修判定指標の再確認 209
第三節 【コマ主題細目③】標準偏差と平均点の役割 213

第15章 模擬試験・模擬解答発表会 217
第一節 【コマ主題細目①】模擬試験・模擬解答発表会とは何か 217
第二節 【コマ主題細目②】模擬試験・模擬解答発表会の実施と意義 219
第三節 【コマ主題細目③】模擬試験・模擬解答発表会の双務性 222

付録

コマシラバス／履修判定指標 225

参考文献 258

主要事項索引 266

第1章 経営管理論が目指すもの

第一節【コマ主題細目①】講義を受けること

第一項　知的伝統の継承者になるところ

学生にとって、〈大学〉とはどのような場所だろう。ある学生は、友人と時間を共にするところと考えるかもしれない。別の学生は、これまでに続けてきた部活動の延長線上で大学のより高いレベルでの挑戦を考えているかもしれない。いずれも正しいことのように思う。〈大学〉の目的とは、人それぞれではあるし、またその個人的目的を否定することもできない。

ただし、〈大学〉という場所は、あえて時間的・空間的な制約が設けられている。そして、その制約において他の学生や教職員とともに過ごすわけであるから、そこにどのような共通目的があるかを考えてみる必要もある。その共通目的が、多くの学生や教職員による協働を促し、〈大学〉という組織の存続を導くからである。

それでは、〈大学〉とはどのような場所であるか。それは「知的伝統の継承者になるところ」である。ここでの知的伝統とは、私たちが普段使用している言葉の学問的な伝統のことを指している。経営管理論において、これから理解していく〈管理management〉という言葉も、日常用語として使われているものの、同時に知的伝統を有している。学問の知的伝統に根ざした場合に、この言葉が、いつ、どこで、誰に、どのようなきっかけで使われるようになったのか。このことを考えなければならない。

ただし、学生は「それを知らなくても生活に不便を来たすことはない」と考えるかもしれない。確かにそうかもしれない。しかし、この〈管理management〉という言葉をめぐって歴史が積み上がっていること、そしてこの言葉に自分の生涯をかけた人間がいること、そのことは知っておかなければならない。それは人類の重要な遺産である。そこに私たちと同じ生身の人間の生涯が刻まれている。それは単なる歴史なのではなく、尊い人間の生涯である。私たちと同じ人間が考えた偉大なる遺産である。

したがって、知的伝統とは、無限大に広がるものではなく、有限なものである。有限である以上は、いつ、どこで、誰に、どのようなきっかけで〈管理management〉が使われるようになったかを、書物において特定することができる。これは、その書物に書かれたことを特定し、その一文一文を吟味することを私たちに求めている。読むということは、その一文一文に意味を見出す作業である。

同時に読むことは、そこに書いてあることの精神を現代において再生産することでもある。書き言葉(すでに死んでいる言葉)は、話し言葉(いまだ生きている言葉)よりも長く生きることもある。ヨッヘン・ヘーリッシュは、「話シ言葉ハ消エ去ルガ、文字ハ残ル」と言っている[1]。書き言葉(文字)がすでに死んでいる言葉であるとすればそれは長く生きることもあり、話し言葉がいまだ生きている言葉だとすればそれが短命に終わることもある。それは生きることが死ぬこと、死ぬことが生きることという意味でもある。「生きるか、死ぬか」ではなく、「生きることが死ぬこと、死ぬことが生きること」という往きと還りを意味している。ただし、このことについては、ここで長々と述べるつもりはない。

その反対に、私たちが日常的に接する携帯の情報というのは、この特定ができない場合が多くなっている。つまり、誰が、いつ、どのようなきっかけで(あるいはどのような場所や時間において)発信したのかということを特定できない場合が多い。このことは、そこで得られた情報の真偽を確かめにくいことを意味している。真偽を確かめにくいということは、その情報が正しいのか間違っているのかが判別しづらいということである。正しいとも、誤っているとも言えない情報を私たちが信じて、それを実行に移しているのだとすれば、それ自体危機的である。確かにチェスター・バーナードは、経営の本質とは仮構(フィクション)であると説明している[2]。しかし、それは確かめられないものにすがるという意味ではない。仮構(フィクション)として仮定するということによって初めて成り立つ認識について考えるということである。真偽を確かめられないこととあえて確かめないことには大きな差がある。私たちが得る情報については、やはり真偽を確かめなければならない。

第二項　沈黙することによって生まれる価値

知的伝統を継承するということは、言わずもがな知識を身につけるということである。知識を身につけるためには、学問上の言葉、すなわち概念について最大の関心を持たなければならない。概念について知るためには、一冊の書物をじっくりと読んだり、教員の話を聞いたりと、沈黙して対象と向き合わねばならない。友達との会話を楽しむことも大事なことではあるけれども、概念についてはまずもって沈黙しなければならない。

しかし、この沈黙は決して消極的なことではない。黙って何かに集中する時間が自分の後世において重要な時間となることもある。黙って人の意見に耳を傾けた結果、自分の疑問が氷解することもある。黙って考えた結果、自分の浅はかさに気づくこともある。戦後最大の思想家とも呼ばれた吉本隆明は、この沈黙の大切さについて次のように語っている[3]。言葉の本質とは、他者と行う会話（コミュニケーション）の手段や機能ではなく、それは言葉の観点から考えると枝葉に近いものである。むしろ、根幹にあるのは沈黙である、と。他者と会話するための言葉ではなくて、自分が自分と会話するためにある言葉が重要という意味である。言葉の本質は、沈黙にあるということ。そして、そのことを徹底的に考えること。吉本は、そのことを若い人たちに向けて語っている。

沈黙とは何か。それは相互に理解することではなく、単独で理解することである。その単独性において、人間はいくつもの歴史的な発展を遂げている。単独であるからこそ、多くの人々を魅了する書物が生まれている。そうであれば、その書物を読むことは、その単独性（孤独さ）に一人で寄り添うということでもある。著者の単独性と読者の単独性が時代（時間）を超えて交差するところ、それが書物である。

第二節【コマ主題細目②】コマシラバスとは何か

第一項　読むことと使うこと

私が担当する講義では、コマシラバスという文書を用いている[4]。これは、コマ（＝授業回）ごとに何を、どこから、どこまで、どれくらいの深さで教えるか＝学ぶかということをあらかじめ指し示す文書である。あるいは、あらかじめという意味だけでなくとも（講義前だけでなくとも）、講義中にも、講義後にも、そこで教える＝学ぶ内容を共有するものである。

一般的なシラバスでは、このように教える＝学ぶ内容を講義の前中後で確認することはできなかった。しかし、そのコマ（＝授業回）の時間において「どこから」だけではなく、「どこまで」あるいは「どれくらいの深さで」ということについても記載されていなければ、教える側も学ぶ側も真の意味で到達点を理解することができない。このような一般的なシラバスは、「概念概要型シラバス」と呼ばれており、無時間性が問題となっている。ここでの無時間性とは、教える側も学ぶ側も「教えてみなければ何をその時間で教えたかったのか」を理解できないことを意味している。一方で、コマシラバスが「時間型シラバス」と呼ばれるのは、そのコマ（＝授業回）においての到達点が意識されるため、教員も学生もともにその到達点をあらかじめ意識して講義にのぞむことを意味している。そこに、あらかじめ時間が生まれている。この時間の生成こそ、コマシラバスを書くことの意義である。したがって、コマシラバスは教員と学生が単に読むだけではなく、実際に講義の前中後に使うことを意識して書かれている。単に読むのではなく、講義前、講義中、講義後に繰り返し使って内容を反復し、知識の定着を促している。このことは、『シラバス論』でも詳しく述べられている。

コマシラバスを書くためには、その都度、教員に高い専門性が求められる。高い専門性が、その時間で教えることを豊富にさせるからである。しかし、どれだけ知っている内容であっても、それを限られた時間で学生に教えることは想像以上に難しいことである。むしろ、高い専門性があるところほど、限られた時間で教えるのは難しくなってくる。専門性が高ければ高いほど、多くのことを教えようとして時間内に終えられなくなるからである。したがって、教員は誰が受けても一定の知識が定着するように講義の準備を行わなければならない。内容についての専門性だけではなくて（知的専門性）、その限られた時間に対しての専門性（時間内に一定のところまで教え終わる＝教え始めることの時間的専門性）が求められている。

開かれた講義とは、そういう意味での時間意識が生まれることでもある。フランスで権威ある教育研究機関の一つに、コレージュ・ド・フランス（College de France）という大学がある。この大学は、もともと一五〇三年に王立教授団として建立され、一八〇三年に現在の大学名となった由緒ある大学である。このコレージュ・ド・フランスは、別名「市民大学」とも称され、講義が公開されている。それは、一般市民にも開かれた講義が行われることを意味する。

しかし、このように講義を公開すると、通常は教員に大変負荷がかかる。それは、誰が受けているのかが分からないからである。もしかすると、その領域に精通している聴衆がいるかもしれないし、野次馬のような人もいるかもしれない。そのため、普通の大学(日本の大学)では基本的に講義は公開されていない。公開されていても、多くの場合は、そのために準備された講義である。

したがって、講義を開かれたものにするのは、大変労苦を伴うものである。しかし、このように講義草稿を書き続けること、あるいはそれを公開することは、自分が一流の教育研究者でなくともできることでもある。それを実際に行おうとしているのが、この講義草稿である。むしろ、コレージュ・ド・フランスに集う教育研究者もまた、批判されることを恐れずに、多くの市民に対して講義している。そうであれば、仮に高い専門性を身につけられなくとも、そのような精神を見習う必要がある。

第二項　経営管理論とコマシラバスの関係

さて、経営管理論とコマシラバスにはどのような関係にあるのか。ここではまず、コマシラバスというものが、どういう項目で構成されているのかについて理解しておきたい。付録にあるコマシラバスの第一回を見ると、その表の一番左に記載しているのが、経営管理論の「回数」である。「一」と記載されているものが、第一回の講義内容である。その右に記載してあるのが、講義の「主題」である。主題とは、この講義を一言で表すとすれば何になるかというテーマである。そして、その右列に記載されている各種の項目において最上段には、「科目の中での位置付け」がある。これは、この経営管理論の中で第一回が科目全体を通してどのような意味を持つのか説明しているところである。

次に、「コマ主題細目」である。ここは、第一回の講義内容を時間的に細かく分けた場合に、どのような分け方が可能になるかを示したものである。実際に、現在は「コマシラバスとは何か」という二つ目のコマ主題細目を行っているため、この項目が九〇分の講義をどのように分割するのかを示していることが分かる。「細目レベル」では、コマ主題細目をどこから、どこまでを、どのくらいの深さで教えるのか＝学ぶのかの範囲を示している。この項目は非常に大切な項目である。なぜなら、この時間で教員がどこから、どこまでを、どのくらいの深さで教えようとしているのかがあらかじめ記載しているからである。

そして、「キーワード」である。これは、この細目レベルを理解するために最低限必要となる用語を書き記している。「コマの展開方法」では、教員がこの時間でどのような方法を使って講義を行おうとしているのかを示している。「予習・復習課題」については、そのコマ（＝授業回）で行うべき予習と復習のやり方が書かれている。この項目には、実際に予習と復習を行った時間と日付を記載するようにしている。いつ、どれくらい予習と復習を行ったのかを忘れないためにも、時間と日付を記録するよう求めたい。

最後に、「教材・教具」については、このコマ（＝授業回）で使用する教材や教具を書いている。主として使用するのは、この講義草稿である。しかしながら、この講義草稿で引用した文献や実際に配布する文献が、どのような書誌情報であるのかを理解することも求められる。そのため、そこに記載している文献を手に取って読むこともおすすめしたい。

なお、コマシラバスの最後には履修判定指標を添付している。履修判定指標とは、この経営管理論において、どのような観点で履修を判定しているのかについての目印のようなものである。つまり、これは期末試験でどのような問題が出題されるのかについての参照地図である。この履修判定指標は、履修指標、履修指標の水準、重要キーワード、関連回、配点という項目で成り立っている。以下では、それぞれについて説明しておきたい。

まず、「履修指標」とは、それぞれのコマ(＝授業回)の内容をより上位の視点から再構成したものである。それぞれの講義内容は、難しさや大切さの凹凸があるため、履修指標を設けることによって、それを整える作用がある。次に、「履修指標の水準」とは、履修指標を期末試験の大問として扱う場合に、何を、どれだけ、どのくらいの深さで理解していれば良いかを示したものである。ここは毎回の講義の最初に確認するところでもあるが、学生各自も講義の前中後で確認するようにしてほしい。

そして、「重要キーワード」には、それぞれの履修指標を代表する用語を記載している。これはあくまで目安となるものだけを記載しているため、詳細についてはそれぞれの講義内容を理解しておく必要がある。また、「関連回」には、それぞれの履修指標と対応しているコマ(＝授業回)を書いている。「配点」については、それぞれの履修指標が期末試験で問われた場合に何点に相当するのかを書いている。過去には、この右欄に「期末試験自己採点枠」というのを設けていた。この項目は、すべて空欄にしておいて、期末試験が終わった後に自分でそれぞれの履修指標ごとの点数が何点になったかを記載することにしていた。ただし、これについては、「配点」のところでも自分の点数を書くことができるため、あえて設けてはいない。期末試験が終わった直後に答え合わせをするため、その時に点数を記載することを求めたい。

第三節 【コマ主題細目③】経営管理論で教えることと学ぶこと

第一項 〈管理〉の概念史について

そもそも、〈管理〉とはいったいどのような言葉なのだろうか。これまで述べてきたように、〈管理〉とは英語で表記すればmanagementである。〈管理する〉という動詞であれば、manageである。このmanageとは、もともとラテン語の「手（manus）」が原義であり、それが中世には「（馬などを）調教する（manege）」などへと変化していった[5]。このmanus（あるいはmanuやmani）は、「製造（manufacture）」、「原稿（manuscript）」などの接頭辞として登場することもあるが、これらはすべて「手（manus）」を意味している。製造というのも、もともとは手工業（工場制手工業）であるし、原稿も「手書きされた原稿（手稿）」である。そのため、〈管理management〉あるいは〈管理するmanage〉も、もともとは「手」で人に指示を与えたり、動作を教えることを意味している。

このことは、ダニエル・レンがアメリカ機械技師協会（American Society of Mechanical Engineers［ASME］：現在のアメリカ機械学会）の創設について語ったこととも関係している。レンによれば、アメリカ国内で歴史のあるアメリカ機械技師協会は、もともと機械技師たち（engineers）が創設したものである。〈管理〉について、なぜ機械技師たちが立ち上がったのかと言えば、彼らにとっては手仕事（manus）を専門的に行うだけではなく、そこに人に指示を与える「管理者（manager）」という役割が必要となったからである。すなわち、「手（manus）」を使う仕事の延長に「管理者（manager）」の重要性が謳われたのだとすれば、管理者の登場という出来事はこの言葉の歴史とも関係している。ただし、これは私の推測に過ぎない。ここにそのことは書いておかなければならない。

経営管理論では、このような〈管理〉がどのような代表的な論者によって議論されてきたのかについて理解していく。それは、言うなれば〈管理〉についての概念史、あるいは経営管理論史である。第二章（第二回）から第四章（第四回）までは、〈管理〉が生まれた背景について理解する。ここでは、アメリカのビッグ・ビジネスに始まり、経営管理論の父とも称されるフレデリック・テイラーの科学的管理法にふれる。また、アンリ・ファヨールについても管理過程論としてふれることとする。なお、第五章（第五回）は復習コマとして、ここまでを第一単元とする。

第六章（第六回）から第八章（第八回）までは、人間関係論、新人間関係論、そして組織論的管理論について理解する。科学的管理法が科学を使った〈管理〉である一方で、その科学性は実験の失敗によって覆されることとなった。しかしながら、その実験の失敗によって新たな発見も生まれた。それが、人間関係論、新人間関係論などである。また、ここでは組織論的管理論としてチェスター・バーナードの議論についてもふれる。なお、第九章（第九回）は復習コマとして、ここまでを第二単元とする。

そして、第一〇章（第一〇回）から第一三章（第一三回）までは、組織文化、組織と環境、意思決定、経営と戦略などについて理解する。ここでは、エドガー・シャインの組織文化論、ジョン・ウッドワードの技術論、あるいはハーバート・サイモンの意思決定論、そしてイゴール・アンソフの戦略論などにふれることとする。これらは経営管理論という要素は薄いものの、「組織と管理（組織の管理）」という観点で言えばふれないわけにはいかない。第一四章（第一四回）は復習コマとして、ここまでを第三単元とする。なお、第一五章（第一五回）は、模擬試験・模擬解答発表会とする。

第二項　本科目における評価方法

この経営管理論という科目では、第一五章（第一五回）に模擬試験・模擬解答発表会を位置付けている。この模擬試験・模擬解答発表会とは、一五回目のコマ（＝授業回）において学生に予想試験発表をさせるというものである。教員がどのような試験問題を作成するのかを予想しながら、学生自身がそれを作成し、発表し、討論するというものである。

本科目が参考にしている『シラバス論』では、詳細なコマシラバス、詳細な履修判定指標、実際の講義、実際に受講した学生の評価（試験予想）をすべて足し合わせたものが講義の実体であると考えられている。つまり、これは第一五回という最終講義回までに、学生がこれまでに学んだことをすべて理解しているとすれば、教員が作成しようとしていた試験問題を予想することができるという意味である。たしかにそのとおりである。教員もまた、コマシラバス、講義草稿、実際の講義などを通じて学生とともに経営管理論という〈山〉を登っているのであるから、その到達地点はともに共有されたものでなければならない。すなわち、その到達地点から見れば、それを問うための試験問題の作成についても同種のものが作成されるはずである。本科目では、この模擬試験・模擬解答発表会の作成担当者を復習コマにおいて実施する(評価に入れないが期末試験に直結する)小テスト二回分の高得点獲得者に前もって指定しておくこととする(小テストは計三回あるが、三回目までの高得点獲得者としてしまうと次週に待ち受ける模擬試験・模擬解答発表会に間に合わない可能性があるため、二回目までの高得点獲得者とする)。高得点を獲得できるように、学生には日頃から講義の前中後の勉学に励んでほしい。なお、第一章(第一回)から第一五章(第一五回)までのラインナップは、次のものである。カッコ内には、代表的な論者の名前を記載する。

第一章(第一回) 経営管理論が目指すもの
第Ⅰ部 古典的管理論
第二章(第二回) アメリカのビッグ・ビジネス(ダニエル・レン、トマス・コクラン、アルフレッド・チャンドラー)
第三章(第三回) 科学的管理法(フレデリック・テイラー)
第四章(第四回) 管理過程論(アンリ・ファヨール)
第五章(第五回) 復習コマ①
第Ⅱ部 新旧人間関係論と組織論的管理論
第六章(第六回) 人間関係論(フリッツ・レスリスバーガー、エルトン・メイヨー)
第七章(第七回) 新人間関係論(レンシス・リッカート、ダグラス・マグレガー、アブラハム・マズロー)

第八章（第八回）　組織論的管理論（チェスター・バーナード）
第九章（第九回）　復習コマ②
第Ⅲ部　経営組織論
第一〇章（第一〇回）　組織文化論（エドガー・シャイン、ジョン＝ヴァン・マーネン）
第一一章（第一一回）　組織と環境（ガレス・モーガン、ジョン・ウッドワード）
第一二章（第一二回）　意思決定（ハーバート・サイモン）
第一三章（第一三回）　経営と戦略（イゴール・アンソフ）
第一四章（第一四回）　復習コマ③
第一五章（第一五回）　模擬試験・模擬解答発表会

なお、本書のように一冊に講義草稿をまとめる以前には、学生に講義草稿を印刷して配布していた（コマシラバスも印刷し、配布していた）。その際には、教員が作成した講義草稿に自分の疑問点や補足点などを書き入れて自分だけの講義草稿を作ってほしいと学生たちにはお願いしていた。このようなメモ書きは、『シラバス論』においても「斜め書き」として説明されている。この「斜め書き」は、大切な知的生産行為でもあるため、積極的に講義草稿（＝本書）に「斜め書き」してほしい。

最後にはなるが、本科目の評価方法について説明する。本科目では、期末試験（一〇〇％）での評価とする。ただし、この期末試験に向けては、復習コマで実施する（評価には入れないが期末試験に直結する）小テストを単元ごとに実施することによってその問題の難易度（簡単、普通、難しいなどの三段階）を確認することとしたい。もちろん、高い学力を有する学生であれば、小テストなしに期末試験を行っても六〇点以上は獲得する。しかし、そのような学生がすべてではない。あるいは、小テストで問われたことから期末試験で問われることを推測して勉学することも重要なことである。

なお、期末試験(一〇〇%)の内訳を述べるとすれば、小テストに関連した基本問題を六〇%、そして応用問題を四〇%として設定する。そして、履修指標の一つずつから基本問題を三問、応用問題を二問出題することとして期末試験を作成する(なお、期末試験については平均点を八二点、標準偏差を一二~一五に設定する)。このように示しておけば、学生が模擬試験・模擬解答を作成する場合にも役立つ。以上が、本科目の評価方法についての説明である。第一章(第一回)の講義は、ここまでとする。

註

1――ヨッヘン・ヘーリッシュ『メディアの歴史―ビッグバンからインターネットまで―』(川島建太郎・津崎正行・林志津江訳)法政大学出版局、二〇一七年。なお、正確には、次のような文章である。「声は届かなければならない。聞きとられなければならない。そして、声がどのようなメッセージを運んでいるか知らなければならないし、その内容を思い出すことができなければならない。聞き手が直に声を耳にする短時間を超えて、その内容を覚えていられるような迫力で声をあげなければならない。演説者が想念のなかで堅牢な部屋に踏みいり、その空間と道具を手がかりにして、声ノ息吹によって表現するべき中身を想起するという考えが古くからあるのはそのためであろう。消えゆく声は、それを想起する力を建物のイメージに負っていたとしても、当の建物が崩壊した後にも残りつづけるほどに想起可能でなければならない。(中略)すでにキケロにとって文字は何百年も前からあるメディア技術である。そのパトスはとりわけ次の命題からくみ取られている。話シ言葉ハ消エ去ルガ、文字ハ残ル。」(邦訳四〇~四一頁)

2――チェスター・I・バーナード『新訳 経営者の役割』(山本安次郎・田杉競・飯野春樹訳)ダイヤモンド社、一九六八年。バーナードが仮構(フィクション)の重要性にふれているのは、『新訳 経営者の役割』の付録として収録されているサイラス・フォッグ・ブラケット講演(A Cyrus Fogg Brackett Lecture)においてである。ここでバーナードは、「ここでいう仮構とは、理論的推理によっても実験的立証によってもその真実性が証明されないことがわかっているのに、一つの基本的な命題が真実であるとする主張である。仮構は公理、自明の理、公準、仮定、仮説、『当然』の事実などいろいろな名前で呼ばれる」(邦訳三二八頁)とし、数学、経済学、組織論などの学問のみならず、私たちの日常生活のあらゆる局面においても、この仮構が重要な働きをしているとする。経営の本質が仮構であると書いたのは、経営の本源的機能である組織そのものが、この仮構によって成り立っているからである。だからバーナードは、「部分を合計しても、組織は生まれてこない。部分は組織の一部面にしかすぎない。われわれの住む社会を理解するためには、国民、国家、大学、教会、地域社会、家族などをめぐって、組織を感得—それこそ非論理的心理でなしうるのであるが—しなければならない」(邦訳三三二頁)と説明している。

3——吉本隆明『貧困と思想』青土社、二〇〇八年。ここで吉本が語っている内容は、次のものである。「僕は言葉の本質について、こう考えます。言葉はコミュニケーションの手段や機能ではない。それは枝葉の問題であって、根幹は沈黙だよ、と。沈黙とは、内心の言葉を主体とし、自己が自己と問答することです。自分が心のなかで自分に言葉を発し、問いかけることがまず根底にあるんです。友人同士でひっきりなしにメールをして、いつまでも他愛ないおしゃべりを続けていても、言葉の根も幹も育ちません。それは貧しい木の先についた、貧しい葉っぱのようなものです。本質は沈黙にあるということ、そのことを徹底的に考えること。僕が若い人に言えるとしたら、それしかありません。」(二二一〜二二三頁)

4——本科目において使用するコマシラバスや履修判定指標については、『シラバス論』を参考にしている。そのため、コマシラバスや履修判定指標の記載については、全面的に『シラバス論』の記載をもとにしている。ここで、それぞれの対応関係を示すとすれば、第二節第一項「読むことと使うこと」は『シラバス論』の第二章「『概念概要』型シラバスと『時間』型シラバス」(七九〜一三二頁)に対応している。また、第二節第二項「経営管理論とコマシラバスの関係」において説明しているコマシラバスの項目については、『シラバス論』のとりわけ脚注一四「コマシラバス書式の事例紹介」(一一四〜一一五頁)を参考にしている。なお、この経営管理論や私が担当する科目のコマシラバスについては、『シラバス論』の著者である芦田宏直が理事を務めている人間環境大学のコマシラバス書式を参考にしている。この人間環境大学では、多くの学部学科においてこのコマシラバスが使用されている。

5——この記載については、寺澤芳雄編『英語語源辞典』研究社、一九九七年を参考にしている。なお、クレッグ(S. T. Clegg)らは、〈管理management〉の語源について次のように説明している。「イタリア語でmanegeという言葉は、馬を扱ったり訓練するという意味のmaneggiareという言葉から派生していることは、一七世紀からよく知られたことである。

なお、maneggiareは、ラテン語の手を意味するmanusやmanoという言葉から派生している。英語のmanagerという言葉は、一五五五年から一五六五年に使われるようになった。シェイクスピアは、一六世紀後半の『真夏の夜の夢』(*A Midsummer Night's Dream*)において、このmanagerという言葉を演劇運営(theatrical management)の文脈において使用している。彼は、その登場人物を『陽気な運営者(manager of mirth)』と呼んでいる。運営(management)や運営者(manager)という言葉は一六〇〇年代によく知られるようになったが、管理者(manager)という言葉が日常的に英語で使用されるようになったのは一九世紀になってからである。」(九頁)なお、クレッグらの文献は次のものである。Clegg, S. T., Kornberger, M., and Pitsis, T. (2011) *Managing and Organizations: An Introduction to Theory and Practice*, SAGE Publications.

第Ⅰ部

古典的管理論

第2章 アメリカのビッグ・ビジネス

第一節【コマ主題細目①】ビッグ・ビジネスの生成

第一項 ビッグ・ビジネスとは何か

第二章（第二回）の講義は「アメリカのビッグ・ビジネス」についてである。講義を始める前に、第二回の講義内容の到達地点を確認しておきたい。付録の履修判定指標を確認すると、履修指標一の「アメリカのビッグ・ビジネス」が第二回の講義内容と関係している。この履修指標の水準を確認すると、「アメリカのビッグ・ビジネスとは鉄道を軸にした大規模な産業発展であることを理解しておくこと。これらの産業発展を担った経営者の経営思想（＝経営を行うための考え方）は二つに分類することができ、それらは企業を種を開花させるように発展させる進化論か、あるいは神によって与えられたものとして発展させる創造論かに分類できることを理解しておくこと。ビッグ・ビジネスが確立してきた一九二〇年代以降、大企業では近代的な全般管理（＝全社管理）が行われるようになり、それは経営機能と実行機能の分離、各事業部に対する管理・統制、マネジメント・サイクルの実行であったことを、事業部制組織の構造とともに理解しておくこと」と記載されている。詳しくは、第二回の講義内容で理解することであるが、このことが到達地点（＝期末試験で問われること）であることを踏まえて、講義にのぞむ。

これから、この経営管理論では〈管理management〉という言葉について理解していく。第一章（第一回）でも説明したが、この言葉は現代的な意味として使われるようになってから約一〇〇年が経過している。経営を行っていくためには、様々な資源（ヒト、モノ、カネ、情報を一般的には「経営資源」と呼ぶ）を利用して、それを加工するなどをして製品やサービスとして販売していかなければならない。そのため、企業の中では、それらの経営資源をきちんと整理したり、計画的に利用するための〈管理management〉が必要になってくる。このことは、約一〇〇年の間変わらずに重要なことであるとされている。したがって、今日の講義ではまず〈管理managemet〉が成立してきた「アメリカのビッグ・ビジネス」について理解していく。

ビッグ・ビジネスとは、一九世紀末から二〇世紀初頭にかけて行われた、アメリカにおける大規模な産業発展のことを指している。まず、アメリカ（の特に北東部）で最初に発展してきたのは、鉄道である。それまでアメリカ各地では、小規模な工場が散在していた。当時、工場から工場へ荷物を運ぶ時に使われていたのは馬であるが、それをどうにか人工的な技術で以って輸送できないかと考えられたのが鉄道の始まりである。この鉄道は、一八五〇年半ばにニューヨーク・エリー鉄道の総管区長であったマッカラムという人物によって考案されている。

現代では経営資源を運ぶための輸送機関は高度に発達しているため、その大切さは気づきにくいかもしれない。しかしながら、まっさらで、何もない土地に工場を建てようとすると大変な労苦を伴う。まず、水や食べ物を確保しなければ、自分が生きていけない。それができても、自分の身の安全を保つ場所を作らなければ、工場を作ることはできない。あるいは、自分とともに働いてくれる労働者を確保しなければ、工場を作ることはできない。もっと言えば、それらの労働者がいたとしても、工場を作るための資源がなければ、それを完成させることはできない。ましてや、水や食べ物、労働者などが近くにいるとは限らないわけだから、それらがあるところまでは自力で向かわなければならない。このような時に、自分で歩くよりも馬で移動する方が効率的ではあるけれども、より早く、より遠くへ行くためには輸送機関（＝交通機関）が発達していなければならない。

　現代でも輸送機関としての鉄道が整備されれば、遠くにヒト、モノ、カネ、情報を届けられる。さらに、広範囲に経営資源を届けることができれば、それだけ色々な場所でビジネスができるようになる。実際に当時のアメリカでは、鉄道による交通革命を通じて様々な経営資源が全土に行きわたっていき、広範囲でビジネスを行えるようになった。このような交通革命が、ビッグ・ビジネスを誕生させたのである[1]。

　少し話は変わるが、現代経営学では「ヒト、モノ、カネ、情報」は、等しく重要な経営資源であると説明される。しかし、私たちの身近な生活を考えてみると、ヒト、モノ、カネ、情報はいまや等しく重要なのではなく、情報が特に重要な経営資源になっている。ヒト、モノ、カネ、情報がすべて情報化しているからである。ヒトについて言えば、医療機関などの電子カルテに代表されるように、身体的特徴や病歴に至るまでがすべて情報化（＝電子化）されている。モノについても、スマートフォンやタブレット端末のアプリケーションに代表されるように、それまでは物的（＝モノ）であった電話、音楽、金融取引、写真などはすべて情報化されている。カネについても、電子マネーやＱＲコード決済のように情報化されている。そして情報それ自体も、単なる静態的な情報（＝そこにある情報）ではなく、動態的な情報（＝日々刻々と変化する情報）へと変化している。それらは、ＡＩ（Artificial Intelligence：人工知能）、ビッグデータ、ＩｏＴ（Internet of Things：モノのインターネット、モノ同士をつなぐインターネット）などである。そして、ヒト、モノ、カネ、情報は、情報化によってデータとして〈管理management〉される時代になっている。このこと自体が、現代的な「(アメリカの)ビッグ・ビジネス」とも言える[2]。

第二項　ビッグ・ビジネスがもたらす〈管理〉の役割

話を戻したい。先ほども説明したように、鉄道があれば経営資源を広い範囲で届けることができる。それによって、最初は小さい組織(=工場)であっても、多くの経営資源を取り入れて、徐々に大きな組織(=企業)になっていく。当時のアメリカの主な産業の一つとしては鉄鋼業があった。鉄鋼業においても、次第に大きくなっていった組織もあった。大きな組織であるほど、そこで多くの人々が働くことになる。多くの人々が働くということは、その人々を〈管理management〉する必要が生じる。この鉄鋼業において働く人々とは、機械技師(engineer)と呼ばれる人たちであった(現代では「技術者」と呼ばれる人たちである)。この機械技師は、一八八〇年当時に専門家集団としてアメリカ機械技師協会(ASME)を設立した。そこで企業家、工場経営者、学者とともに〈管理management〉に関する諸問題について会合を開くようになった。

このアメリカ機械技師協会における重要な報告として位置付けられるのが、タウン報告である[3]。イェール・タウン製造会社の社長であったタウンは、技術者が工場において作業するだけではなく、多くの人々をどのように束ねていくのが良いかという管理上の問題を考える必要があると報告した。さらに、この管理上の問題を、単に経験に頼って考えるのではなく、きちんとした科学的な手続きを踏まえて研究することが大事であると考えた。そこに管理の理論を打ち立て、多くの仕事に共通した管理上の問題を解決に導く(あるいは、管理上の問題がどのように生じているのかを解明する)管理論を生み出すべきであると考えたのである。したがって、タウンは、組織において機械技師が担う技術的職能の延長として管理的職能を位置付けたことになる。

現場で作業を行う人だけではなく、それらの人々を束ねて、指示を出す人々としての管理的職能である。現代の組織においても、ある仕事を現場で行う人とそれを指示する人は違う人物になっている（このことを「計画と執行の分離」あるいは「計画と実行の分離」と呼ぶ）。当時のアメリカにおいても、それは別々の仕事として考える必要があると言われたことになる。そして、タウンはこのことを「独自の科学」として、すなわち〈管理management〉に関する科学として考えていく必要があることを主張していた。このことは、経営管理論の起源がタウン報告にあると言っても過言ではないほど、重要な歴史的報告であったことを意味する。

ちなみに、技術的職能と管理的職能という言葉でふれておきたいのは、アンリ・ファヨールというフランスの鉱山技師兼経営学者の論考である（なお、ファヨールについては第四章［第四回］の管理過程論において詳しく説明するため、ここでは概説とする）。ファヨールは、テイラーと並ぶ古典的管理論の論者の一人である。彼の『産業ならびに一般の管理』という論考では、企業の経営活動が次の六つに分類されている。それぞれ、生産や加工を担う「技術活動」、販売や取引を担う「商業活動」、資金調達を行う「財務活動」、環境保護などを担う「保全活動」、原価計算などを行う「会計活動」、そして「管理活動」の六つである。ファヨールは、この中でも特に管理活動を重要視し、〈管理〉とはすなわち「予測し、組織し、命令し、調整し、統制すること」であるという有名な定義を残している。特に管理活動は、企業規模が大きくなるにつれて重要性が増すもので、大企業になるほど管理活動の割合が増すと言われている。

これは現代の企業においても、当てはまる。企業が大きくなればなるほど、沢山の人々が働くため、それらの人々に指示を与える管理者が必要になる。さらに、一人の管理者がコントロールできる人数は限られているため（これを「管理の幅（span of control）」と言う）、沢山の人々が働くほど管理者の数もそれだけ必要になる。この他にもファヨールは、管理原則などの重要な示唆を与えているが、これらについては第四章［第四回］の講義の際に詳しく言及したい。

第二節【コマ主題細目②】ビッグ・ビジネスと経営思想

第一項　進化論と創造論

　ここからは、ビッグ・ビジネスと経営思想について考える。経営思想というのは、主にその時代に、経営者が信奉していた価値・規範のことを指している。現代においても合理性や効率性が重要な価値・規範となっているが、こうした合理性や効率性も歴史を振り返ると、当たり前に受け入れられていたものではないことが分かる。

　というのは、マックス・ウェーバーが説明するように、この（計算）合理性や効率性は近代資本主義以降に多くの人々に広く受け入れられてきた価値・規範だからである[4]。それ以前の前近代においては、必ずしも（計算）合理性や効率性は重視されていなかった。前近代では、（ある種客観的な）合理性や効率性を追求するのではなく、職人の経験や勘に頼ることによって仕事が前に進めるものと考えられてきた。このように経営者が何を大切にするかという価値・規範の問題は、時代ごとに大きく異なるものであり、それが経営に対しても大きな影響を与えている。

　ビッグ・ビジネスについての経営思想は、大きく二つに分けられる。それが進化論と創造論である。ダニエル・レンは、ビッグ・ビジネス隆盛時の経営者は、大金を稼ぐために労働者を懸命に働かせていたと言っている。しかしながら、経営者はその労働者に十分な賃金を与えなかったことから、レンは彼らのことを「泥棒貴族」と呼び、そのことを批判している。そして、その経営者をこのような思想に染めたのは進化論（＝『種の起原』）だったのではないかと推察している[5]。

　この『種の起原』では、進化論が次のように説明されている。もともと、『種の起原』は、動植物が生息している自然界での淘汰のメカニズムについて説明している書物である。動植物のより優れた「種」は、劣った「種」よりも長く生きることとなる。その生き続ける過程は「自然選択」と呼ばれ、少数であってもその「種」が優れていれば長い時間にわたって生き続けるとされている。その生存闘争を勝ち抜くことによって少数の優れた「種」は、少数から多数へと転じていく。つまり、『種の起原』を執筆したダーウィンは、優れた「種」が少数から多数へと転化していく過程のことを進化論と説明している[6]。

ビッグ・ビジネスの経営者が、この進化論を参考に経営していたのかは定かではない。しかしながら、ビジネスそれ自体の成り立ちを進化論的に考えることは可能である。ビジネスの「種」とは、以前にも確認したように小さい組織(=工場)と考えられる。それがヒト、モノ、カネ、情報などの経営資源を取り入れることによって、少数の優れた「種」として成長する。しかし、この少数の「種」も、別の「種」との競争が待ち受けている。そのため、少数の優れた「種」は、より強い「種」になるために競争に打ち勝とうとし、組織内の人々に多くの労働を課して、多くの生産物を生み出し、より大きな組織へと発展しようとする。当然ながら、その間に幾多の組織との競争が待ち受けているが、結果的にこの競争に打ち勝った者だけが成功者と呼ばれることになる。なお、このことに成功した経営者の代表格は、ジョン・ロックフェラーやアンドリュー・カーネギーといった一大経営者である。彼らは、他の小さな組織との競争に打ち勝つことで、後世に残る巨大組織(=巨大企業)をつくり上げたのである。

他方でこうした成功は、弱肉強食としてやや懐疑的に見られることもあった。と言うのは、このように無際限の競争を繰り返すことによって、ますます富む者と富まざる者がはっきりと分かれてしまう危険性もあるからである[7]。

その一方で、同じような成功であっても、それを進化論的な弱肉強食の世界として考えずに「信仰」の賜物として考える人もいる。それが創造論的な考えである。創造論とは、人間の経営も神への「信仰」によってもたらされたものとする考えである。こうした経営者は、古くからの「信仰」の伝統に基づき、神が創造したビジネスとして自らが受けた恩恵を社会に還元しようとする。彼らは、芸術活動や文学活動といった文芸へ経済的支援をしたり、教育機関への寄付を行ったりと、自らが受けた恩恵を積極的に社会へと還元する[8]。つまり、創造論の創造とは、進化論のように人間がつくり出したビジネスとしてではなく、あくまでそのビジネスは神がつくり出したものとして考えられている。

第二項　経営が信仰を生むとき

ただし、レンのように対立的(＝並行的)に進化論と創造論を把握することは適切とは言えない。このように二つを並べてしまうと、一方は良く、他方は悪いという議論に陥りがちになってしまうからである。それは、レン自身が進化論的経営観を批判し、創造論的経営観に傾斜していることからも見て取ることができる。この点で言えば、コクランは、これらを対立的に把握するのではなく、「物質的に豊かになることが人々の信仰を促した」という議論を展開している。コクランによれば、一九〇〇年頃の経営者は当初から豊かになることを理想に掲げており、それが一種の経営哲学として都市部のみならず工場や農村にまで浸透したとする。そして、この浸透した経営哲学は、いつしか(創造論のように神に与えられた)職業を全うするという信仰を促したとする。これはいわゆる「職業召命説」に近いものであるが、このことをコクランは、次のように説明している。「このようなビジネスの哲学は、カルヴィニズムの流れをくむ、それまでのプロテスタントの倫理を補強することになった。いまや、一部世俗化したこれらの信仰が、適切な職業を選ぶことの、定められた課業を果たすことの、そしてまた、神の思召しのしるしである成功を勝ち取ることの重要さを強調したのであった。ある種のフロンティア的環境もまた、同じように、ビジネスを通じての成功を強調し、将来についての計画は、常に現在の水準を超えるものであるべきだと考えられていた。こうしたカルヴィニストやフロンティアの伝統は、幾千という田舎町や小都市におけるビジネスの生活に吸収され、それらの街の住民がさらにその近郊に大きな影響を与えたのである。」[9]

つまり、コクランが言おうとしていたのは「経営か、信仰か」というレンの対立的把握ではなく、むしろ「経営から信仰へ、信仰から経営へ」という相互の流れのことである。もっと言えば、経営者の経営哲学（コクランの言い方であれば「ビジネスの哲学」）が信仰それ自体に影響を与えることの重要性である。

第三節【コマ主題細目③】ビッグ・ビジネスと組織構造

第一項 アメリカのトップ・マネジメント

ここからはビッグ・ビジネスに関連した組織構造について考えていきたい。組織構造とは、簡単に言えば組織の形のことを指している。小さい組織で、一人で切り盛りする場合には、組織構造はあまり重要にはならない。しかし、組織が大きくなるほど、そこで沢山の人々が働くようになり、どの部門に、どれくらいの人々を配置するか、あるいはどのような組織設計にしていくのかを考える必要がある。また、このことはそれぞれの部門の人が考えるというよりも、経営者や経営者に近いトップが組織全体を考え、マネジメントすることでもある。その際、どのような点に気をつける必要があるのか。

ビッグ・ビジネスが確立してきた一九二〇年以降では、大企業において近代的な全般的管理（general management）が行われるようになった。このことを明らかにしたのは、アルフレッド・チャンドラーである。このチャンドラーの研究では、一九二〇年以降に大企業ではいくつかの変化が見られるようになったという。その特徴は、主に三点にまとめられる[10]。第一に、経営機能と実行機能の分離である。経営機能とは、経営者などが企業全体の中長期的な経営計画を立案し、その計画に沿って各事業部門(＝製造、販売、人事、会計などの職能ではなく、特定の製品を作る事業ごとに分けられる部門)が実際に運営を行っていくことを意味している。これが経営機能と実行機能の分離として、現代に通ずる近代的な全般的管理の方法として当時から行われていた。

第二に、各事業部に対する管理・統制である。先ほど説明したように経営者を含む経営機能は、各事業部に対して中長期的な経営計画をつくる。しかし、経営機能はそれを単につくるだけではなく、より具体的な数値的データを提供することによって細かく仕事のやり方などを指示する。そして、各事業部が出した成果にもそれが全体的な売上に対してどれくらいの割合を占めているのかなど細かなフィードバックを与える。このように経営機能は、各事業部に対して計画を行うだけではなく、管理・統制を行うことによって全般的管理を進めている。

そして第三に、マネジメント・サイクルの確立である。これは先に示したこととも関係するが、経営機能としての本社は、実行機能としての各事業部に対して計画、実行、統制を行う。しかし、これは一回だけで終わるものではなく、計画(plan)、実行(do)、統制(see)などの循環(cycle)として行われる。つまり、マネジメントに関するサイクルを回すことによって、より高い成果を達成し、より高い目標を継続して掲げて長期的に売上を伸ばし、企業全体の成長を促す。このことをマネジメント・サイクルと呼ぶ。このように大企業は、マネジメント・サイクルを回すことで将来にわたって繁栄できるようにしていた。

第二項　職能制組織と事業部制組織

先ほどから事業部という言葉を使用しているが、ここでは少し丁寧にこの言葉について説明していきたい。ビッグ・ビジネスに限らず、一般的な組織構造は大きく二つに分類することができる(図表2－1)。それが職能

図表2-1　職能制組織と事業部制組織

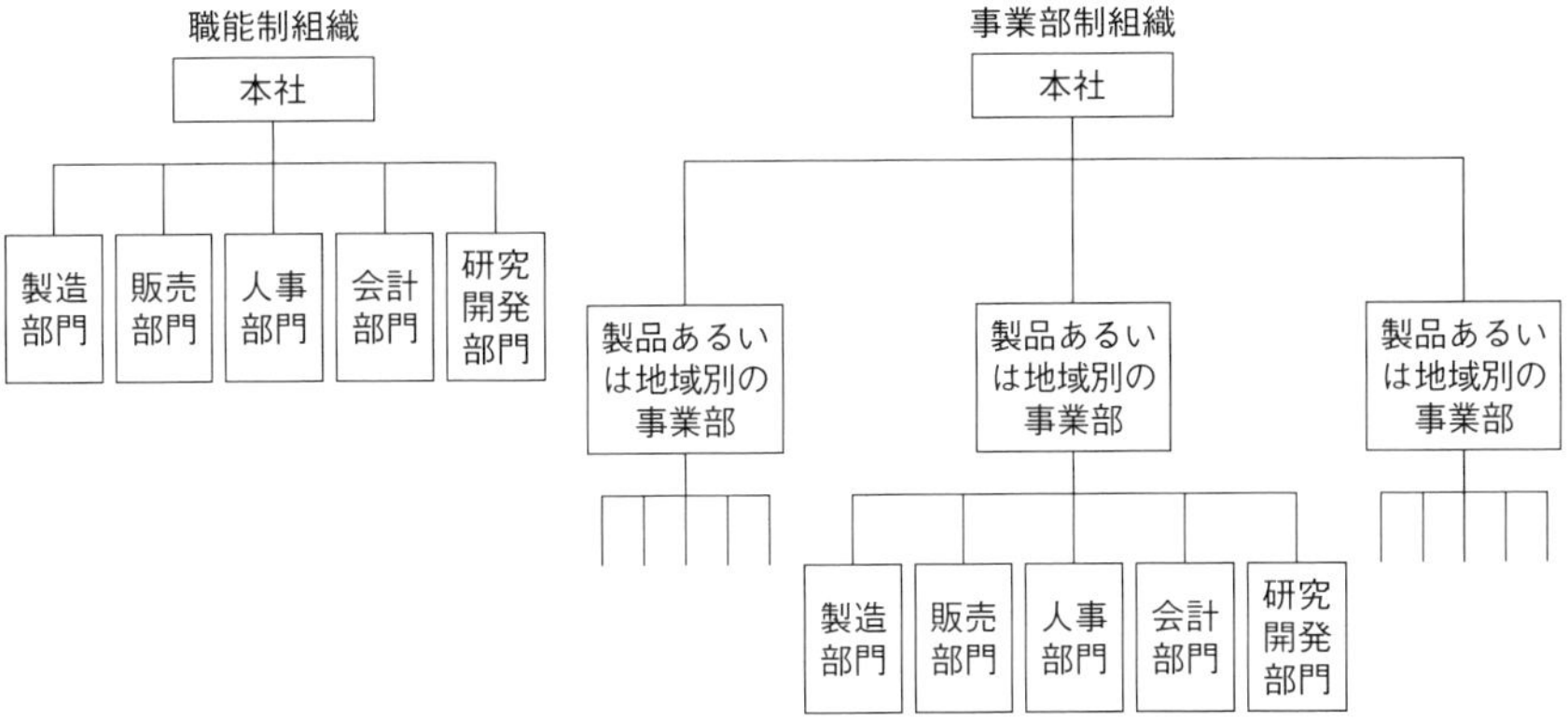

制組織と事業部制組織である。職能制組織とは、製造、販売、人事、会計、研究開発などのように職能（＝それぞれの職業に関する能力）に応じて組織の形を決定するものである。この職能制組織の利点は、それぞれの職能部門が分離されていることによって、それぞれ専門的な仕事を行うことができる点である。

　しかし、良くない点もある。他の部門に情報が共有されにくく、部門間の壁ができてしまうことである。製造部門は製造のことしか知らないかもしれないし、人事部門は人事のことしか知らないかもしれない。したがって、専門的に仕事を行ってそれぞれの部門を効率的にする「分業」と合わせて、それぞれの情報を取りまとめたり、あるいは他部門で働く人を増やすなどの「調整」も必要になる。この分業と調整は、それぞれを補完するものですので、一対のものとして理解しておく必要がある。

　職能制組織のもう一つの限界として挙げられるのは、一つの製品しか扱うことができないという点である。自動車を作る会社であれば自動車の製造、販売、人事、会計などを行うことは可能であるものの、化粧品を作るためにはもう一つ別の会社が必要になる。これはその一つの会社の製造ラインが自動車を作ることに特化されたものであったり、その販売方法も自動車を売るためのものであったりと、化粧品には何ら関係のないものとなっている可能性が高いからである。そのため、職能制組織の次に考案されたのが、事業部制組織というものである。

事業部制組織とは、自動車事業部、化粧品事業部、楽器事業部など、それぞれの製品・サービスに紐付いた事業部単位をつくることで（あるいは地域別に事業部単位をつくることで）、その事業部ごとに製造、販売、人事、会計、研究開発などの職能を担う組織のことを指している。こうすれば、単一の製品・サービスだけではなく、複数の製品・サービスを扱うことができ、さらには単一の製品・サービスが売れなくなった場合に別の製品・サービスでその後退を補うことができる。いわゆるリスク分散である。事業部を複数設けることを、「多角化」と呼ぶ。多角化することによって企業は、単一の製品・サービスに関わるリスクを軽減し、さらにより大きな企業への成長を加速させる。

先ほど言及したチャンドラーは、『組織は戦略に従う』という論考の中で[11]、この事業部制組織のあり方を論じている。チャンドラーが発見したのは、アメリカで最初に事業部制組織を採用した四つの企業（デュポン、ゼネラル・モーダーズ、シアーズ・ローバック、スタンダード・オイル）では、それぞれの戦略に応じて事業部制組織が採用されていることであった。

チャンドラーは、このことを「組織は戦略に従う」という命題とともに表現している。具体的には、それぞれの企業で採用される戦略（事業の多角化）が基になり、製品ごと、あるいは地域ごとの事業部が置かれるようになった。もともとは、「垂直統合戦略」（＝自社ですべての工程を担うこと）を採用していたため職能制組織が採用されていたが、そうすると競争に勝てない企業が出てきてしまった。したがって、企業は「多角化戦略」（＝事業を増やしていくこと）を採用して事業部制組織を採用するようになった。

ここまでアメリカのビッグ・ビジネスについて、その生成、経営思想、組織構造という三点に注目しながら確認してきた。それぞれビッグ・ビジネスの特徴を捉えるために重要な考え方になるが、特に重要であるのはビッグ・ビジネスの考え方が続く〈管理〉の理論に対してどのように影響してきたかである。これは経営管理論の歴史の中でも最も重要な管理論の一つである科学的管理法へと続く流れでもある。第二章（第二回）の講義は、ここまでとする。

註

1――ここの説明については、経営学史学会編『経営学史事典』文眞堂、二〇〇二年、二五頁を参考にしている。そして、この『事典』には「これら革命が引き金となり、南北戦争以降急速に大規模組織の発展をもたらし、ビッグ・ビジネスの時代を到来」（二五頁）させたと説明されている。

2――ここで現代的な「（アメリカの）ビッグ・ビジネス」と書いた理由は、いわゆるGoogle、Amazon、Facebook、Apple、Microsoft（GAFAM）に代表される大企業が、この情報化の牽引者だからである。このような情報化の牽引者によって、多くの労働も情報化されることによって「仕事が奪われる」あるいは「仕事がなくなる」と考えられるようになった。しかし、このことはあまり正確なこととは言えない。というのは、GAFAMによってまた新たな仕事も生み出されているからである。したがって、このような「情報化のパラドクス」についても、私たちは注意深くその動向を見守っていかなければならない。いや、単に動向を見守るのではなく、例えば消費者としてそのメカニズムに積極的に関与し、このことを考え続けていかなければならない。なお、この「情報化のパラドクス」については、次の文献が参考になる。松嶋登『現場の情報化―IT利用実践の組織論的研究―』有斐閣、二〇一五年。

3――『経営学史事典』、二五～二七頁。なお、ここにはタウン報告が次のように説明されている。「イェール・タウン製造会社社長であるタウンは、アメリカ経営学が呱々の声をあげたともいわれる歴史的報告を行った。『経済家としての技師』（The Engineer as an Economics）」と題された報告において、彼は、工場を管理するという職能が技術的職能とは独自に存在することを認識し、管理問題を独自の科学として研究する必要があるということ、そしてASMEに結集する機械技師こそがこの課題を遂行するにふさわしいと訴えた。」

4――ウェーバーが、資本主義と経営の成り立ちの関係について説明している書物（論文）としては、次の文献を挙げることができる。なお、このことについては私が担当する他の科目について詳しく論じることとする。マックス・ウェーバー（大塚久雄訳）『プロテスタンティズムの倫理と資本主義の精神』岩波書店、一九八九年。

5——このことは、ダニエル・レン(佐々木恒男監訳)『マネジメント思想の進化(第四版)』文眞堂、二〇〇三年において次のように書かれている。「泥棒貴族達の原動力は何だったのであろうか。幾人かの社会歴史学者にいわせれば、それは一八五九年の、チャールズ・ダーウィンの『自然選択の方途による、すなわち生存闘争において有利なレースの存続することによる、種の起原〔訳注：種の起原〕』の出版であった。」(一〇四頁)

6——チャールズ・ダーウィンによる説明については、次の箇所を参考にしている。ダーウィン(八杉龍一訳)『種の起原(上)』岩波書店、一九九〇年、八五~九〇頁。ただし、注意が必要なのは、『種の起原』全体が進化論的な主張を展開しているものではないという点である。もともと『種の起原』は、創造論のように神がすべての「種」をつくり出したとする説に対して異議を唱え、むしろ「種」は異なる時代や時間を経て変異を繰り返し、思いがけないような変化を遂げていくという発見をしたものである。「種」は、その過程において、たしかに進化論的な過程を辿るものの、その変異は人為的に行われるものであったり(飼育栽培)、特定の環境下においてのみ見られるものであったりと多様なものである。つまり、『種の起原』の重要性とは、創造論のように画一的な「種」を仮定したのではなく、むしろ「種」の多様性について説明した点にある。このことは、ここで付言しておく必要がある。

7——レンは、『マネジメント思想の進化(第四版)』において、次のようにも語っている。「このようにして、無制限の競争によって最適者が生き残り、社会的成功の階段を上り詰めたのに対し、非適応者は下層階級を占め、結局は進化を通じて排除される。」(一〇四頁)このことは実際に科学的に確かめられたことではないが、私たちが生きる現代資本主義においても少なからず格差が生じている。

8——レンは、先に挙げた『マネジメント思想の進化(第四版)』において、次のように語っている。「芸術や文学の後援者、地域社会のプロジェクトへの資金の提供者、教会への寄進者、教育機関への寄付行為を含めて、ビジネスマンによる慈善事業はビジネス自体と同じくらい古くから存在する。」(一〇五頁)このように創造論的な経営者は、自らのビジネス上の成功を信仰の賜物として捉え、それらを寄付行為や慈善活動などを通じて積極的に社会へ還元する。

9——トマス・コクランによる説明については、次の箇所を参考にしている。トマス・C・コクラン(中川敬一郎訳)『アメリカのビジネス・システム』筑摩書房、一九六九年、八頁。

10——チャンドラーについてのまとめ方としては、『経営学史事典』の一一二頁を参考にしている。

11——チャンドラーの論考については、次のものがある。アルフレッド・D・チャンドラー・ジュニア(有賀裕子訳)『組織は戦略に従う』ダイヤモンド社、二〇〇四年。

第3章 科学的管理法

第一節【コマ主題細目①】テイラーの経歴

第一項 テイラー誕生からハーバード大学受験まで

第三章（第三回）の講義は「科学的管理法」についてである。講義を始める前に、第三回の講義内容の到達地点を確認しておきたい。付録の履修判定指標を確認すると、履修指標二の「科学的管理法」が第三回の講義内容と関係している。この履修指標の水準を確認すると、「テイラーは幼少期から高い教育を受けハーバード大学に合格するものの、猛勉強によって視力が低下し入学を断念したことを理解しておくこと。工場管理法における『差別出来高給制度』が労働者の作業意欲を駆り立てるものであり、かつ労働者を管理する方法として職長制度（職能的職長制）と計画部の設置があったことを理解しておくこと。また、科学的管理法では銑鉄《せんてつ》（ずく）運び作業とシャベルすくい作業が実験的に行われ、それによって工場の生産性が大いに向上したことを理解しておくこと。しかし、テイラーの科学的管理法は誤解されたため、テイラーは科学的管理法の本質が精神革命（＝労使双方の繁栄）にあったと訴えたことを理解しておくこと」と記載されている。詳しくは、第三回の講義内容で理解することであるが、このことが到達地点（＝期末試験で問われること）であることを踏まえて、講義にのぞむ。

さて第三回の内容は、「科学的管理法」である。前回の第二章（第二回）では、アメリカにおけるビッグ・ビジネスの生成と発展について確認した。このようなビッグ・ビジネスは、複雑化・高度化した組織における〈管理〉の重要性に影響を与えたものである。ただし、なぜ〈管理〉は、ここまで科学的に行われるようになったのかについてはまだ議論をしていない。この科学的管理法（Scientific Management）を生み出した人物こそ、フレデリック・テイラーその人である。テイラーは、「科学的管理法の父」とも称されるように、それまで怠業（＝仕事を怠けること）の多かった作業現場に科学的なメスを入れ、自らの明晰な頭脳と絶えざる改良をもって、独自の管理法を打ち立てた人物である。そのため、テイラーは経営管理論に限らず、広くは経営学においても重要な人物と位置付けられる。

ここではまず、テイラーの経歴について理解し、彼が工場管理法や科学的管理法の名の下に行った研究について理解する。ただし科学的管理法は、その厳密さから労働者による反発を受けてしまうことになった。確かに科学的管理法は当時の労働者にとって過酷な管理方法であったものの、しかしそれはテイラーが「科学」に込めた想いを受け止めれば誤解であったとも言える。第三章（第三回）は、これらの内容を理解する。

テイラーは、一八五六年三月二〇日にフィラデルフィアにある裕福な家庭に生まれた[1]。テイラーの父親は、クエーカー教を信奉する弁護士で、遺産相続によって莫大な富を得ていた。このことから、テイラー家にもコック、メイド、御者などの家政を担う住人が生活を共にしていた。テイラーの母親・エミリーは、熱心なフェミニストであり、大変熱心な活動家であったため、南北戦争以前には「反米主義者」であった。幼少期におけるエミリーの教育方法は、テイラーのその後の人生に大きな影響を与えるものであった。エミリーの育児方法は、テイラーに勉学やしつけを行うことを徹底しており、このことがテイラーののちの人生に少なからず影響を与えたものと考えられる。また、テイラーはスポーツも万能な少年であった。クリケットのストロークについて、自分の頭で考えながら、どうすればより良い打球を打てるのかを実験的に練習する人物であったとも言われている[2]。

テイラー家の裕福さを象徴するのが、テイラーが一二歳から一五歳の時まで家族とともに出かけていた欧州旅行である。「この間、テイラー家はノルウェーのフィヨルド、アルプス、ライン川下りを含めてヨーロッパ各地を周遊している。また、テイラーと二歳年上の兄エドワードは、毎年冬の期間は、ベルリン、パリ、シュミットガルドの寄宿学校に入れられ、ドイツ語、フランス語、音楽等を学ばさせられている。」[3]このようにテイラーと兄エドワードは、テイラー家の裕福さに支えられて、高い教養と知識を身につけることができたのである。

テイラーは一六歳になった頃、弁護士だった父親のすすめもあり、ハーバード大学進学準備のために寄宿制高校に入学している。寄宿制高校に二年間在籍したテイラーは、一八七四年にハーバード大学を受験し、合格した。しかし、テイラーはハーバード大学に合格したのにもかかわらず、その入学を断念してしまい、エンジニアの見習いとしての生活を始めることになる。この断念の背景にあったのが、猛勉強による視力の低下である。テイラーは、ハーバード大学受験時に寄宿制高校での講義の予習・復習を欠かすことなく行い、毎日のように猛勉強に励んでいた。この頃に父親から送られたとされる手紙には、決して無理をすることのないようにテイラーに退学を促す内容もあった[4]。このようにテイラーは、猛勉強によって視力を低下させるとともに、エンジニアになることを夢見て、ハーバード大学には入学することなく、その進路を変更したのであった。

第二項　ミッドベール・スチールからベツレヘム・スチールまで

テイラーは、エンジニアになるため一八八〇年から一八九〇年までの一一年間をミッドベール・スチール（ミッドベール製鋼所）で過ごしている。ここでは、機械工学の知識として、自分自身で働きながら工業機械の実験などに取り組んでいる[5]。テイラーは、ハーバード大学へ入学しなかったものの、この頃には機械工学の知識を学ぶため、スティーブン工科大学へと入学している。「ただし、当時のテイラーは、ミッドベール社で一日一〇時間週六日働かねばならず通学する時間的余裕はなかった」[6]ため、講義への出席と講義料が免除され、定期試験の受験と論文の提出だけによって学位が認められるという特別措置を受けていた。このようにテイラーは、一方で大学において機械工学の知識を学び、他方でミッドベール・スチールにて各種の実験を行うという忙しい日々を過ごしていたものと考えられる。

ミッドベール・スチールでテイラーは、数々の特許権を取得していた。「テイラーが取得した特許権の中では、一八九九年に申請された高速度工具鋼（high-speed steel）の製法が機械工学史上画期的なものとして特に有名であるが、一八八六年にスプーン型テニスラケット、工具研磨機械、一八八七〜一八八九年の間に中ぐり盤、鉄道用車輪、旋盤のチャック、工具送り機構、蒸気ハンマー、テニスネット、テニスネット支柱」[7]などに関する特許権も取得している。

ここにあるスプーン型テニスラケットやテニスネット、テニスネット支柱などは、現在でも私たちが使用している代表的な道具である。ここで驚くべきは、テイラーの時代から現在までその原型が保たれたまま使用されているということである。テイラーが生きた時代から現在まで約一〇〇年の時間が流れているにもかかわらず、かつその長い時間の間でも技術革新が起こっているのにもかかわらず、現在までその原型が朽ちることなく使用され続けているということは、テイラーの発明がいかに技術的に優れていたのかを思い起こさせる。

一八九〇年一〇月にミッドベール・スチールを退職したテイラーは、経営コンサルタントになった後、一八九八年秋頃からベスレヘム・スチールで働き始めた。この頃から、テイラーは長年あたためていた考えを次々と発表していくが、特に「差別出来高給制度」は画期的なものであった。それ以前の出来高給制度(＝単純出来高制)は、労働者がその日にどれだけの作業量(＝出来高)を行えたのかで給料を決めていく制度であった。つまり、この出来高給制度では、作業量と給料が単純な比例関係にあった(つまり、一個当たりの賃金があらかじめ決定していた)。この制度では、労働者は当初一生懸命働いて作業量を増やし、自分が与えられる給料を多くしようとした。しかも、同じ作業を続けていると、労働者はその作業に慣れてくるため、ますます多くの作業量を達成し、多くの給料を得るようになった。

だが、管理者はそれを気に入らず、一個当たりの賃金を引き下げてしまった。それに労働者は憤慨して、一生懸命働かなくなってしまったのである。このように単純な出来高給制度では、労働者も管理者も敵対する状況になり、あまり良い生産性をもたらさなかった。そこでテイラーは、「差別出来高給制度」として、あらかじめ労働者と管理者の双方に「その日に達成可能な最大の作業量」を合意させておき、それを労働者が達成した場合には管理者が高い賃金を払う必要があるとしたのである。ただし、この場合にはその作業が時間内に終えられていること、そして作業に欠陥がないことが条件である。このようにすれば、管理者による賃金引き下げや労働者の意欲低下も避けられることになり、双方にとって望ましい結果となる。すなわち、テイラーは決められた作業量以上に働けば給料を差別的(＝差率的)に引き上げ、決められた作業量以下であれば給料を差別的に(＝差率的)に引き下げるという制度を考案したのである。このことについてテイラーは、次のように説明している。差別出来高給制度は、「工場の最大生産高をあげるのに最も有効な方法として私が考案したものである。しかも私のみるところでは、工員側、管理者側の正当な要求を両方とも満足させるものは、この制度をおいてほかにはない。もしも仕事が最短時間内にできて、しかもなんの欠点もないならば、一個当たり(または単位当たり、または一仕事当たり）に対して高い賃率で支払う。時間が長くかかったり、あるいは製品になにか欠点があったりした場合には、低い賃率で支払う。これがこの制度のあらましである。」[8]

さらにテイラーは、「差別出来高給制度」への前提条件としてのいくつもの画期的な考えを発表している。それらは、彼の「工場管理法（Shop Management）」という論文の中で詳述されているが、これらはすべて「差別出来高給制度」への前提条件になるものであった。この前提条件としての仕組みとしては、職長制度（職能的職長制）、計画部の設置、時間研究、指導票、高速度工具鋼、工具室、工作機械用計算尺などがあるが、特に職長制度（職能的職長制）は現在でも生き続けている重要な仕組みである。これについては後ほど説明したい。

しかし、テイラーがなぜこのような仕組みを次々と発表していったのか（つまり、テイラーの原動力は何であったのか）と言えば、当時の管理方法は成行《なりゆき》管理がほとんどで、その場その場で管理者が労働者を思いつきのままに指示することが行われていたからである。しかし、このような成行管理によって振り回されるのは、労働者の方である。そこで労働者は、「組織的怠業」と呼ばれるような、労働者が集団になって作業を怠業する（＝サボる）ことを行っていた。ちなみに、「サボる」という言葉は、「怠けること」を意味するサボタージュ（sabotage）というフランス語から来ていると言われるが、まさに当時の労働者は作業をサボることによって管理者に反発しようとしていたと言える。先の出来高給制度によって労働者の作業量（＝出来高）が上がらなくなったのは、この成行管理と組織的怠業によるものである。そのためテイラーは、労働者自身が積極的に働くためのメカニズムとして「差別出来高給制度」を考案し、それを推進していくための仕組みを次々と生み出していったのであった。

第二節【コマ主題細目②】工場管理法と科学的管理法

第一項　工場管理法

さて、ここからは具体的にテイラーが生み出した仕組みについて見ていきたい。その際参考にしたいのは、先に述べた一九〇三年の「工場管理法（Shop Management）」と、一九一一年の『科学的管理法の諸原理（The Principles of Scientific Management）』である。特に後者は、経営管理論における金字塔的作品であり、〈管理〉について勉強するものであれば知らぬ者はいない程の古典的名著である。ここでは、この二つの論考を手がかりに、テイラーの仕組みについて考える。

テイラーの「工場管理法」に述べられている職長制度（職能的職長制）とは、工場での効率的な組織運営のあり方を説明したものである。当時の工場は軍隊式の組織であり、工場長、職長、副職長、工員の順で指示が伝達されていた[9]。このような組織は、上司から部下への流れがタテに伸びる組織であった。ただし、部下となる工員は職能（＝仕事の種類）ごとに作業を行うことが多いにもかかわらず、その職能ごとの長が決まっていないことが問題となっていた。この時、テイラーは（タテに伸びる組織ではなく）ヨコの広がりとも言える職能ごとにも長を置かなければならないとし、職能単位で作業する工員へ直接指示を与えなければならないと考えた。職長を置き、さらに工員を増やせば、その職能ごとに仕事を円滑に行えるからである。したがって、職長制度（職能的職長制）とは、旧来の軍隊式組織の問題点を解決したうえで、より効率的な組織運営を可能にしたものと言える。

このような職長制において、職長の役割は、主に次の九つである。「①全工場のために、仕事のワリフリをする。②すべての仕事が適当な順序で正しい機械にいくようにする。③機械を動かす人には何をいかにすべきかを教える。④仕事をいいかげんにしないように、かつ速く仕事するように監督する。⑤またつねに一月も先のことを考えて作業を完成するために工員をふやす用意をしたり、あるいは工員のためにもっと多くの仕事を用意したりする。⑥つねに工員の紀律を正し、⑦賃金を直し、⑧出来高払の単価を決め、⑨時間記録の監督をする。」[10]

つまり、テイラーは、この職長をそれぞれの職能別に置くことで〈管理〉が効率的に行われることを発見したと言える。

次に計画部の設置である。計画部とは、工場全体の計画を担う部門のことである。それ以前は計画だけを担う部門がなく、計画を立てる人もバラバラであった。しかし、それは計画自体が工場全体においてバラバラに行われてしまうことも意味していた。そのため、テイラーは計画だけを担う部門を設置することで仕事を調整できると考え、さらにこの計画部の近くに工場長(あるいは、支配人、経営者など)を置くことで全体的な調整がさらに効率的になると考えた。工場長と計画部が工場全体の計画を練って、現場に近い工員はその計画に基づいて仕事を行う。いわゆる「計画と執行の分離」である。計画する人はそれだけをし、仕事をする人はそれだけをすれば、より効率的に仕事ができるようになったのである。

以前にも説明したように、仕事を分けることを分業と呼ぶ。分業することによって、人はその限られた仕事を繰り返して行えるようになるため(=担当者を置けるため)、仕事が上手くできるようになる。このことを専門化と呼ぶ。つまり、分業すれば専門化していくというのは自然な流れである。ちなみに、この分業がもともと論じられていたのは、アダム・スミスの『国富論』である[11]。ここで『国富論』を詳しく説明することはしないが、大事なことは計画する部門と作業する部門を分けて、それぞれ運営していくことである。計画部の仕事としては、給与の決定、資料の保管・作成、勤労管理、作業訓練、保険管理などがあるが、これは現在の企業で言うところの本社機能に該当する。計画を担う本社が実行する支社に対して司令を出し、それを統制するからである。

第二項　科学的管理法

次に科学的管理法について見ていきたい。科学的管理法は、一九〇三年の「工場管理法」から八年が経過した一九一一年に発表された。まずテイラーは、「労働者を蝕む最大の悪習」として先述した組織的怠業について言及している。当時のアメリカでは、労働者が作業を頑張り過ぎると他の労働者の作業を奪ってしまうという誤解が蔓延し、このことをテイラーは誤った考えであると払拭しようとした。「あえて仕事のペースを緩めて十分な働きをしないで済ませることは、アメリカではsoldiering（怠業）、イングランドではhanging it out、スコットランドではca canaeなど、国ごとにさまざまな表現が用いられているが、ほぼすべての工場で見られ、建築現場でも珍しくない。批判を恐れずに述べるなら、英米の両国において現状ではこれこそ労働者を蝕む最大の悪習である。」[12]

このような悪習としての怠業をテイラーは二種類に分けており、一つが自然的怠業、もう一つが組織的怠業と呼ばれる。前者は、人間が欲求（眠気、空腹、渇きなど）を充足しようとする過程でおのずと作業が停滞してしまう生理的現象である。この怠業は、仕方がないものである。しかし、後者は「組織的に怠ける（みんなで口裏を合わせてサボる）」ことであるため、テイラーはこの組織的怠業が工場に蔓延することが生産性を低下させている最大の要因だとして（あるいは、工場の生産性が低下することがひいてはアメリカ全土の経済性を低下させているとして）、それを解決しようとした。これは労働者の側から見れば、仕事を一生懸命に頑張れば他の労働者の仕事を奪ってしまいかねないという誤解にも起因している。現代では、仕事を一生懸命に頑張っても、他の労働者の仕事を奪うことにはならない（なぜなら仕事は探せば見つかるものであるから）ということは十分に理解されている。しかし、当時の労働者は、このことを誤解していた。したがって、テイラーは、その誤解を払拭しようとしたと言える。

そのためにテイラーが行ったのは、それまで労働者も管理者もともに経験則で行っていたことを「科学的」に体系化することであった。まず、専門的な仕事ではなく誰しもできる仕事として銑鉄《せんてつ》（ずく）運び作業を選び、これを一人の労働者を使って一日の標準的な作業量を決定していった。この労働者は、有名なシュミットである。テイラーは、シュミットをその銑鉄（ずく）運び作業の実験に駆り出すために、次のように説得している。「シュ

図表3-1　科学的管理法の導入結果

科学的管理法	導入前	導入後
作業者数	400〜600名	140名
一人あたりの一日の作業量	16トン	59トン
平均賃金	1.15ドル	1.88ドル
平均コスト（人件費など）	0.072ドル	0.033ドル

出所）F. W. テーラー（上野陽一編訳）『科学的管理法〈新版〉』産業能率大学出版部、1969年、277頁。

ミット、君ほどの腕利きなら、銑鉄運びの仕事を知り尽くしているはずだ。これまでの作業量は一日当たり一二・五トンだが、じっくり調べたところ、その気になればはるかに多くの量を運べるはずだとわかった。本気を出せば、一二・五トンどころか四七トンを運べるのだ。君もそう思わないか。」[13]実際にシュミットはテイラーに説得され、目標の四七トン以上の銑鉄(ずく)運びに成功する。

次にテイラーは、シャベルすくい作業の研究に着手する。シャベルすくい作業とは、シャベルで鉱石などをすくう際に、そのシャベルのすくい方、シャベルの形状、重さ、長さなどを「科学的」に計測していき、先と同様に標準的な作業量として設定することである。テイラーは、次のように説明している。

「シャベル作業の名人が一日の作業量を最大化するには、一回にすくう量を調節する必要がある。では、その量とはどれだけであろうか。五ポンド(約二・三キロ)、一〇ポンド(約四・五キロ)、一五ポンド(約六・八キロ)、二〇ポンド(約九・一キロ)、二五ポンド(約一一・四キロ)、三〇ポンド(約一三・六ポンド)、四〇ポンド（約一八・二キロ）のいずれにすれば、一日にすくう総量を最大化できるだろうか。」このような問題意識のもと、テイラーは、シャベル作業に長けた労働者を選定し、一回にすくう量を少しずつ変えていき、ついに一回当たり平均で二一ポンドを処理すると一日の作業量が最大化するという結論にたどりついたのである。

テイラーは、このような作業実験を繰り返して、当時所属していたベスレヘム・スチールでの生産性が向上する結果を示した（図表3－1）。科学的管理法の導入前と導入後をそれぞれ比べていくと、一日の作業者数は四〇〇～六〇〇名だったところを一四〇名で可能にし、一人当たりの一日の作業量は一六トンから五九トンへ向上し、平均賃金は一・一五ドルから一・八八ドルへと向上し、一トン当たりの平均コスト（人件費など）は〇・〇七二ドルから〇・〇三三ドルへと減少した。つまり、工場側に対しては高い生産性を実現し、労働者側には高い給与を与えるという「労働者と管理者双方の繁栄」を実現したのである。このことからテイラーの科学的管理法は、「経験から科学へ、対立から協調へ」という名に代表されるように、様々なところで導入されていった。

第三節【コマ主題細目③】精神革命、その威光

第一項 テイラーへの非難と公聴会での証言

テイラーの科学的管理法は、その成果から脚光を浴びた。当時の新聞、雑誌などに取り上げられ、アメリカ全土に広まったのである。しかしその一方で、それを快く思わない人たちもいた。労働者である。テイラーの科学的管理法が成果をもたらす反面、そこで働かされる労働者たちはそれを労働疎外であると認識し、テイラーに反発する態度を取ったのであった。「他方、組織労働者、殊に機械工と堅固に身を固めた鉄道労働組合はこれらの

やり方の導入に反対する抗議行動に立ち上がった。管理者にとって科学的管理の導入を承認することは労働争議を引き起こすことを意味したのである。」[14]

一九一一年八月、テイラー・システム下で初めてのストライキがウォータータウン兵器廠で起こった。「テイラーは全問題をやり方の失敗のせいにした。すなわち、鋳型工たちの感情が調べられておらず、また彼らに時間研究の目的が前もって十分に示されていなかった、とテイラーは考えた。テイラーは労働組合を非難せず、時間研究の早まったやり方、すなわち第一に労働者の意見を聞くという忠告したやり方を守らず時間研究を行ったことを非難した。ストライキが一週間続き、そして労働者たちは職場復帰した。それ以上の抵抗はなかった。」[15]

テイラーが主張しているように、科学的管理法が広まる一方でそれを間違ったやり方で積極的に取り入れようとする管理者もいた。テイラー自身が「労働者と管理者双方の繁栄」という精神を第一に考えていたにもかかわらず、管理者は科学的管理法の成果向上ばかりに目を奪われたからである。そのため、科学的管理法を拙速に導入した工場ではストライキが起きやすく、対立も生じていた。しかし、その矛先は工場管理者ではなく、科学的管理法の生みの親であるテイラーに向けられたのである。

テイラーは鉄道公聴会に呼び出され、そこで弁明を述べることとなった。テイラーは、公聴会の議長から「一流労働者」を設定する意味について質問攻めに遭い、それでも自分の考えが周囲に誤解されていることを必死に伝えようとした。「私のいわゆる『一流』の工員という意味をよく説明しておく必要があると思います。私の著書には『一流』の工員についてはいろいろ述べてありますが、どうも、『一流』という言葉の意味については一般に誤解があるようであります。」[16]

結局、テイラーの弁明は受け入れられず、時間測定方法や差別出来高給制度などはウォータータウン兵器廠などの軍事部局のすべてで使用禁止となった。テイラーの科学的管理法が成果向上をさせたあまり、かえってその批判を受ける機会を増やしてしまったのであった。あまりに皮肉である。しかし、テイラーは自身の論考である

『科学的管理法の諸原理』にて、科学的管理法の最も重要な点は時間測定方法や差別出来高給制度などのシステムにあるのではなく、むしろ精神革命にあることを主張したのである。

第二項　精神革命

テイラーは、この精神革命について説明している。「科学的管理法は能率のしかけではない。能率を増すためのあるしかけでもない。またそういうしかけの一群を指していうのでもない。また新しい原価計算法でもない。新しい賃金支払法でもない。出来高給制度でもない。割増し制度でもない。工員のそばに立ち時計を持って、何か紙に書くことでもない。時間研究でもない。（中略）しからば科学的管理法の本質は何であるのか。それは個々の仕事に従事している工員側に根本的な精神革命を起こすことである。工員がその仕事に対し、その使用者に対し、自分の義務について、徹底した精神革命を起こすことである。同時に管理側に属する職長、工場長、事業主、重役会なども、同じ管理側に属する仲間に対し、工員に対し、日々の問題のすべてに対し、自分の義務について、徹底した精神革命を起こすことである。労使双方の側でこの根本的な精神革命が起こらないところに、科学的管理法は存在しない。この大きな精神革命こそは、科学的管理法の本質である。」[17]

テイラーは自分を非難した労働組合を敵ではないと言い、彼らに対しても、また管理者に対しても科学的管理法の導入がより良い効果をもたらすことを主張していた。すべては科学的管理法の誤解に基づくものであって、正しい理解と導入をすればより良い効果が労使双方にもたらされることをテイラーは最後まであきらめずに主張し続けたのである。このことこそ、科学的管理法が現代においても最も根源的な管理法であると言われる所以かもしれない。そのことを何よりも信じていたのは、テイラー自身である。第三章（第三回）の講義は、ここまでとする。

註

1――テイラーや家族の経歴については、次の文献を参考にしている。D・A・レン・R・G・グリーンウッド（井上昭一・伊藤健市・廣瀬幹好監訳『現代ビジネスの革新者たち―テイラー、フォードからドラッカーまで―』ミネルヴァ書房、二〇〇〇年、一七四〜一七五頁。

2――レンとグリーンウッドによる『現代ビジネスの革新者たち』には、次のような説明がなされている。テイラーは、「クリケットをストロークの様々な角度、インパクトの強さ、上打ちと下打ちの長所と短所を良く考えて練習する」（一七五頁）人物であった。このように幼少期からテイラーは、自分で試行錯誤しながら物事を改善する動機に駆られていたと考えられる。

3――経営学史学会監修・中川誠士編『経営学史学会叢書I　テイラー』文眞堂、二〇一二年、四頁。

4――この箇所については、先に挙げた『経営学史学会叢書I　テイラー』に、次のような説明がなされている。「一八七三年九月二五日の父親からの手紙は、エグゼター校からの退学が父親の助言によるものであったことを示唆している。『もしお前がエンジニアになることを決心したのならば、健康を害するよりはむしろ、学校を退学して、どこかほかの場所で数学等の勉強を続けた方がよい。』」（五頁）

5――この箇所については、先に挙げた『経営学史学会叢書I　テイラー』に、次のような説明がなされている。テイラーが当時行っていたのは、「工作機械の回転数、送り、キリコミ深サ等の変数間の最適の関係を解明するための金属切削実験」（一一〇頁）であった。

6――『経営学史学会叢書I　テイラー』、一一〇頁。

7――『経営学史学会叢書I　テイラー』、一二頁。

8――F・W・テーラー（上野陽一訳）『科学的管理法〈新版〉』産業能率大学出版部、一九六九年、二三三頁。

9――テイラーは、先に挙げた『科学的管理法〈新版〉』において、次のように説明している。「大将の発する命令は大佐、少佐、大尉、少尉および下士を経て、兵卒に伝えられる。これと同じく工業会社における命令も、支配人から工場長、職長、副職長および組長を経て、工員に伝えられる」（一一六頁）。

10――『科学的管理法〈新版〉』、一一七頁。

11――分業については、アダム・スミス（水田洋監訳・杉山忠平訳）『国富論（一）』岩波書店、二〇〇〇年、二四〜二六頁に記載がある。ただし、スミスは(手作業、商業、)分業などは、もともと蔑視されていたことにも言及している。もともと職業上の身分が低いものが行う手作業、商業、分業などは他の仕事と比べてもあまり表立って良いものとはされておらず、むしろ人々から冷ややかな目で見られるものでもあった。このことをスミスは、『法学講義』の中で、次のように述べている。「われわれは、社会にとってひじょうに有益な人間精神の原理が、もともとはけっして、最も名誉あるものと特徴づけられていなかったということができる。飢え、渇き、性欲は、人類の大きな支えである。そうではあるが、これらのものの表現はほとんどすべて、軽蔑をひきおこす。同じようにして、取引、交易、交換をうながす精神の原理は、手作業、商業、の大きな基礎なのであるが、それでも何かこのましいものとして特徴づけられてはいない。(中略)この国では、小さい小売商は今日でもなお、ある程度きらわれている。社会の初期に商人や手作業工の仕事が、このように蔑視されていたときには、それが社会の最低の諸身分にかぎられていたことに、何のふしぎもない。」(三六九〜三七〇頁)

12——この引用は、次の文献から行っている。フレデリック・W・テイラー(有賀裕子訳)『新訳　科学的管理法—マネジメントの原点』ダイヤモンド社、二〇〇九年、一四頁。

13——『新訳　科学的管理法』、五六〜五七頁。

14——この引用は、次の文献から行っている。ダニエル・A・レン(佐々木恒男監訳)『マネジメント思想の進化(第四版)』文眞堂、二〇〇三年、一三四〜一三五頁。

15——『マネジメント思想の進化(第四版)』、一三五頁。

16——『マネジメント思想の進化(第四版)』、一三五頁。

17——この『マネジメント思想の進化(第四版)』、一四〇〜一四一頁。

第4章

管理過程論

第一節【コマ主題細目①】ファヨールの経歴

第一項 ファヨール誕生からサン・テチエンヌ鉱山学校卒業まで

第四章(第四回)の講義は「管理過程論」についてである。講義を始める前に、第四回の講義内容の到達地点を確認しておきたい。付録の履修判定指標を確認すると、履修指標三の「管理過程論」が第四回の講義内容と関係している。この履修指標の水準を確認すると、「ファヨールがサン・テチエンヌ鉱山学校にて勉学に励み、その後就職したコマンボール社において三〇年間勤続することとなった経歴を理解しておくこと。『産業ならびに一般の管理』では、企業活動が六つ(技術的活動、商業的活動、財務的活動、保全的活動、会計的活動、管理的活動)に分類されており、特に管理的活動はその他の企業活動とは異なり、企業規模が大きくなるにつれて重要性が増すことを理解しておくこと。そして管理は『予測し、組織し、命令し、調整し、統制すること』と定義されることを理解しておくこと。ファヨールの『公共心の覚醒』では、公共事業に対しても技術的教育だけではなく管理教育の重要性が謳われたことを理解しておくこと」と記載されている。詳しくは、第四回の講義内容で理解することであるが、このことが到達地点(＝期末試験で問われること)であることを踏まえて、講義にのぞむ。

さて第四回の内容は、「管理過程論」である。前回の第三章(第三回)では、テイラーの科学的管理法について理解した。テイラーの科学的管理法は、差別出来高給制度をはじめとして、職長制度(職能的職長制)、計画部の設置、時間研究など、労働者と管理者の仕事をきちんと分けて〈管理〉を行うところに特徴があった。このことは、「計画と執行の分離」と呼ばれている。第四回の内容であるファヨールの管理過程論についても、この分離について考える点は同じである。ただし、管理過程論は、テイラーの科学的管理法よりも〈管理〉の一般的原則についての説明がなされているところが一つの特徴と言える。つまり、〈管理〉とは何かという問いについてファヨールはその定義を行っていたり、原理原則を説明したりしている。ファヨールは、テイラーの科学的管理法を認めながらも、それが広い産業に当てはまるかどうかが疑問であるとしている[1]。このような点において、以下ではまずファヨールの経歴について確認し、その後、管理過程論の中身と思想について理解する。

アンリ・ファヨールは、一八四一年七月二九日に中産階級の長男として生まれた。もともと、ファヨールの父親の故郷はフランスであった。しかし、ファヨールが生まれた当時、父親は軍役でトルコのイスタンブールに滞在しており、そこでファヨールが誕生したのであった。ファヨールの父親は、イスタンブールでの軍役が終了した後にフランスへ帰国し、そこで製鉄工場の工場長を務めている。一方、ファヨールの母親は、イスタンブール滞在時にはガラタ橋と呼ばれるトルコの可動橋の建設に携わり、その仕事を行いながらファヨールを大切に育てた。このことから、イスタンブール滞在時には父親と母親は共働きをしながらファヨールを育てていたことが分かる。

フランスに帰国後、ファヨールはキリスト教教会が運営する学校へ入り、そこで勉学に励んでいた。その後、リセと呼ばれる後期中等教育(日本での高校に相当)に進学している。ファヨールは、テイラーと同様に幼い頃から勉学に励む少年であった。ファヨールの研究書によれば、「彼は基礎のしっかりした古典を学習した。生涯を通じて、彼はラテン語を流暢に話すことができた。彼は優秀な成績を修めたが、技師の学校への入学準備のためリヨンのリセで中等教育を終えた」と記されている[2]。

ファヨールが入学を決めたサン・テチエンヌ鉱山学校は、一九世紀にルイ一六世の命令によって創立された格式高い学校である。創立当時は、王室直轄の鉱山経営を担う鉱山技師を養成する学校で、現在では幅広い技術者を養成する教育機関となっている。実は、このサン・テチエンヌ鉱山学校については史料があまり見つかっていないと言われている。ファヨールについて調べるためにフランスでの文献史の調査活動をした佐々木恒男は、このことを次のように説明している。「サン・テチエンヌ鉱山学校で、ファヨールの個人史の史料を全く手に入れることができなかったので、次にこの同窓会を訪れてみた。事務局長のフォール＝ビュール氏がパリ出張のため、一日待たされて、彼に面会した。残念ながら、ここにも役立つ資料は何も残っていなかった。しかし、その他いろいろな史料を手に入れることはできたし、ファヨールとアンリ・ヴェルネーとの関係の一部が明らかになった。」[3]

そのうえで佐々木は、このサン・テチエンヌ鉱山学校では一九二五年に「ファヨール賞」が設立されていたことを説明している。その第一回受賞者は、アンリ・ヴェルネーという人物であり、ヴェルネーはサン・テチエンヌ鉱山学校の卒業生として、フランスで権威ある雑誌『鉱業協会誌』の発行責任者となっている。ただし、このことをここで詳しく述べることはしない。

第二項　サン・テチエンヌ鉱山学校卒業からコマンボール社退社まで

サン・テチエンヌ鉱山学校を卒業してから、ファヨールはいくつかの炭鉱会社をわたり歩き、最も長い勤続年数となった株式会社コマントリー・フルシャンボー・ドゥカズヴィル社（通称：コマンボール社）にて経営者を務めている。ここからは、コマンボール社に着任するまでの経緯とコマンボール社でのファヨールの経験について見ていきたい。

第一に、一八六〇年から一八六六年までの六年間である。ファヨールは、一九歳の時にサン・テチエンヌ鉱山学校を卒業し、卒業した年の一八六〇年一〇月から一八六六年五月までの約六年間にわたって、コマントリ炭鉱で働いている。この炭鉱では、はじめに炭鉱技師として働き、その業績が認められてからは主任技師にまで昇進している。

第二に、一八七八年七月から一八八四年三月までである。この期間でファヨールは、コマントリ炭鉱とモンヴィック炭鉱で経営者を務めるようになっている。この頃に、炭鉱経営者として〈管理〉についての考えを体系化し始めたのではないかと推察される。そして、一八七二年から一八八八年までの一六年間では、ベリー炭鉱という別の炭鉱の経営者としても着任しており、有能な経営者としての道を着実に歩んでいることが分かる。

第三に、一八八八年三月以降である。ファヨールは、一八八八年三月から一九一八年一二月まで約三〇年間にわたってコマンボール社にて経営者を務めている。ここから炭鉱経営者から企業経営者へと変わったと言える。コマンボール社は、石炭・製鉄・機械工業に関する巨大企業であった。それ以前に務めていた炭鉱での経験を生かしてコマンボール社の経営を行うものの、その道は決して楽なものではなかったと言われている。

実は、もともとファヨールが着任する以前では、コマンボール社は経営危機の状態にあった。「一八八四年になると一転して、同社は深刻な経営危機に直面することになる。しかもこの時期に解決が迫られることになる経営問題は、これまでのような炭鉱火災や地盤沈下、炭鉱枯渇といった問題とは全く異質の、文字通り経営上の問題なのである。すなわち、会社内部の主導権をめぐる確執、販売不振と欠損の累積、企業の財務体質の悪化、企業存続のための経営戦略の展開などといった、一つ判断を誤れば企業を破滅に導きかねないような、重要な経営上の問題が迫られていたのである。」[4]

このような状態にあって、救世主として現れたのがファヨールであった。ファヨールは経営者として着任して以降、業績をみるみる改善させ、当初反発していた取締役たちにも実力を示していった。ファヨールは、この業績改善のために約三〇年間で重要な経営戦略をいくつも打ち出している。ここでは、佐々木にならって、主な経営戦略の三つを「三本の矢」として紹介する。

一本目の矢は、ファヨールが行ったスクラップ・アンド・ビルド戦略である。スクラップ・アンド・ビルドとは、老朽化した設備の廃棄（スクラップ）と新設備の設置（ビルド）のことを指している。「このスクラップ・アンド・ビルド戦略には、二つのねらいが込められていた。その一つは、同社の厖大な固定費の負担からくる財務的な困難を、一挙に解決することであった。企業合併によって設立された株式会社コマントリ・フルシャンボーの生産設備は各地に分散しており、しかもその多くは老朽化していて、生産能率は悪く、固定費の圧迫はかなり大きなものであった。社長就任直後の一八八八年四月一一日にフルシャンボー製鉄所を訪れて経営方針を固めたファヨールは、不採算部門は思い切って切り捨て、利用可能な生産設備と人員、採算性のよい製品をすべてフルシャンボー工場に移動させることにした。（中略）この第二のねらいは、スクラップ・アンド・ビルドによって同社が直面している販売面での困難を打開することであった。すなわち、老朽化し、能率の悪い、したがって品質が悪く、コストが高く、売行きの悪い製品部門は廃棄し、販売実績のよい製品部門に事業を特化することであった。」[5]つまり、ファヨールは古くなった設備を新しくすることで、利益を上げられるようにしたのである。

二本目の矢は、資源対策と企業合併戦略である。一八八〇年代以降、コマンボール社が生産拠点としていた炭鉱では、石炭の生産高が減少し続け、事業を継続することが困難になっていた。そのためファヨールは、この資源対策として新たな炭鉱会社との企業合併を決めたのであった。交渉はなかなかうまくいかなかったものの、一八九〇年二月についにブラサック炭鉱と呼ばれる良質な石炭を産出する炭鉱を得ることができた。ただし、この炭鉱は非常に良い石炭が採れるものの、坑内出水と呼ばれる水問題に悩まされていた。つまり、石炭を採ろうとしても、そこから水が出てしまってなかなかうまく採ることができなかったのである。しかし、ファヨールはこの問題を見事に解決し、石炭生産量を上げていったのだった。「この炭鉱は、良質の石炭を産出するが、その経営の最大の難点は坑内出水の問題であった。(中略)ブラサック炭鉱の取得に成功したファヨールは、サン・テチエンヌ鉱山学校卒の鉱山技師である弟ポール・ファヨールによってこの問題によってこの問題は解決され、さらに新しい坑道も開発され、操業は軌道にのり、コマントリ炭鉱の枯渇に悩むコマンボール社は、石炭確保に一応の目処をつけることができるようになった。」[6]

三本目の矢は、経営多角化戦略と研究開発戦略である。経営の多角化とは、一つの事業だけではなく、複数の事業をうまく運営することを指している。事業が一つしかない場合にはその事業が停滞するリスクをつねに考えなければならないが、複数の事業を持つ場合にはそのリスクを回避できる。ファヨールは、このことを踏まえ、炭鉱事業だけでは会社が継続しにくいと判断し、特殊合金の事業を見据えた研究開発に乗り出す。「ファヨールは一九一一年に、アンフィー製鋼所に研究所を創設し、研究開発戦略を本格的に推進することにした。彼はサン・テチエンヌ鉱山学校の後輩である冶金学者のP・シュナヴールを研究所の所長に迎えた。当時の有力な冶金額者であったL・ギレとポルトヴァン(A. Portervin)も、この研究所に参加した。」[7]このようにファヨールは、複数の事業を持つことによって会社を存続させるための手立てを打ったのであった。

このようにスクラップ・アンド・ビルド戦略、資源対策と企業合併戦略、経営多角化戦略と研究開発戦略の「三本の矢」を放つことによって、ファヨールはコマンボール社を再建・継続させられたのであった。

第二節【コマ主題細目②】産業ならびに一般の管理

第一項　管理教育の必要性と可能性

ファヨールは、炭鉱経営者としての経験を一冊の書物にまとめようとした。それが主著でもある『産業ならびに一般の管理』である[8]。ここからは、この書物において、どのようにファヨールが〈管理〉をまとめようとしたのかを見ていきたい。『産業ならびに一般の管理』は、もともと四部構成であるが、第三部と第四部については結局未完となった。しかし、ファヨール管理論の全体構成を考えるうえで、この第三部と第四部の存在は重要である。その内容は不明でありながらも、ファヨールが「個人的観察と経験」、そして「戦争の教訓」を元に『産業ならびに一般の管理』を練り上げていった経緯が理解できる。

この点について訳者の佐々木恒男は、次のように説明している。「われわれも読者もまた、その表題から推測されるように、第三部で、彼の社会現象の観察とその彼流の経験の蒸留という推論の方法論を、また第四部で、第一次世界大戦という往時の戦争が、フランスを含む参加各国の銃後の生産の飛躍的拡大を至上命令としたことから引き起こされた産業組織の再編成の動向とその帰結についての、彼の解釈を読んでみたかったという思いをもつだろう」[9]。佐々木は、このように第三部と第四部の公刊を読者自身が切望するものであると同時に、その未完の論考が持つ偉大な影響力について想いを馳せている。このような事情を踏まえて、以下では公刊された第一巻に該当する第一部と第二部を取り上げていきたい。

※以下、『産業ならびに一般の管理』の当初の構成（以下の第三部と第四部は未完）

第一部　管理教育の必要性と可能性
第二部　管理の諸原則と諸要素
第三部　個人的観察と経験
第四部　戦争の教訓

※以下、『産業ならびに一般の管理』の実際の構成
第一部　管理教育の必要性と可能性
第一章　管理の定義
一　技術的職能、二　商業的職能、三　財務的職能、四　保全的職能、五　会計的職能、六　管理的職能
第二章　企業の従業員の価値を構成する諸能力と相対的重要性
第三章　管理教育の必要性
第二部　管理の原則と要素
第一章　管理の一般的原則
一　分業、二　権限―責任、三　規律、四　命令の一元性、五　指揮の一元性、六　個人的利益の全体的利益への従属、七　従業員の報酬、八　権限の集中、九　階層組織、一〇　秩序、一一　公正、一二　従業員の安定、一三　創意、一四　従業員の団結
第二章　管理の要素（予測・組織・命令・調整・統制）
一　予測、二　組織、三　命令、四　調整、五　統制

まず、「第一部　管理教育の必要性と可能性」においてファヨールは、企業活動を次の六つの活動に分類して

いる。それらは技術的活動、商業的活動、財務的活動、保全的活動、会計的活動、管理的活動である。結論を言えば、ファヨールは管理的活動を企業活動の中でも最も重視しており、管理的活動こそ将来的にあらゆる社会的組織体(＝国家、企業、家などの社会にある組織のこと)において必須とした。

技術的活動は、製品の生産、製造、加工に関わるもので、技術的職能について関連する活動のことである。現代の企業においても、物を作ることがなければ売るものがないように、すべては技術的活動から始まっている。次に商業的活動は、生産、製造、加工された製品を販売していく活動のことで、この活動に携わる者は他の工場や企業について深い知識を持ち、販売に精通していることが求められる。

財務的活動は、商業的活動によって得られた収入と支出の管理を担う活動であり、長期的な企業活動を行うための資金計画を担うものである。保全的活動は、企業において有形・無形の財産を管理し、それを健全な状態に保つ活動のことを指している。会計的活動では、社内での会計を担う活動のことを指している。財務的活動が対外的な会計部門であるのに対して、会計的活動は対内的な会計活動である点に注意が必要である。経営学の中で、財務会計と管理会計という会計分野があるが、それぞれが企業の外向きの活動なのか、内向きの活動なのかと分かれることと同じ意味になる。

このような五つの活動に対して、企業全体の計画、統制、調整などを担うのが管理的活動である。管理的活動は、個々の活動に従事する人材を育成・配置したり、資材を調達・配分したり、あるいは個々の活動が上手くいくようにバランスを取る活動のことである。この点について、『経営学史学会叢書II　ファヨール』の第二章を担当した岡田は、次のように説明している。「先の五つの機能はいずれも、企業活動の全般的計画の策定、会社(組織あるいはシステム)の構成、人びとの努力の調整、活動を調和させることを担っているわけではない。これらの活動は決して、技術技能の権限の一部だけでもなく、同様に商業的、財務的、保全的、あるいは会計的職能の一部をなすものでもない。これらの活動・職能は、われわれが通常、管理と呼び、そしてその権限とそれが及ばない範囲が、不完全にしか規定されていない別の一職能を構成しているのである。」[10]

岡田の言葉をもう少し詳しく考えたい。まず、「これらの活動・職能」というのは、ここでは管理的活動を指している。そのうえで岡田は、管理的活動がそれ以外の企業活動の不完全さを補う役割があることを主張している。技術的活動から会計的活動は、それ自体では不完全で成立せず、それを管理的活動によって補うことによって初めて完全に機能するというものである。

しかし、これは管理的活動に対しても同様に当てはまる。管理的活動の不完全さも、技術的活動から会計的活動が補っているということである。管理的活動は管理する対象であるそれ以外の企業活動がなければうまく機能しない。それは管理的活動だけの企業になってしまうからである。そういう企業があるとすれば、全員が全員を管理する管理者集団としての企業であるが、そのような企業はめったにない。このことから管理的活動もまた、技術的活動から会計的活動があることで初めて管理的活動であると言える。つまり、管理的活動(=全体)はそれ以外の企業活動(=部分)を成り立たせるために必要なものであると同時に、それ以外の企業活動(=部分)も管理的活動(=全体)を成り立たせるために必要である。

そしてファヨールは、〈管理〉を「予測し、組織し、命令し、調整し、統制すること」と定義し、管理が予測・組織・命令・調整・統制を行うことこそが、企業において重要であると考えた。ただし、ファヨールは、この〈管理〉を〈経営〉と異なるものとして考えた点に注意が必要である。ファヨールによれば、〈管理〉は全体的活動を指すのに対して、〈経営〉は個別的活動(=管理的活動以外の企業活動)のことを指している。「管理職能を、経営と混同しないことが重要である。事実、管理職能はそれらの経営職能を、企業が自由な処分をまかせている資源から可能な限りの最大利潤を獲得できるよう、企業本来の目標の達成に向けて、作用させ、指揮・督励しているのである。」[11]

第二項　管理の原則と要素

さて、ファヨールは続く「第二部　管理の原則と要素」において、有名な管理原則について述べている。この管理原則は、いかなる〈管理〉においても共通する特徴として示されたものであり、また管理が実行すべき事柄として掲げられている。ここでは、次節で主に取り上げる『公共心の覚醒』も参考にしながら、一四すべての管理原則について説明していきたい。

一番目は、「分業」である。分業とは仕事を分けて行うことを指している。いかなる仕事も大きなままでは達成することができず、それを分けて行うことが求められる。そして、細かく分けられた仕事を再度大きな仕事としてまとめることによって、一人ではできないことも組織として成し遂げることが可能となる。なお、ファヨールは、仕事上の分業だけでなく、社会における分業についても説明しており、企業のみならず諸機関が社会的組織体として異なる役割を担うことで秩序が保たれるとする[12]。

二番目に、「権限と責任」である。先にも述べたように、管理者は管理的活動とは異なる企業的活動をまとめ上げることが必要になる。その際、管理者に権限と責任を付与することによって、それらを円滑に進めることが可能になる。反対に権限と責任が付与されていない場合、技術的活動から会計的活動までをまとめることはとても難しくなってしまう。ファヨールは、「一指導者について、その職能に結びついた規約上の権限と知性、知識、経験、道徳的価値、命令の才能、果たされた仕事等々から成る個人的権威とを区別する。すぐれた指導者を作り上げるためには、個人的権威は規約上の権限を欠くことのできない補完物である」とし[13]、権限と責任が指導者にとっていかに大事かを説明している。

三番目に、「規律」である。規律とは、最も単純化して言えば、遵守しなければならないルールのことである。ファヨールは、「それは本質的に服従、精励、活力、落書きであり、企業とその従業員との間に確立された協約に応じて実現された敬意の外的な諸徴候である」としている[14]。現在では当たり前であるが、ルールが無ければ仕事を行う手順や決まりなどが定まらず、混乱してしまう。仕事を行う手順を明示することや時には処罰を与えることによって仕事に緊張感を生み出していくことが必要になる。

四番目に、「命令の一元性」である。命令を受ける場所が複数あると、どの命令に従えば良いのかがわからない。そこで命令を出す際には一元化(=一つにすること)とし、それを労働者に伝える必要がある。ファヨールは次のように言う。「何らかの一活動について、それを遂行する一従業員は唯一人の指導者からしか命令を受取ってはならない。これが命令の一元性の規準であり、それは一般的且つ継続的に必要な原則である。」[15]

五番目に、「指揮の一元性」である。これは命令の一元性と同様に、指揮する場合にも、それが複数あると混乱を来たしてしまうことを防ぐものである。指揮する場合には、これも一元化して、それを労働者に伝える必要がある。それによって労働者は混乱を回避することができ、彼らが行うべきことを正確に実行することができる。

六番目に、「個人的利益の全体的利益への従属」である。仕事を行うことは労働者が給与を得たり、人間関係を構築したり、福利厚生を得たりと、労働者の個人的利益に結びつくことが少なくない。もちろん、その個人的利益が個人のものであることは明白である。しかし、個人的利益の追求が全体的利益を害することがあれば話は別である。個人的利益の追求によって全体的利益が損なわれれば企業を維持することができないからである。あるいは、ファヨールは、国家や家の全体的利益も個人的利益に優先すべきと説明している。そのため、個人的利益は全体的利益に従属しなければならない。

七番目に、「従業員の報酬」である。個人的利益に関係する従業員の報酬は、公正に支払われるものである。しかし、先にも説明したように個人的利益としての報酬が沢山支払われすぎてしまうと、全体的利益は損なわれてしまう。したがって、適正な報酬額を設定し、これを公正に支払うことが管理者には求められる。

八番目に、「権限の集中」である。これは「命令の一元性」や「指揮の一元性」にも関連することであるが、命令や指揮を出す管理者に権限が合わせて与えられていないと、命令や指揮もうまく伝達できない。そのため、管理者には権限を集めることによって、その命令や指揮が徹底されるように働きかけなければならない。

九番目に、「階層組織」である。階層組織とは、権限を持ったものと権限を持たないものという序列(=階段)のある組織のことである。現代の企業で言えば、部長、課長、次長、係長、社員などのように階層がある。そこには上位から下位への序列(=階段)があり、その序列(=階段)にあわせて命令や指揮がなされている。このような序列(=階段)があることによって、組織は合理的な意思決定ができる。

一〇番目に、「秩序」である。秩序とは、物事が整理され、清潔に保たれ、形式(=ルール)が設定されている状態を指す。この秩序がいかに大事であるかは、秩序のない混沌とした状態を思い浮かべてみるのがよい。物事が散らかっていて、どこに何があるか分からず、不潔なままで、形式(=ルール)のない状態である。これが仕事をする場合には、適した環境ではないことは明らかである。

一一番目に、「公正」である。公正とは、誰が見ても納得のいく状態のことを指している。公正の「公」はおおやけ、「正」はただしさを意味しているが、これは誰が見ても納得のいく状態、あるいは信頼に足る状態のことである。

一二番目に、「従業員の安定」である。従業員の安定とは、雇用の安定、収入の安定、配置の安定などを指している。これが不安定であれば、従業員は雇用、収入、配置などに不安を感じて仕事に手が付かなくなる。そのため、従業員が仕事に専念するためにも仕事以外の条件を安定に保つことが必要である。

一三番目に、「創意」である。創意とは、創意工夫のことで、ファヨールは計画する側の創意(=自由)と計画を行う側の創意(=自由)があると述べている。それぞれが計画に対して、いくらか自由に振る舞うことが大事であるとしている。「計画を立案し、それを実行するというこの可能性はわれわれが創意と呼ぶものである。計画を提案する自由とそれを実行する自由もまた、各々創意である。」[16]

最後に、「従業員の団結」である。ファヨールは、従業員の団結を企業における重要な力であると考えている。従業員に対して命令を一元化し、そこに規律を持たせることで、従業員が団結した時により大きな力が発揮されるとしている。

このようにファヨールは、管理には原則と要素があることを述べており、それぞれは現代においてもなお通ずるものである。ファヨールがそれを企図したものかは分からない。だが、これらの原則と要素を、私たちが学んで、実際の管理現場に活かすことは十分に可能である。

第三節【コマ主題細目③】公共心の覚醒

第一項　公共事業の管理改革

さて、ここからはファヨールの『公共心の覚醒』という書物を手がかりに、『産業ならびに一般の管理』以降のファヨールの考えについて見ていきたい。この『公共心の覚醒』は、ファヨールの講演や論文、またファヨールについて研究した研究者の論文が掲載されているものであり、どちらかと言えばファヨールの〈管理〉についての考え（＝思想的背景）が色濃く述べられているものである。特に晩年にファヨールは、〈管理〉を工場のみならず、その当時のフランスの公共事業や教育に対しても適用すべきと考え、それらの公共事業や教育の無秩序な状態を転換させようとした。それでは、この転換を行おうとしたファヨールの考えを以下では紐解いてみたい。

ファヨールは、『産業ならびに一般の管理』を一九一七年に発表し、その翌年の一九一八年のコマンボール社の新年朝食会にて「公共事業の管理改革」という講演を行っている。当時のファヨールは、公共事業の活動に対して敵対心を持っており、それが非合理的な方法で行われていることを憂いていた。それもそのはずでファヨールは、当時すでにコマンボール社などで成功を収めており、現代で言うところの「敏腕経営者」としての地位を確たるものとしていた。ファヨールは、それらの公共事業に対する不満を次のように言い表している。「知識や経験の豊かな大臣達や一般に可もなく不可もなく知性があり、自己の職務に関する技術をよく知っており、進んで事に当ろうとする熱意に満ちている公務員達にもかかわらず、なぜこのような弊害が残存し、それが次第に大きくなっていくということになるのであろうか。」[17]

ファヨールは、これらの公共事業の活動が特に全般的な指揮の不十分さ、各省における各々の大臣の行政管理上の独立、調整ができていないこと、選挙に関する利害関係について過度な心遣いがなされていること、指揮の一元性が欠けていることなどを指摘しており、『産業ならびに一般の管理』で説明した意味での〈管理〉を公共事業にも適用するように訴えかけている。「われわれは、このような一元性の考えそのものが政府に欠けていないかどうかを問うことができる。実際上、このような一元性の兆候、表明はどこにみられるであろうか。すなわち最高指導者の主宰のもとでの部門指導者の会議、よく研究され有用な期間に作成された活動計画、組織図、謹厳な統制、架橋、時間測定の使用等々はどうであろうか。恐らく、大臣達は、彼等の大臣としての存在をおびやかすような敵に対抗してとるべき共通の態度に関しては協力してしめし合わせるが、しかしそのようなものは公共事業に対して与えられる指揮の問題ではない。」[18]

ファヨールにとって大臣達が時間を割いて関心を持つことは、〈管理〉についてではなく、その周辺の、言ってみれば〈管理〉とは関係のないことであり、その態度を変更しなければ公共事業も合理的に運営することができないものであった。

第二項　管理教育の徹底

ファヨールは、公共事業の悪化した状態に対して啓発を行うと同時に、これから土木技師になる若い人々に対する教育のあり方も見直すべきだとした。つまり、一方では公共事業を管轄する大臣に対しての啓発を行い、他方ではこれから教育を受ける若い人々に対しての期待も寄せていた。ファヨールは次のように言っている。「したがって、わが国のすべての学校に管理教育を採入れることを辛抱強く求めながら、公益事業の管理改革を促進するために、われわれが自由に用いることのできるいかなる方法をもおろそかにしてはならない。管理教育のもたらす効果を待ちわびることなしに、あらゆる手段によって、それらの真価を発揮している管理の諸方法を直ちに適用することを促すことができる。それらの管理方法とは、次のようなものである。活動計画、組織図、部門指導者会議、架橋、時間測定、等々」[19]。

特にファヨールは、この管理教育をこれから土木技師になる若い人々に対してどのように行っていくかについて考えを述べている。土木技師になることは、一つには土木工事についての知識が必要になるが（＝技術的教育）、もう一つはファヨールが考えているようにそれらの人々を管理する側に立ちながら取りまとめることが必要になる（＝管理教育）。したがって、それまでの教育がやや技術的教育に重きを置いたものであったのに対して、ファヨールは管理教育も合わせて行うことで管理者を育成することにも力を入れていった。ファヨールは、このことについて以下の六つのルールを導き出して、それらを実行しようとしている。

一　下位の従業員の主要な能力は技術的な能力である。
二　上位の従業員の主張な能力は管理的な能力である。
三　階層的組織を登るにつれて、管理的な能力の相対的な重要性が増大し、これに反して技術的な能力の相対的な重要性は減少する。

四　これら二つの能力の相対的な重要性が等しくなるのは階層的組織の第三段階あるいは第四段階のあたりにおいてである。

五　最上位の指導者の管理的な能力はその総価値において、その他の諸能力のすべてを結合したのと同じ程度であると見なされる。

六　技術的な能力は大規模な企業の指導者達にとって、商業的、財務的、保全的、あるいは会計的な能力よりも非常に重要であるということはない。

つまり、ファヨールは上位に立つ人々は管理者として人々を束ね、下位にいる人々は現場作業に徹することによって、一つの組織の中で効率的な運営ができるとした（すなわち「計画と執行の分離」である）。そして、管理的能力は組織が大きくなるにつれて、階層的になるにつれて、大きくなっていくことを示している。このように〈管理〉についての役割と傾向を訴えかけることによって土木技師の教育のあり方についても、ファヨールは方向転換しようとした。第四章（第四回）の講義は、ここまでとする。

註

1――この疑問については、次の文献が参考になる。ジャン－ルイ・ポセール編（佐々木恒男訳）『アンリ・ファヨールの世界』文眞堂、二〇〇五年、二一～四五頁。

2――『アンリ・ファヨールの世界』、一一頁。

3――この説明については、次の文献を参考にしている。佐々木恒男『アンリ・ファヨール―その人と経営戦略、そして経

営の理論―』文眞堂、一九八四年、三一頁。

4――『アンリ・ファヨール』、九七頁。

5――『アンリ・ファヨール』、一一三～一一四頁。

6――『アンリ・ファヨール』、一二〇～一二一頁。

7――『アンリ・ファヨール』、一二八頁。

8――ファヨール（佐々木恒男監訳）『産業ならびに一般の管理』未来社、一九七二年。

9――経営学史学会監修・佐々木恒男編『経営学史学会叢書II　ファヨール』文眞堂、二〇一一年、二五頁。

10――『経営学史学会叢書II　ファヨール』、三〇頁。

11――『経営学史学会叢書II　ファヨール』、三一頁。

12――この説明については、次の文献を参考にしている。アンリ・ファヨール（佐々木恒男編訳）『公共心の覚醒―ファヨール経営管理論集―』未来社、一九七〇年、三七頁。

13――『公共心の覚醒』、三六頁。

14――『公共心の覚醒』、三七頁。

15――『公共心の覚醒』、四一頁。

16――『公共心の覚醒』、四六～四七頁。

17――『公共心の覚醒』、一〇三頁。

18――『公共心の覚醒』、一〇六頁。

19――『公共心の覚醒』、一一二頁。

第5章 復習コマ①

第一節 【コマ主題細目①】小テストの意義

第五章（第五回）の講義は「復習コマ①」である。第五回の講義では、これまで第二章（第二回）から第四章（第四回）までに学んできた内容について簡単に復習を行ったうえで、（評価には入らないが期末試験に直結する）小テストを二〇問行って学生がどの程度内容を理解しているか、教員がどの程度教えられているかを確認する。この小テストの実施方法については後述することとして、ここではなぜ小テストを評価には入れないのかを説明したい。本講義を行っていくうえで参考にしている『シラバス論』では、次のような説明がなされている。これは重要な箇所であるため、そのまま引用する[1]。

深さと階段の意味は、たとえば小テストとはなにかと自問するときでもはっきりする。毎コマか二コマ、三コマ置きに〈小テスト〉を実施するのはいいことだが、それを履修判定の一部として組み入れるのは(厳密には)間違っている。一コマ目が満点取れることと一五コマ目が満点取れることとは原理的には無関係だからだ。教員は、すべてのコマを終わったときに満点を取れるよう(あるいは六〇点以上取れる点数分布を意識して)各コマを積み上げているのであって、終わるまでの一コマ一コマは目標ではない。たとえば前半で小テストの平均点九〇点の学生が後半で小テストの平均五〇点であった場合、小テスト全体の平均値は六〇点以上ということになり、その学生は合格点を取ることになる。科目全体の目的や目標に近づけば近づくほど点数が下がることもありえる学生の小テスト(小テスト点数のコマ分布)を科目履修の判定材料にすることは単位制の学生評価としては適切とは言えない。それでも小テストに意義があるとすれば、学生の自己評価(きちんと講義を聴いていたかどうか)、教員の自己評価(思ったように指導ができたかどうか)に使おうと思えば使える程度のこと。履修判定の一部に使うのであれば、初回ほど評価に傾斜を付けて、一回目から五回目までは七〇%評価(学生がその小テストで一〇〇点取ったとすれば七〇点の評価)、六回目から一〇回目までは八〇%評価などとやるしかない。

原則として小テストは、期末の履修判定試験が六〇点未満の学生の救済にあててはいけない。小テストの履修判定に関わる加点があるとすれば(百歩譲って)、あくまでも六〇点以上の合格点を取っている学生への恩情加点としてしか存在し得ない。

このように小テストを評価に入れない理由は、個々の小テストで問われる内容と期末試験(＝期末の履修判定試験)で問われる内容が原理的に異なるという点から来ている。そうである以上、小テストは評価に入れてはいけないことになる。しかし、それでも小テストを行う意義があるのは、学生は学生自身の理解度を自分で理解するため（理解の理解）、そして教員は教員自身の教授度（とここでは記すもの）を自分で理解するためである。学生にとっては自分が教えられていることがどの程度理解できているのかは問われてみないと分からないことでもあるし、教員にとっては自分が教えていることもどの程度理解されているのかも問うてみないと分からないことでもある。

したがって、小テストの意義とは、学生は学生自身の、教員は教員自身の自己評価を行うためである。私がこれまでに小テストを行った経験からすれば、きちんと予復習を行って小テストにのぞんでいる学生はそれなりの高得点を取って、（こちらから尋ねてもいないのに）自分で点数を教員へ報告するようになる。それが理解に定位した知的主体の成長である。最もアクティブ（主体的）な姿である。反対に予復習をきちんと行っていない学生は低得点に留まって残念そうな姿で教室をあとにしていくが、しかし小テストは評価には入れないのだから期末試験までに理解不足の点を教員や理解している学生に尋ねるなどをする機会は与えられている。つまり、失敗をするために（失敗しても挽回するために）小テストは存在している。これを評価に入れてしまっては、失敗する機会や失敗しても挽回する機会を学生にも与えないことになる。教員にとっても教授度不足の点を補わずに次の内容に入ってしまうことを許容している。失敗を許容しないという点では、学生にも教員にも不利に働くのが小テストの評価点である。裏を返せば、それだけ失敗ができない小テストであれば、かなり周到に設計された講義草稿とコマシラバスを準備しなければならないことになるが、果たしてそのようなことができるかは疑わしい。

第二節【コマ主題細目②】履修判定指標の再確認

さて、時間が限られているため、復習に移りたい。まず、復習を行う点で今一度確認しなければならないのは、第二章（第二回）から第四章（第四回）までの内容に直接関係している履修判定指標である。第二回から第四回までの内容に関係しているのは、履修指標の一から三までである。ここをもう一度抜き出してみると、次のとおりとなる。

●履修指標一「アメリカのビッグ・ビジネス」

アメリカのビッグ・ビジネスとは鉄道を軸にした大規模な産業発展であることを理解しておくこと。これらの産業発展を担った経営者の経営思想（＝経営を行うための考え方）は二つに分類することができ、それらは企業を種を開花させるように発展させる進化論か、あるいは神によって与えられたものとして発展させる創造論かに分類できることを理解しておくこと。ビッグ・ビジネスが確立してきた一九二〇年代以降、大企業では近代的な全般管理（＝全社管理）が行われるようになり、それは経営機能と実行機能の分離、各事業部に対する管理・統制、マネジメント・サイクルの実行であったことを、事業部制組織の構造とともに理解しておくこと。

●履修指標二「科学的管理法」

テイラーは幼少期から高い教育を受けハーバード大学に合格するものの、猛勉強によって視力が低下し入学を断念したことを理解しておくこと。工場管理法における『差別出来高給制度』が労働者の作業意欲を駆り立てるものであり、かつ労働者を管理する方法として職長制度（職能的職長制）と計画部の設置があったことを理解しておくこと。また、科学的管理法では銑鉄《せんてつ》（ずく）運び作業とシャベルすくい作業が実験的に行われ、それによって工場の生産性が大いに向上したことを理解しておくこと。しかし、テイラーの科学的管理法は誤解されたため、テイラーは科学的管理法の本質が精神革命（＝労使双方の繁栄）にあったと訴えたことを理解しておくこと。

●履修指標三「管理過程論」

ファヨールがサン・テチエンヌ鉱山学校にて勉学に励み、その後就職したコマンボール社において三〇年間勤続することとなった経歴を理解しておくこと。『産業ならびに一般の管理』では、企業活動が六つ（技術的活動、商業的活動、財務的活動、保全的活動、会計的活動、管理的活動）に分類されており、特に管理的活動はその他の企業活動とは異なり、企業規模が大きくなるにつれて重要性が増すことを理解しておくこと。そして管理は『予測し、組織し、命令し、調整し、統制すること』と定義されることを理解しておくこと。ファヨールの『公共心の覚醒』では、公共事業に対しても技術的教育だけではなく管理教育の重要性が謳われたことを理解しておくこと。

ここで重要なことは、古典的管理論というのは、まずもって生産性の向上に働きかける管理論であるという点である。ビッグ・ビジネスも当然そのことを目的に発展してきたものであるし、テイラーやファヨールが目的としていたことも基本的には生産性の向上である。これは経営管理論であれば当たり前のように思われるかもしれないが、その基盤がつくられたのが、この一九世紀後半から二〇世紀初頭の管理論であると言える。

とは言え、テイラーの管理論とファヨールの管理論では、少なからず違いがあったことも押さえなければならない。テイラーの管理論とは、生産性を向上させるためにどのように作業をすれば良いかを問うた「労働者のための管理論」であるのに対して、ファヨールの管理論とは生産性向上のためにどのように管理すべきかを問うた「管理者のための管理論」であったからである。もちろん、それぞれの管理論に関連する事柄を相互に言及している部分はある。しかしながら、その特徴としては労働者と管理者という風に違った人々へ向けたという点は非常に大きい。両者の管理論を見ていくために、その点を押さえておく必要がある。

第三節【コマ主題細目③】標準偏差と平均点の役割

さて、小テストの実施方法について説明する。小テストは二〇問を基本とし、一問を五点として計一〇〇点満点で行うこととする。基本的に対面授業を想定しているが、対面の場合では教員もしくは学生スタッフが印刷したものを当日は二〇～三〇分程度で受けることとする。終了後には、学生が回答をフォームなどに記入していき、学生と教員がともに点数分布と平均点などを確認する。これを行うと、自分がどの点数分布に位置付けられているのかを小テスト直後に確認することができる。また、教員にとっても点数分布と平均点を確認することによって、教授度を確認することができる。

また、点数を（その場で）計算することによって標準偏差についても確認することができる。この標準偏差については、一二～一五を目指すこととする。これは、講義運営の緊張度を適切に維持するためである。『シラバス論』には、次のように説明されている[2]。これも大事な箇所であるので、そのまま引用する。

> 「標準偏差」について言えば、点数分布が平均八〇点強を山のピークにして一〇〇点と六〇点へと広がった正規分布に近い形になると標準偏差は一二～一五くらいになる。これは、科目クラスの知的な経営が上手くいっている指標。中域を中心に、下位学生も諦めていない、上位学生もお互い競い合っている。中域は下には落ちたくない、少しでも上位に入りたいという状態。このようにクラス全体が知的な緊張力を維持している状態が試験の点数分布が標準偏差一二～一五の状態。標準偏差が一桁にとどまると、上位学生と下位学生との点数差がないためにどちらもやる気がない状態、特に〝できる〟学生が（〝できない〟学生と点数差が開かないため）やる気を無くす状態に陥る。教員の教育目標の解像度が低いか、それとも落伍者が出るのを忘れて

試験の難易度を人為的に下げているかのどちらか。標準偏差が一八を超えると、二山現象になっており、下位グループが完全にやる気を無くしている状態。厳密には学生にやる気がないのではなく、教員が下位グループに見向きもしないで授業をやっている状態だと言える。この原因は学生の基礎学力不足ではなくて、教材（授業中の教材、予復習の教材）が不足している状態に過ぎない。授業中の小テストで標準偏差が一八を超える状態で本試験に突入すると大量落伍者が必ず出る（もしくは少数であっても再起不能な落伍者が出る）。こういった判断は平均点やGPAばかりを意味もなく記録し続けている今日の成績評価では出てこない。

なお、小テスト後には解答を確認するとともに、間違いの多かった問題についても確認する。間違いの多かった問題は、教員の問題作成が悪い部分もあるが、間違いの多かった問題に自分も間違えているか否かを学生が確認することによって全体的な傾向との差異を確認することもできる。また、小テスト終了後には、問題を持ち帰ることで繰り返し復習を行うとともに、履修判定指標に照らした場合に他にどのような問題が出題されそうかを自分で問題作成をしたり、友達同士で自作した問題を解き合うなども行うことができる。つまり、小テストは期末試験で問われる問題の三レベル（★☆☆易しい、★★☆普通、★★★難しい）を確認する役割もある。第五章（第五回）の講義は、ここまでとする。

註

1——『シラバス論』、一四二～一四三頁。

2——『シラバス論』、八七～八八頁。

第II部

新旧人間関係論と組織論的管理論

第6章 人間関係論

第一節 【コマ主題細目①】照明実験と継電器組立作業実験

第一項 照明実験

第六章（第六回）の講義は「人間関係論」についてである。講義を始める前に、第六回の講義内容の到達地点を確認しておきたい。付録の履修判定指標を確認すると、履修指標四の「人間関係論」が第六回の講義内容と関係している。この履修指標の水準を確認すると、「ホーソン実験について照明実験、継電器組立作業実験、面接実験、バンク配線作業実験の概要と結果について理解しておくこと。特に前者二つについては生産高と作業条件（＝物理的環境）に関係が見られなかったことを理解しておくこと。面接実験については労働者の感情的な側面が生産高に影響していることが明らかになったこと、バンク配線作業実験については報酬を増やす仕組みがあったにもかかわらず、インフォーマル集団によって集団的に生産高を制限する行為が確認されたことを理解しておくこと。そのうえでメイヨーとレスリスバーガーがウェスタン・エレクトリック社へ調査を行ったねらいとして管理者教育に力を入れようとしていたことを理解しておくこと」と記載されている。詳しくは、第六回の講義内容で理解することであるが、このことが到達地点(=期末試験で問われること)であることを踏まえて、講義にのぞむ。

さて第六回の内容は、「人間関係論」である。ここから新しく第二単元に入るため、簡単に第一単元とのつながりを説明しておきたい。第一単元では、アメリカのビッグ・ビジネス(第二章［第二回］)、科学的管理法(第三章［第三回］)、管理過程論(第四章［第四回］)について、それぞれ理解してきた。アメリカは、もともとビッグ・ビジネスと呼ばれる一九世紀末から二〇世紀初頭にかけての大規模な産業発展があった。その産業発展を支えたものの一つには、工場の大規模化があった。大規模になった工場では、労働者が増え、そこに〈管理〉の必要性が出てきたと言える。

なぜ〈管理〉しなければならないかと言えば、労働者が怠けてしまうためであった。労働者は、「自分が一生懸命仕事を頑張れば、他の労働者の仕事を奪ってしまう」などと誤解しており、集団で口裏を合わせることによって組織的怠業を行っていた。テイラーは、この組織的怠業を「悪しき慣習」と見なし、差別出来高給制度を始めとして、職長制度(職能的職長制)、計画部の設置、時間研究など、労働者と管理者の仕事を明確に分けて〈管理〉の重要性を訴えかけてきたと言える。テイラーは、このような工場管理法に加え、科学的管理法では銑《せん》鉄《てつ》(ずく)運び作業やシャベルすくい作業などを行い、科学的に厳密な方法での作業条件を考えていった。これは「標準化」と呼ばれるもので、作業条件を一定レベル(=一定の標準)にまで高めることで、どの労働者も高い生産性を目指すことができるようになった。

しかし、このような科学的管理法はその効果が大きかったことから様々な場所で誤った使い方がなされ、テイラーは責任追及されることとなった。そのためテイラーは、「科学的管理法の本質は精神革命（＝労使双方の繁栄）である」と力強く断言したのであった。私たちは、このようなテイラーの想いを汲み取らなくてはならない。

実は、人間関係論は、テイラーの科学的管理法で重視された作業能率と関係している。作業能率を向上させるための照明実験では、照明度と作業能率の関係を明らかにしようとしたにもかかわらず、それが無関係であること（＝関係が認められなかったこと）が分かったからである。つまり、これはテイラーの科学的管理法（とそれに準じる実験）が失敗に終わったことを意味している。後続する研究の中で明らかになったのも、作業条件が生産性に結びつくということよりも、労働者同士の人間関係が生産性に結びつくという、それまでの古典的管理論の常識を覆すものだったのである。

このような人間関係論は、いわゆるホーソン実験と呼ばれる、ウェスタン・エレクトリック会社のホーソン工場で行われた実験に基づいている。ウェスタン・エレクトリック社は、アメリカ電話電信会社（現在のアメリカ最大手電話会社であるAT&T）の傘下にある会社で、電話機製造部門を担っていた。そのウェスタン・エレクトリック社のホーソン工場では、一九二四年から一九三二年までの八年間で計六つの実験が行われ、それらは照明実験、継電器組立作業実験、第二継電器作業集団、雲母剥ぎ作業実験、面接計画、バンク配線作業観察と呼ばれている。以下では、人間関係論の中心的実験に位置付けられる照明実験、継電器組立作業実験、面接実験、バンク配線作業実験を取り上げ、人間関係論の中身について理解したい。また、第三節ではこれらの実験を踏まえたうえで、人間関係論が目指した管理教育について考えていきたい。

ホーソン実験の第一段は、照明実験である。照明実験とは、国家学術調査審議会（National Research Council）とウェスタン・エレクトリック社の共同研究による実験で、照明度と作業能率の関係を確認するものであった。当時では、照明度を上げることによって作業能率が向上するという説があり、これを実際に検証してみるために照明実験がホーソン工場で行われることになった。「最初に行われた実験では、検査部門・継電器部門・コイル捲き部門の三つの実験グループと、コイル捲き部門での一つの基準グループとを編成し、前者の実験グループでは漸次照明を明るく変化させてその作業量の変化をみる一方、後者の基準グループでは一定の照明度のもとで作業をさせて作業量の変化をみる。そして実験グループと基準グループの作業量を比較することにより照明度の効果をみるというものであった。」[1]

ここで言われている「実験グループ」とは、照明度を変えられる方のグループである。作業しながら照明の明るさが変わることによってどれだけ作業量に影響があるかが調べられた。反対に「基準グループ」とは、照明度を変えられない方のグループである。こちらは「実験グループ」を比較する時の基準として設定されていたグループになる。

この実験の結果で明らかになったのは、驚くべきことに、双方のグループともに作業量が増加するに至ったことである。つまり、作業量が増加する要因について照明度は必ずしも必要であるとは言えなかった。照明を明るくしても、明るくしなくても、どちらも作業量が増えた。そうであれば、照明度は必ずしも作業量を増加させる要因とは言えず、別の要因が関係していると推察された。

したがって、第二回目の照明実験では、照明以外の要因を可能な限りコントロールすることとなった。「第二実験は、最初に行われた実験の教訓を活かし、照明以外の要因、即ち監督の方法にも配慮がなされたものとなっている。その当時のホーソン工場では、決められた手順や規則を遵守するスタイルであったが、ここでは作業員の協力確保をねらった親しみやすいスタイルが用いられた。」[2]しかし、結果はまたしても二つのグループともに作業量が増加することとなった。

このことから、「照明度を上げることによって作業能率は向上する」という説は棄却されることとなった。この件について、人間関係論を主導した学者であるフリッツ・レスリスバーガーは、次のように回顧している。「以上の実験から、はたしてどんなことが学びとられたであろうか？明らかにステュアート・チェイスがいったように、なにか〈おかしな〉事柄が起こったということははっきりしていたが、調査員たちには、いったいぜんたい、おかしいのは彼ら自身なのか、実験の対象である労働者なのか、それともまたその実験の過程なのか、という判断がまったくつきかねたのであった。しかし、ただ一つのことだけは明白であった。それは、実験が意外にも失敗したという事実であった。この調査からは、照明と作業能率との関係についてなに一つ肯定的な結果を引き出すことはできなかった。もし結果を額面どおりに受け取るならば、照明度と作業能率との間にはなんらの相関関係もないということになるのであった。」[3]

このような失敗は、ウェスタン・エレクトリック社および国家学術調査審議会の調査員を驚かせることとなった。そのため調査員たちは、この結果について外部の専門家の意見を求めることとなった。このことについてレスリスバーガーと同様に人間関係論を主導したエルトン・メイヨーは、次のように説明している。「この興味ある失敗が、その後の実験にたいして幾分の刺激となったことは疑いもない事実である。しかしこの研究方法の問題に加えて、さらに多くのきわめて重要な具体的問題があったので、会社の当局者達は彼等自身の見解に左右されない、これらの問題にたいする客観的な解答を要望したのである。」[4]しかし、専門家にとっても、この結果について正確な解答を提示できる人物はおらず、照明実験の結果は調査員たちに大きな課題を残したのだった。そして、ホーソン工場は次なる実験へと移行することとなった。それが継電器組立作業実験である。

第二項　継電器組立作業実験

継電器組立作業実験は、継電器と呼ばれる電気制御装置を組み立てる作業についての実験で、この実験にはホーソン工場の女子作業員六名が選ばれた。作業にあたるのはそのうち五名で、残りの一名は組立作業中の五名に部品を揃えて渡すという役目を担っていた。これらの女子作業員は、実際にホーソン工場で働いている作業員であるということ以外は、特段実験に向いている者というわけではなかった。この実験では、継電器を組み立てるために約三五の部品を使い、それらを一つの継電器として組み立てるには大体一分間程の時間を要した。この実験は、途中作業員の入れ替わりなどがあったものの、結果的に約五年間に及ぶ大きな実験になった。

それでは、作業員はどのように組立作業を行ったのか。「実験メンバーたちは作業台に横に一列に並んで座って作業し、作業台の各人の右の手元には仕上品を投入するシュートロがあり、仕上品はそのシュートを通って作業台の前の箱に流れる際にその数や仕上にかかった時間が個人的に自動的に記録されるようになっていた。作業台の一番端には、部品の供給や仕上品にかかった時間が個人的に自動的に記録されるようになっていた。作業台の一番端には、部品の供給や仕上品を箱から回収するためのレイアウト作業員が配置されており、実験メンバーたちの作業量の記録をとることになっていた。」[5]

この作業台の端には実験の担当者が常駐して立っており、作業員の様子を記録をしたり、室内の雰囲気を和やかにするなどの役割を担っていた。実験に際しては、室内の温度、湿度、休憩時間などに加えて作業員の睡眠時間、食事の量と質などが記録されていた。この記録は、約五年間にも及んだため、文書では数トンにもなる大量の資料となった。

それでは、どのような結果になったのか。この結果についてレスリスバーガーは、次のように説明している。「それはごく簡単に答えれば、ほぼつぎのようなものとなる。すなわち、ある熟練した統計学者は、生産高の変化と五人の女工の物理的環境上の変化との間になんらかの相関関係を発見しようとして五年間をついやした。たとえば、彼は、彼女たちの睡眠時間数と翌日の生産高との間の相関関係を調べてみた。さらに、睡眠不足の影響が翌日でなくて翌々日にあらわれるという通説に基づいて、彼は生産高の変化を女工たちの前々晩の睡眠量と相関させてもみた。彼がいかなるごまかしをも許さず、自己の職務を慎重かつ徹底的にやりぬいた事実を指摘するためにこそ、わたしはこのような事柄にまでふれるのである。ともかく、このような努力にもかかわらず、物理的環境上の変化を生産高と関係づけようとするあらゆる試みは、統計学者によって証人されるにたるほど十分に有意的な相関関係を、ただの一つも発見することができず、結局もののみごとに失敗に終わってしまったのである。」[6]

約五年間に及ぶ実験の結果、作業員の生産高と物理的環境(=温度、湿度、休憩時間、睡眠時間、食事の量と質)との関係は見つからなかった。それは調査員の側から見れば、驚くべき事実であった。しかし、調査員はあきらめなかった。もう少し違う物理的環境であれば、生産高に結びつくのではないか。このような考えから、五分間休憩を取り入れたり、休憩時間数を増やしたり、その時間を変えるなどした。その他にも、特製の昼食を用意したり、半日で終わる仕事の方法を採用した。そうすると、生産高が増加してきたのである。「実験の最初の一年半ぐらいの間は、調査する者もされる者も、関係者すべてが愉快であった。調査員は、作業条件の改善につれて生産能率が徐々に上昇してゆくのを見て満足を感じた。」[7]

ところが、次に作業条件(=物理的環境)を悪化させた場合にも、生産高は増加するという事態が起きたのである。つまり、生産高が増加することに作業条件(=物理的環境)の影響は関係しないことがやはり明らかになった。こうして、照明実験と同様に継電器組立作業実験では、作業員がその日に達成する生産高に作業条件(=物理的環境)は影響しないことが明らかになった。

しかし、なぜ作業条件(=物理的環境)は影響しないにもかかわらず、生産高は増加し続けたのか。この問いが新たに調査員たちを悩ませるようになっていた。そこで調査員は考えた。作業条件(=物理的環境)でなければ、人間同士の関係が生産高に影響しているのではないか。人間同士の関係、すなわち作業員同士の関係、作業員と調査員の関係といった人間関係が生産高に影響しているのではないか。

メイヨーは、この実験を主導したペンノックの主張について、次のように述べている。「それゆえに、ペンノックの主張する理由はきわめて明白である。すなわち、グループの心的態度にはいちじるしい変化があらわれ、これはときどき開かれる最高経営者との会議においてうかがうことができた。会議の席上、彼女達は最初はにかみと不安と沈黙と、そしてたぶんいくらかは会社の意向に対する疑念とをもっていたが、後にその態度にはきわめていちじるしい信頼と淡白とがあらわれるにいたった。予定どおり計量された条件の変化がおこなわれるたびに、彼女達は事前にその協議にあずかり、しかも彼女達ののべる意見はよく傾聴され議論された。そしてときには、提言を否定する彼女達の反対意見すらいれられた。かくて、グループの者が重要な決定にも参加できるという気持は明瞭に深まっていき、心からとけあって一体となった。このように一体となって心のそこから融和しているということは、特に作業者の一番二番三番および四番の者たちがたがいに過程的な交際をしている事実によっても証明される。」[8]

すなわち、ペンノックによれば、この実験に参加した女子作業員は、作業条件(=物理的環境)の改善が生産高に影響したのではなく、彼女たちが最高経営者との会議に出席する機会を設けられ、そこで発言したり、意見することを許されたことが彼女たちの生産高に少なからず影響したことであった。自分がよりよい機会に発言を許され、かつその意見を傾聴されたり、時には相手に対する反対意見さえも受け入れられたために、よりよい生産高を彼女たちも上げようとしたのである。このことは、古典的管理論が志向したような作業条件(=物理的環境)の改善によって人間が生産高を向上させるという事実には反して、人間関係が生産高を向上させるという可能性を示したのであった。

第二節 【コマ主題細目②】面接実験とバンク配線作業実験

第一項　面接実験

照明実験と継電器組立作業実験によって明らかになったのは、生産高と作業条件（＝物理的環境）には明白な関係が見られなかったこと、そして特に継電器組立作業実験においては共通の実験を実行している作業員と調査員の間に協働を促すための人間関係が確認できたということであった。特にこの人間関係においては、作業員が実験の実施や決定について発言の余地が認められ、かつその発言に対して実験を改善する意識が調査員側にあったことが分かっている。このことから、調査員側は、自分たちの実験の設計について根本的な態度変更を行うようになった。それは、労働者が自ら働こうとする意識は、作業条件（＝物理的環境）の是非にあるのではなく、むしろ他の仲間からいかに自分の意見が聞き入れられ、かつ自分もその意見を聞き入れようとするかという感情的な側面が重要であると分かったからである。すなわち、この実験によって本来的に問われたのは、作業員の生産高ではなく、調査員側の意識をいかに根本的に改めることができるのかという問題であった。レスリスバーガーは、この調査員側について次のように言っている。「彼らは、新しい道を開拓するために、その研究の指し示す方向に従って、思いきった飛躍をなしとげる勇気をもちあわせていただろうか？つぎに述べる面接実験は、まさしく彼らがその勇気をもちあわせていたことを立証するものである。」〔9〕

面接実験は、一九二九年から一九三一年にかけてウェスタン・エレクトリック社において行われた大規模な面接のことを指している。この実験は、すでに名前を挙げているハーバード大学のエルトン・メイヨーが主導者となり、その実施にあたっての細かな計画についてはフリッツ・レスリスバーガーが担当している。この面接実験については、もともと管理者や監督者の作業指示の方法について労働者からの聞き取りを行うことに主たる目的があった。つまり、労働者自身がどのように仕事をしているのかということ以上に、管理者や監督者がどのように労働者に接しているのかを労働者への面接によって明らかにしようとしていた。このように書くと、管理者や監督者は怪訝な顔をするように思われるかもしれないが、実際にはそうではなく、管理者や監督者も面接実験を歓迎する雰囲気であった。

この面接実験では、結果的に労働者(＝作業員)の感情的な側面が生産高に影響していることが面接を通じて明らかになった。この実験は、二年間少々の期間であっても、ウェスタン・エレクトリック社全従業員四万人のうち半数以上に当たる二万一千人以上の人々が、一人ひとり面接を受けるという大規模な面接実験となった。最初のうちは三〇分程度の面接時間であったが、面接方法などの改良や労働者の信頼増によって一時間半程度の面接時間に伸びていった。

しかし、この面接実験の本質は単に労働者の意見を聞き入れていくということではなく、メイヨーやレスリスバーガーといった研究者がウェスタン・エレクトリック社の管理者や監督者に対して労働者への接し方の根本的な態度変更を求めるということにあった。つまり、メイヨーやレスリスバーガーは、面接実験を行うことによってそれまで作業条件(＝物理的環境)の改善にしか関心のなかった管理者や監督者に対して労働者の意見も聞き入れるよう面接訓練を実施した。

レスリスバーガーは、このことを次のように述べている。「不屈な精神力をもった数人の実験者たちは、彼らが丹精してみがきあげてきた論理的武器を捨て去り、謙虚な気持をもって工場の現場にはいりこみ、労働者に彼らの関心事を直接語らせ、これによって、労働者が彼らに言わんとして言いつくしえない事柄を理解することが、はたして可能であるかどうかをためそうと決心した。このこと――労働者として直接に語らしめ、彼が言わんと欲している事柄に同情と理解とをもって耳を傾けようとすること――は、この面接計画が開始された一九二九年においては、まったく画期的着想であった。そして実にこの年をもって人事管理の新しき時代が始まったということができるのである。」[10]

ここで「実験者」と呼ばれているのは、管理者や監督者のことである。レスリスバーガーが注目しているように、もともと実験を行う側であった彼らの方こそ、先ほどから繰り返しているように面接訓練を行う必要があった。しかし、この面接訓練は精神的に苦痛を伴うものであった。というのも、それまでの労働者への接し方では、面接実験を行うまでには到底至らず、「人の話を聞く」ことだけでもままならないとメイヨーやレスリスバーガーに指摘されることになったからである。

レスリスバーガーは、次のようにも述べている。「人が話している言葉を最後まで聞かないうちにさえぎったりせずに、それを最後まで注意ぶかく聞いてやるべきだ、といったような簡単な事柄を学ぶのにさえ、彼らは初めずいぶんと苦労を積んだ。また彼らは、相手に対しては忠告めいたことをいっさい口にしないこと、道徳的価値判断をしたり、暗にほのめかしたりはしないこと、議論をしないこと、あまりに如才ない態度をとりすぎないこと、会話の際、自分独りでいい気になって話さないこと、誘導尋問をさけること等々……を学びとるのにも、実に多くの辛酸をなめたものであった。」[11]

面接実験でよく注目される事柄とは、労働者が面接を通じて感情への働きかけが生産高に影響していたという事実である（もちろん、それも一つの重要な研究結果である）。しかし、より重要なことは、これまでにも見てきたように管理者や監督者の方が労働者への接し方を変えていかなければならないという事実を突きつけられたことにある。つまり、面接実験における最大の成果は、労働者に寄り添うという協調的な雰囲気をつくり出したことなのではなく、管理者と監督者に対する教育的な働きかけを研究者が行ったという事実である。したがって、この面接実験を通じて最大の成果を得られたのは、労働者の方ではなく、管理者や監督者の方である。

第二項　バンク配線作業実験

続いて行われたバンク配線作業実験は、インフォーマル集団の存在を明らかにした実験である。インフォーマルとは、日本語で「非公式」と訳せるが、組織には公式に定められた人間関係だけではなく、非公式な人間関係がある。学校においても、公式に定められた学部学科や学籍番号だけではなく、非公式な友人関係などがある。このような非公式な人間関係は、時として公式に定められた事柄に対して影響を与える。なぜなら、非公式であればあるほど、公式的なところ以外での影響力をもつからである。その非公式な影響力が、ひいては公式的なものへ影響を与えることになる。だから、非公式であっても派生的というわけではなく、むしろ本質的なことがある。バンク配線作業実験は、このようなインフォーマル集団の存在を明らかにした。それでは、この実験がどのように行われ、どのような実験結果を導いたのか。以下では確認していきたい。

バンク配線作業実験は、一九三一年六月から一九三一年一一月にかけて準備が行われ、一九三一年一一月から一九三二年五月に実施された。実験に際しては、三つの職種集団から作業員一四名が選ばれ、それらは捲き線作業員、ハンダ作業員、検査作業員の人々であった。このうち、前者二つの作業員はもともとウェスタン・エレクトリック社の製造部門に所属する人々であったが、検査作業員は検査を行うために派遣されてやってきた人々だった。バンク配線作業は、これらの三つの職種によって行われ、捲き線、溶接(ハンダ)、検査の三つを終えると、一つの仕事が終わるという流れになっており、かつ作業量に応じて報酬が増大する仕組みであったため、三つの職種ともに協力して仕事を進めることが予想されていた。

どのような作業かと言えば、「ここで行われた作業は、捲き線・溶接・検査の作業がセットで行われるもので、一日の作業量は仕上品の数量(この作業場の場合、一日二個)を基準に決められることが慣例となっており、この数量を前提に自身の作業量を考えている者もいれば、これをボギー(bogey)、即ち最高熟練作業者が樹立した作業量を基準に定められた目標作業量を自身の作業量と捉えている者もいた。しかし、実際の作業量がボギーに到達するものは誰もいないばかりか、すべての作業員が所定の就業時間以前に仕事を終えていた」[12]。つまり、仕事を行えば行うほど報酬は増大し続けるにもかかわらず、誰も進んで仕事を行おうとはしなかったのである。

そして、驚くべきことに、「作業員が一時間ごとに班長に報告していた作業量と、観察者が実際に確認した作業量に違いがあったことである。つまり、作業員たちは報告作業量を操作していたのである。(中略)なぜこのように作業量を平準化するように操作して報告する必要があったのだろうか。結論的に言うと、実際どおりに報告すれば、それが職場の作業量水準を超えることになり、このことが作業員たちにとって都合の悪いものと考えられたのである。つまり、作業員たちの日々の努力は精一杯のものであって、さらに向上することなどないということを組織的に示そうとする、集団的作業量制限行為が行われていた。」[13]

つまり、作業員は本来自分たちがより多くの作業量をこなすことができるはずにもかかわらず、それを実施することはなかった。その理由は、「自分が頑張れば、他の人々も頑張らなければならないという他者から集団圧力」であったり、「作業に熟達する作業員が出てくれば、他の作業員との差が開いてしまい、後者の作業員は辞めさせられてしまうのではないか」という誤解であった。つまり、作業員は公式的に決められた報酬体系に従うことなく(タテの関係)、作業員同士で口裏合わせをしたり、様子を伺うことによる非公式的な人間関係によって作業を抑制していたのである(ヨコの関係)。

第三節【コマ主題細目③】人間関係論における管理教育の必要性

第一項 体内的な言葉と体外的な言葉

ここまで四つの実験について、それぞれ概要を確認してきた。それらをまとめると、まず照明実験では、照明度と作業能率には(相関)関係がないことが明らかになり、続いて行われた継電器組立作業実験においても作業条件（＝物理的環境）と生産高には関係しないことが明らかになった。ここから分かるのは、科学的管理法で示された作業条件（＝物理的環境）と生産高の関係は必ずしも関係があるとは言えず、むしろそれとは別の要因が関係しているということであった。

そのうえで、面接実験では多くの労働者への聞き取りが行われ、感情的な側面が生産高に影響していることが分かった。また、バンク配線作業実験で明らかになったように、集団に対して給与や賞与といった比較的強い誘因を与えたとしても、労働者はその（フォーマルな）誘因よりもインフォーマルな関係を重視し、作業を制限することもあった。特にバンク配線作業実験が示した事実は、科学的管理法のように、給与や賞与といった金銭的報酬に対して労働者は意欲的に働くという経済人モデルではなく、他の労働者や管理者との関係を重視した社会人モデルに該当する働き方を新たに提示した。

ここから注目したいのは、メイヨーやレスリスバーガーといったハーバード・グループがなぜウェスタン・エレクトリック社へ調査を行ったのかという彼らのねらいである。そもそも彼らは、著書の中で管理者に日々の行いを改善するよう要求する文章を記している。それは、彼らが調査を通じて管理者の行いを目の当たりにし、苛立ちながら、管理者とはかくあるべきだと一種の方向づけを行う言及にも見える。なぜ、彼らは管理者に対してその方向づけをしたのだろうか。それを知ることこそ、彼らがウェスタン・エレクトリック社へ調査を行ったねらいを真に理解することになる。以下では、特にレスリスバーガーの言及を手がかりに、それらを紐解いてみたい。

レスリスバーガーの『経営と勤労意欲』に所収されている「第六章　人間と言葉」の中には、「業務執行者をめぐる言語的環境」という論考がある。レスリスバーガーは、業務執行者を取り巻く環境の大部分が多かれ少なかれ言語的なものであると述べ、業務執行者は言葉や記号、そして時には抽象的概念をうまく使って仕事を進めていくものだと述べている。

これは、業務執行者に類される管理者や経営者がその仕事の大部分を言葉を使うことに費やしており、彼らは言葉に意味を持たせることによって、その仕事を豊かにしていることを指している。経営者の朝礼や管理者の指示など、それらはすべて言葉によって表現されている。このことは、組織において地位の高い人ほど自分自身の言葉を豊かにすることが必要で、かつそれを適材適所で使うことが求められているということを意味している。

さらにレスリスバーガーは、言葉を大きく二つに分類している。一つは他者とのコミュニケーションのための言葉(＝体外的な言葉)である。人間は、他者と会話をする時に、あまり難しい言葉を使わない。どちらかと言えば、書く時の方が難しい言葉になる。他者と会話をする時は感覚的な言葉でもって、他者の同感を呼び起こし、そこで意思疎通ができることを確認する。レスリスバーガーは、このことを次のように表現している。「たとえば普通の日常会話においては、事情はさきに述べたところとはまったく違っている。一般に二人かまたはそれ以上の人々が話をする場合、言葉は厳密に論理的な意味で使われているのではなく、そこでは主として相互に感情のやりとりが行われるのである。一人がある感情を表現するために言葉を使うと、これに対して他の人は、同意あるいは反対の感情をもって反応する。またある人は、他の人の勘定に好意的な反応を起こさせるような言葉を使って他人に一定の影響を与えようと試みる。」[14]

もう一つは、自己とのコミュニケーションのための言葉(＝体内的な言葉)である。人間は、単に他者に対して会話するだけではなく、自己と会話することによって物事を考えている。他者に話すことも、あらかじめ自分の中でじっくりと考えて他者に話すことがある。むしろ、そういう風に考えられた言葉の方が重みがあったり、説得力があったりする。レスリスバーガーは、このような言葉こそ、管理者にとっては重要であると考えている。次のような記述である。「『人はたんにある事柄を表現するためのみでなく、また自分自身を表現するためにも言葉を使う』ということは、すべての業務執行者が認識し、考慮しておかなければならぬ事実である。端的にいえば、言語がさまざまな機能をもつものでありながら、それらの諸機能は、特殊な場合をのぞいては一般にほとんど区別されていないという事実が、われわれの問題を紛糾させる原因なのである。前述したように、言葉はたんにわれわれの体外に起こった事象に関係するのみでなく、同時にこれらの事象に対するわれわれの態度、気持、感情にも関係している。このことは、多くの話が、その語り手の個人的事情から切り離してはもはやほとんど意味のないものであることを示すものであって、言葉の有するこのような性質は、人々の言い分を正しく解釈することをひどく困難にしているのである。それゆえ、われわれとしては、十分注意して他人の言葉に耳を傾け、彼らの言葉を正しい脈絡に照らして解釈することが必要である。」[15]

実は、このような言葉の捉え方をしている人物がもう一人いる。戦後最大の思想家と称される吉本隆明である。吉本は、言語には二種類あると言い、その一つに他人に何かを伝えるための言語を挙げている。「たとえば、美しい風景を目で見て『きれいだね』と誰かに言ったとします。これは、自分の視覚が感じた内容を指し示し、ほかの人に伝える言葉です。自分の心が感じた内容を表現してはいるのですが、それを他人と共有するという要素も同じくらい大きい。これが第一の言語です。」[16]

しかし、吉本は他人に伝えるのは二の次で、自分に対して伝えるための言語があると言っている。これが第二の言語である。こちらは内臓の働きと関係が深いものである。一般的に、他人に伝えるための言語である第一の言語を私たちは重要視しているが、吉本はそうではない。第一の言語は他人との「意味」のやり取りだけに終わってしまい、「価値」が生まれにくいからである。「価値」を生むためには、第二の言語、すなわち自分の内臓に響くような言葉でもって、じっくりと考えを深める必要がある。「ひきこもって、何かを考えて、そこで得たものというのは、『価値』という概念にぴたりと当てはまります。価値というものは、そこでしか増殖しません。」[17]このようにレスリスバーガーも、吉本も、体外的な言葉と体内的な言葉と照らし合わせ、言葉の重要性について考えている。特にレスリスバーガーは、管理者の言葉が体内的な言葉(=第二の言語)として「価値」を生み出してきたことに注目していた。

第二項　体内的な言葉に耳を傾けること

レスリスバーガーは、管理者がじっくりと練り上げた体内的な言葉(=第二の言語)を発することを重要視するだけではなく、労働者の体内的な言葉(=第二の言語)に管理者が耳を傾けることも重要とする。人間関係論は、一般的に労働者の感情的な働きやインフォーマル集団の存在を明らかにしたと言われるが、より重要なことは「管理者が労働者の体内的な言葉(=第二の言語)に耳を傾けることの必要性を述べたこと」にあると考えられる。管理者が労働者の言葉に耳を傾けることなしに、感情的な働きもインフォーマル集団の存在も明らかにはならないからである。

このことからレスリスバーガーは、管理者の存在に重きを置き、彼らが発する言葉と聴く言葉により慎重になるべきと主張したことが分かる。特にレスリスバーガーは、管理者が労働者の言葉を聴くことについて(ここではあくまでレスリスバーガーが労働者の言葉を聴くことについてであるが)、次のように説明している。「ではいったい、わたしはそのような言葉に対してどのように積極的に対処するか？まず第一にわたしは、相手が言葉によって彼自身の気持や感情を表現しているのだというふうに考える。これらの気持や感情を表現するうえに言葉が使われるからといって、私は気持や感情がたんなる〈言葉〉であるとは考えない。またわたしは、表現された気持とか感情とかいうものは、それらに関連している脈絡を発見するまではとうてい理解できないものである、と考える。そしてこの脈絡を発見するために、わたしは彼の陳述と関連があるかもしれない従業員生活上の諸事件、さらにはそれら諸事件が起こる社会的情況についても考えをめぐらしてみる。換言すれば、わたしはその陳述の関連事項をさがしもとめるのである。」[18]レスリスバーガーが「気持」や「感情」ではなく、「脈略」というものこそ、労働者自身の体内的な言葉(=第二の言語)に相当すると考えられる。レスリスバーガーは、それに耳を傾けようとした。そして、組織にいる管理者もまた、その「脈絡」を読み、労働者自身の体内的な言葉(=第二の言語)に耳を傾けることを重視した。

人間関係論は、労働者にとっての理論と理解される場合が少なくない。実際に、そのように理解できる記述もある。しかし、レスリスバーガーやメイヨーが大切に考えたことを、彼らの著作(=古典的労作)に真摯に向き合ってみると、それがどうも違う見方ができる、あるいは違う見方をしなければならないのではないかという思いに駆られる。それが古典を読む意義である。古典を読むことは、その著者に出会えない分、その読み取りは一方的にならざるを得ない。しかし、この一方的な読解こそ、その著者の直観を再現するためには欠かせない作業である。第六章(第六回)の講義は、ここまでとする。

註

1――この説明については、次の文献を引用している。経営学史学会監修・吉原正彦編『経営学史学会叢書III　メイヨー=レスリスバーガー』文眞堂、二〇一三年、四七頁。

2――『経営学史学会叢書III　メイヨー=レスリスバーガー』、四七頁。

3――この説明については、次の文献を引用している。F・J・レスリスバーガー(野田一夫・川村欣也訳)『経営と勤労意欲』ダイヤモンド社、一九五四年、一三頁。

4――この説明については、次の文献を引用している。エルトン・メーヨー(勝木新次校閲・村本栄一訳)『産業文明における人間問題』日本能率協会、一九五一年、五八頁。

5――『経営学史学会叢書III　メイヨー=レスリスバーガー』、五一頁。

6――『経営と勤労意欲』、一五頁。

7――『経営と勤労意欲』、一六頁。

8――『産業文明における人間問題』、七二頁。

9――『経営と勤労意欲』、一九頁。

10――『経営と勤労意欲』、一九頁。
11――『経営と勤労意欲』、二一頁。
12――『経営学史学会叢書Ⅲ　メイヨー＝レスリスバーガー』、六五頁。
13――『経営学史学会叢書Ⅲ　メイヨー＝レスリスバーガー』、六五～六六頁。
14――『経営と勤労意欲』、一〇五～一〇六頁。
15――『経営と勤労意欲』、一〇六～一〇七頁。
16――この説明については、次の文献を引用している。吉本隆明『ひきこもれ―ひとりの時間をもつということ』大和書房、二〇〇六年、三六頁。
17――『ひきこもれ』、四〇頁。
18――『経営と勤労意欲』、一一一頁。

第7章 新人間関係論

第一節 【コマ主題細目①】リッカートの管理論

第一項 システム4

第七章（第七回）の講義は「新人間関係論」についてである。講義を始める前に、第七回の講義内容の到達地点を確認しておきたい。付録の履修判定指標を確認すると、履修指標五の「新人間関係論」が第七回の講義内容と関係している。この履修指標の水準を確認すると、「リッカートのシステム4について、システム1が独善的・専制的な組織、システム2が温情的・専制的な組織、システム3が協議的な組織、システム4が参加的組織であることを理解しておくこと。また、マグレガーの管理論として、X理論とY理論について理解しておくこと。前者は、普通の人間は生来仕事が嫌いで、強制されたり、命令されたりしなければ働かないという前提に基づくこと、後者は、普通の人間は仕事が遊びと同じように好きで、強制されなくても一生懸命働くという前提に基づくことをそれぞれ理解しておくこと。そして、マズローの管理論では、管理者は欲求階層説に基づいて労働者を一定の方向へ導くことを念頭に置いていたことを理解しておくこと」と記載されている。詳しくは、第七回の講義内容で理解しておくことであるが、このことが到達地点（＝期末試験で問われること）であることを踏まえて、講義にのぞむ。

第七回の内容は、「新人間関係論」である。前回の第六章（第六回）から第二単元に入っているが、ここで第六回の人間関係論とのつながりについて説明しておきたい。人間関係論においては、いわゆるホーソン実験と呼ばれる、ウェスタン・エレクトリック社で行われた実験について見てきた。ホーソン実験では、照明実験、継電器組立作業実験、第二継電器作業実験、雲母剥ぎ作業実験、面接実験、バンク配線作業実験などがあったが、これらの実験で分かったことは労働者の感情的側面やインフォーマル集団の存在があった。

このように人間は「人と人との結びつき」を重視するという人間モデルのことを「社会人モデル」と呼ぶ。テイラーの科学的管理法やファヨールの管理過程論では、どちらかと言えば「人間は経済的動機に基づいて働く」ことが仮定されていたが、このような人間モデルは「経済人モデル」と呼ばれる。

その意味で言えば、第七章（第七回）の講義において確認するアブラハム・マズローの人間モデルは、「自己実現人モデル」と呼ばれている。「人間は経済的動機に基づいて働く」ことは人間が給与や賞与などによって動機づけられて働くことを意味している。しかし、人間が働く理由は経済的動機だけではない。「人間は社会的動機に基づいて働く」、つまり人間同士のつながりによって働く・働かないを決定している部分もある。しかし、それだけでもない。「人間は自己的動機に基づいて働く」、つまり人間が本来的に有する欲求に基づいて働こうとする。この欲求についてマズローは、深く考えを巡らせたと言える（図表7－1）。以下では、このような人間関係

図表7-1　学問領域と人間モデルの関係

科学的管理法	古典的管理論	人間関係論	新人間関係論
人間モデル	経済人モデル	社会人モデル	自己実現人モデル
動機	給与や賞与 （経済的動機）	人間同士のつながり （社会的動機）	人間本来の欲求 （自己実現的動機）

論をより個人の視点について展開した新人間関係論について、レンシス・リッカート、ダグラス・マグレガー、アブラハム・マズローの三人の議論に基づいて確認する。

リッカートは、社会心理学の学者で、主に人間行動についての科学（＝行動科学）を経営や組織の現場に応用した学者である。もともとリッカートは、ミシガン大学の社会科学研究所（Institute for Social Research）の所長で、約一五年間にわたって官庁、病院、民間婦人の政治団体、教育、その他の集団で人間行動を観察調査していた人物であった。その研究結果を記したのが、『経営の行動科学』である。

この冒頭に記してあるリッカートの紹介（訳者の三隅二不二による紹介）を見てみると、次のように記されている。「著者、レンシス・リッカート博士は、この研究所の最初からの所長である。社会科学研究所の母体は、一九四六年に発足した調査研究センター（Survey Research Center）であるが、その翌年の一九四六年に、マサチューセッツ工科大学（ＭＩＴ）から移ってきた集団力学研究センター（Research Center for Group Dynamics）と合併して、その名称をあらためInstitute for Social Research（ＪＳＲと略称する）が設立されたのである。」[1]

この論考（＝調査研究）においてリッカートが一番何に関心を持っていたのかと言えば、監督者の管理方法である。テイラーの時代では、科学的管理法としてどのような管理方法が適しているかが中心的な事柄であった。これだけを見れば、リッカートもテイラーも同じような考えに見える。しかし、テイラーが考えたこととリッカートが考えたことは少し異なっている。テイラーの管理方法とは、どちらかと言えば作業条件についての管理方法である。どの工具をどのタイミングで、どう使えば良いかなど、その作業の方法について考えたのがテイラーである。それに対してリッカートは、監督者がどのように労働者に振る舞う必要があるかという人間自身の振る舞いについて考えた。つまり、テイラーとは違い、〈管理〉する側の人間自身の振る舞い方が〈管理〉される人間自身の働きぶりに影響してくるため、その管理方法について考えなければならない、というのがリッカートの立場である。

そのうえでリッカートは、監督者の振る舞い方には、大きく二つのものがあると考えた。一つは、従業員中心の振る舞い方である。従業員中心の振る舞い方は、従業員への配慮、思いやり、関心などを示したうえで、従業員の考え方にしたがって仕事を実行させることを意味している。

もう一つは、仕事中心の振る舞い方である。こちらは、従業員自身よりも仕事を中心に考え、組織の目標や計画をいかに実行していくかという仕事中心の振る舞い方を指している。リッカートは、これら二つの振る舞い方が生産性にどう影響しているのかを明らかにしているが、その答えは前者の方が生産性が高くなるというものであった。つまり、リッカートは従業員中心の振る舞い方の方が生産性が高くなると説明している。「高生産の部門を受持っている職長たちは従業員中心的であって、しかもその従業員たちは高水準の生産を達成することが自分たちの仕事で一番重要な部分の一つであるという感じをもっている。もし高水準の遂行が行われなければならないときには、監督者は従業員中心的である必要があると同時に、高度の遂行目標をもち、その達成への熱意をもつことが必要であると思われる。」[2]

この考えを踏まえてリッカートは、システム4という考え方を導いている。システム4とは、組織をどのように組み立てれば最も生産性の高い状態へと導けるかを示したシステムの類型のことである。ここでは、それぞれのシステムを順番に確認する。まずシステム1は、独善的・専制的な組織のことで管理者はトップ・ダウンで従業員へ指示を出すことによって仕事を実行しようとする。この場合、管理者は先に見た仕事中心型の振る舞いを行うことにより、最短で目標と計画を実行しようとする。しかし、独善的と言うくらいであるから、実行に当たっては管理者一人の意思が反映されることになる。続くシステム2は、温情的・専制的な組織のことで、専制的な部分はシステム1と近いものの、管理者は独善的ではなく温情的(=配慮的)なところがシステム1との違いになる。この場合、従業員への温情(=配慮)はあるものの、あくまで権限は管理者にあるというのがシステム2の特徴となる。

そしてシステム3は、協議的な組織のことで、管理者は自ら目標と計画を立てるのではなく、あくまで従業員との協議を通じてそれらを立て、実行していく。もちろん、協議のうえで決定を最終的に下すのは管理者であるが、その過程で従業員が参加するというところにシステム3の特徴がある。最後にシステム4では、参加的集団の組織になる。管理者は従業員と同じ立場で参加者として位置し、時には自らが従業員に対する縁の下の力持ちとなって支援的に振る舞う。以上を踏まえ、リッカートは、システム4である参加的集団の組織が最も生産性の高いシステムであると結論づけた。「最高の生産性を上げている経営管理者が用いる基本原理は、システム4と呼ばれる。(中略)システム4の企業の人的組織はメンバー間の高度の集団忠誠心と、同僚、上司、部下間の好意的態度および信頼感を備えた作業集団を互いに連結し合うことによって成立する。他者に対する配慮、比較的高水準の対人相互作用、集団による問題解決、その他の集団機能もまた存在している。」[3]

しかし、システム4が最も高い生産性を上げると結論づけるリッカートの議論にも限界はある。というのも、いつでも、どんな時でも参加的集団が良いわけではないからである。独善的・専制的な組織の方が高い生産性を上げる時もある。むしろ、管理者が一元的に指示を出すことによって従業員は考える時間を減らすことができるため、その分だけ仕事への時間を確保することができる。このことから、リッカートのシステム4は、「組織が高い生産性を上げるためのシステムには四つの種類がある」と理解しておくのが望ましい。

図表7-2　連結ピン

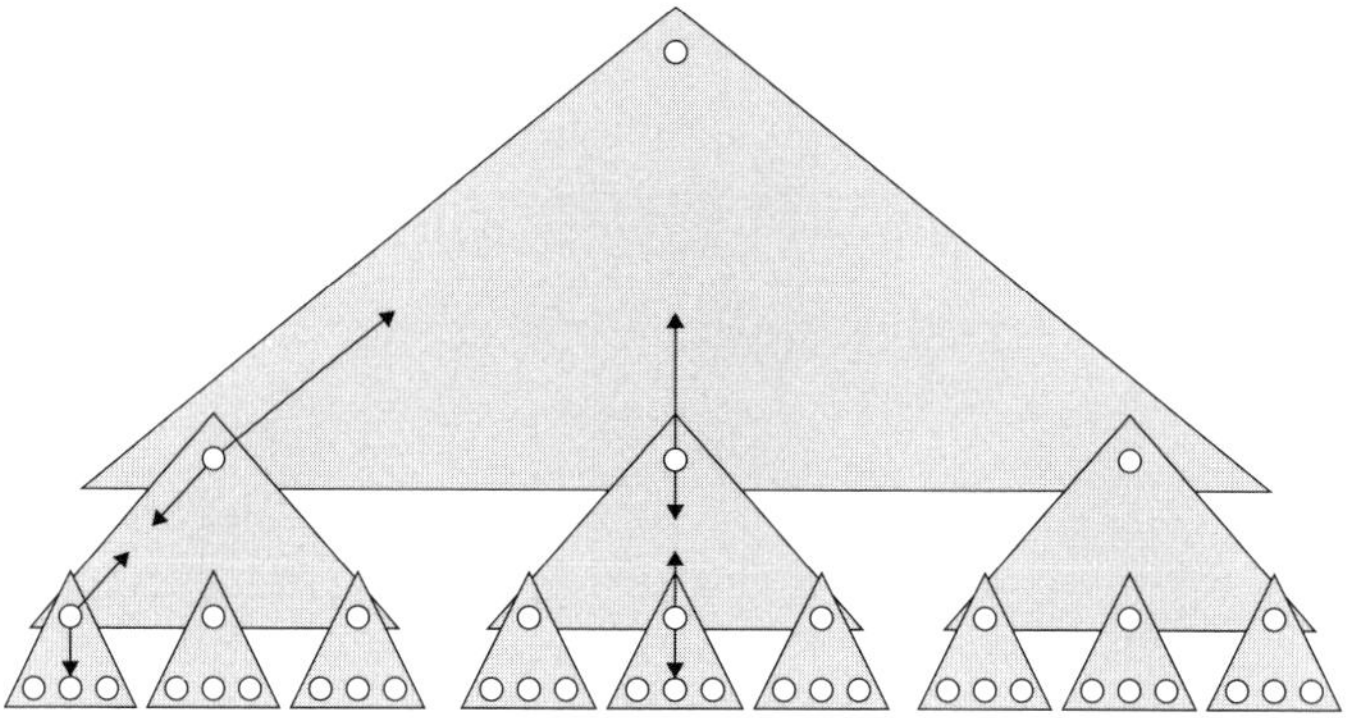

出所) R. リッカート(三隅二不二訳)『経営の行動科学：新しいマネジメントの探求』ダイヤモンド社、1964年、152頁。

第二項　連結ピン

リッカートのシステム4は、組織の生産性と管理者の役割について考えていたものである。その一方で、リッカートは連結ピンという考え方も提唱している(図表7－2)。連結ピンとは、組織における集団間の調整を行う人物のことを指している。たとえ同じ組織であっても、集団が異なれば利害が異なる。利害が異なることによって対立が生じる場合がある。けれども、対立が生じれば、仕事が進まなくなってしまう。仕事が進まなくなることで、それぞれの集団が不利益を被る場合もある。あるいは、片方の集団だけが不利益を被る場合もある。

このように対立が生じる時に登場するのが、連結ピンである。連結ピンは、代表者というよりは情報共有者となり、集団ごとの資源配分や予算配分について調整する。そして、その調整が組織の共通の目的を達成するために重要な働きを担うことになる。リッカートは、連結ピンの特徴とこれを組織に置くことの長所について以下のように述べている[4]。

一　連結ピンは二つあるいはそれ以上の方向に対して影響を与える。

二　ある集団のメンバーと他メンバーとの間よりも、連結ピンと両方の集団との間の心理的距離は近い。

三　連結ピンは連結されている両方の集団からともにメンバーとして受入れられている。したがって、（集団内の）アウトサイダーよりもよく受入れられており、影響力も強い。

四　連結ピンは自分がそのメンバーである集団と効果的に意思疎通することができる。なぜなら、

a　その人々は各集団の特殊な用語を知っており、トリアンディスが示唆したように、人は一般に言葉の類似性が増えるにつれ、お互いを好きになる。

b　その人々は各集団の規範、価値観、欲求、目標などを知っており、それらを考慮し、受け入れるような形で、アイディアやコミュニケーションを表明することができる。

c　その人々は両方の集団の言葉と価値観を知っているので、彼らをよく理解している。

五　連結ピンの本質的な役割は、自分がそのメンバーである二つあるいはそれ以上の集団間の問題解決を調整し、相異なる集団が両立し得るような解決策に到達させることである。

六　連結ピンは共同で到達した決定を実行するための相互的な責任をつくり出す。

リッカートは、このような連結ピンを組織内に設けることによって個別の集団をうまく調整し、組織を統合的に〈管理〉することができると考えた。どんな集団でも、「影の立役者」となる人物がいる。表には出て来ないけれども、その集団や組織の成果に重要な働きをしている人物である。このような「影の立役者」に近い存在が連結ピンのイメージと近い。

第二節【コマ主題細目②】マグレガーの管理論

第一項　X理論

リッカートの管理論は、システム4や連結ピンなどのように組織全体をどのように〈管理〉していくのかという考え方に近いものであった。その一方で、本節で確認するマグレガーは従業員個人をどのような前提で〈管理〉していくかというミクロ（micro）な視点に基づいている。組織全体はマクロ（macro）な視点で、日本語では「巨視的」と言う。しかし、〈管理〉は組織全体をどのような方向性に向けていくかというだけではなく、個人をどのような方向性に向けていくかという「微視的」な視点も必要である。ここでは、マグレガーのX理論とY理論という考え方を紹介したい。これらは性悪説と性善説に近い考え方であるが、以降で詳しく確認する。

まず、X理論とY理論について解説する前にマグレガーがもともと〈管理〉に対して考えていたことから見ていきたい。マグレガーは、リッカートと同様に新しい〈管理〉の方法について考察していた。リッカートは、それまで仕事中心型の〈管理〉が多く行われていた組織において、従業員中心型を採用した方が生産性を上げられることに言及していた。従業員に配慮することによって従業員は自らの意見が認められるように感じ、そこから自分の仕事に責任を持つようになる。これがシステム1（＝独善的・専制的な組織的管理）からシステム4（＝参加的集団の組織的管理）への移行でもあった。マグレガーも同様に、それ以前の組織の統制方法が古典的なものが多く採用されている現状に対して、より新しい統制方法が必要であると考えた。ここで言われている古典的な統制方法がX理論、新しい統制方法がY理論に当たる。

X理論とは、次のような個人像を有する。「（一）普通の人間は生来仕事がきらいで、なろうことなら仕事はしたくないと思っている。(二)この仕事はきらいだという人間の特性があるために、たいていの人間は、強制されたり、統制されたり、命令されたり、処罰するぞとおどされたりしなければ、企業目標を達成するためにじゅうぶんな力を出さないものである。(三)普通の人間は命令される方が好きで、責任を回避したがり、あまり野心をもたず、なによりもまず安全を望んでいるものである。」[5]

このようなＸ理論の前提に基づけば、「アメとムチ」で従業員を動機づけさせることが多くなる。従業員を一生懸命働かせようと思えば、「働かざる者食うべからず」のような命令や統制を行い、成果を上げる者には多額の報酬を与え、成果を上げない者には報酬を与えない(あるいは、少額の報酬を与える)などを行う。このような方法は古くから多くの工場や企業で採用されてきたことから、古典的な統制方法であるとマグレガーは説明している。

しかし、マグレガーは、このような古典的な統制方法であるＸ理論では、従業員が必要以上の目標を達成しようとは動機づけられないとも説明している。というのは、人間が働く理由は(金銭的な)報酬を得ることだけではなく、自らの夢や目標、あるいは社会貢献といった(社会的な)目標に接続されるからである。マグレガーは、子どものしつけを例に次のように説明している。「子どものシツケにたいせつなのは、成長するにしたがい一個の人間として能力や性格も変わるのに応じて、親の方のシツケのやり方も徐々に変えていくことだといわれている。企業経営者にしても、人間は大人になっても勉強を続け成長を続ける能力をもっているのだということはある程度わかってはいる。しかし経営者は、人事管理の『基本観念』として、普通の人間は思春期までで成長を止めてしまうものだと決めつけてしまっているように思える。」[6]このような考えからマグレガーは、Ｘ理論に代わるものとしてＹ理論を提唱する。

第二項　Y理論

Y理論とは、次のような個人像を有する。「(一)仕事で心身を使うのはごくあたりまえのことであり、遊びや休憩の場合と変わりはない。(二)外から統制したりおどかしたりすることだけが企業目標達成に努力させる手段ではない。人は自分が進んで身を委ねた目標のために自ら自分にムチ打って働くものである。(三)献身的に目標達成につくすかどうかは、それを達成して得る報酬次第である。(四)普通の人間は、条件次第では責任を引き受けるばかりか、自らすすんで責任をとろうとする。(五)企業内の問題を解決しようと比較的高度の想像力を駆使し、手練をつくし、創意工夫をこらす能力は、たいていの人に備わっているものであり、一部の人だけのものではない。(六)現代の企業においては、日常、従業員の知的能力はほんの一部しか生かされていない。」[7]

マグレガーがY理論において強調していることは、経営者や管理者がすべての局面において命令や統制を行わなくとも、仕事によっては従業員が自らすすんで仕事をしたり、責任を引き受けたりすることがあることである。従業員が何を望んでおり、それがどのように企業目標と合致しているのかを経営者や管理者が見極めることによって従業員が負担に感じる命令や統制を少なくすることができ、さらにはより生産性が上がる結果をもたらすことが可能になるというのがY理論の特徴である。

したがって、Y理論は、企業と従業員が「統合の原則」を守ることによって全体と個の調和を奏でるところにねらいがある。「統合とそれに基づく自己統制の考えをいわんとするところは、企業目標と従業員個々人の欲求や目標とをはっきりした方法で調整できれば、企業はもっと能率的に目標を達成できるという点にある。(中略)統合の原則によれば、企業側の欲求も従業員個人の欲求も無視してはならないのである。」[8]ここでマグレガーが言及している「自己統制」とは、従業員個人だけが行えばよいものではなく、管理者にも求められるものである。管理者は、企業が望むことと従業員が望むことを中間地点でつなぐ橋渡し役になるからである（リッカートの言葉で言えば「連結ピン」である）。管理者は、企業と従業員を統合するために、自らが何を必要とするのか、あるいは必要とするものをどのように準備すれば良いのかを自ら決定し、そこで自分自身を律しながら企業と従業員の双方に働きかける必要がある。マグレガーは、このことを次のように説明している。「自己統制の原理を理解し、それを実施している管理者は、情況に応じていろいろと戦術を調整するものである。更に部下は、上役が何をしているか、それはなぜであるかをということを、じゅうぶん心得ている。部下は上役がこの原則を信奉していることを知っているので、なんの苦もなく、それが実際に必要だと納得するであろう。」[9]

つまり、マグレガーは、管理者が自らを律して何らかのルールに基づいて自分を働かせようとすることが彼の部下である従業員にもうまく伝わり、それによって従業員は管理者に対しても忠誠心を見出すという良循環が回り出すということを説明している。

第三節【コマ主題細目③】マズローの管理論

第一項　人間性心理学

最後に、マズローの管理論について見ていきたい。マズローは、欲求階層説で有名な学者で、主に人間性心理学という領域を開拓してきた人物である。彼自身がそれ以前の心理学において支配的であった行動主義やフロイト派とは一線を画して人間性心理学を打ち立てた背景には、こうした領域への疑いがあった。特に行動主義は、人間の〈行動〉を観察することによって人間の〈心〉がどういう状態にあるかを考える立場を指すが、これはよく考えてみると〈行動〉によって人間の〈心〉が分かるという前提があることが分かる。しかし、〈行動〉と〈心〉が同じではないこともあることから、マズローは行動主義を批判したのである。したがって、マズローは、本来的に〈心〉を考えるために人間性心理学を自ら打ち立てた（むしろ、その必要性を自らに課した）と言える。

マズローが自らの理論的立場を明らかにした論考は、『人間性の心理学』である。この書物の中でマズローは、心理学が科学的アプローチを取ることによって、何を得て、何を失ってしまったのかを丹念に説明している。マズローが取り上げていることを簡単に説明すると、心理学が科学として成立し始めると、心理学は人間をデータ化して、そのデータを膨大に収集し、それを分析して、人間がどのような存在であるかを明らかにしてきた。しかし、このように人間をデータとして見なすこと、そしてそれを分析することは、人間をむしろ受動的な存在と見なし、人間の能動的な側面を看過しているとマズローは批判する。「というのは、このように型づけすることにより、現実のある側面がきわだって浮き彫りにされる一方、同時に現実の他の側面は陰になり見えなくなってしまうからである。（中略）科学の理想は、理論に関するこのような人間決定因を最小限度まで減ずることであることは認めるとしても、人間決定因の影響を否定してけっして達成されるものではなく、むしろその影響を十分に認めてこそ達成されるのである。」[10]

この人間性心理学について、従来考えられている誤解から見ていきたい。第二項でも取り上げる欲求階層説は、生理的欲求、安全欲求、所属欲求、承認欲求、自己実現欲求のように、それぞれ個人の内面にある欲求として考えられている。例えば、喉が渇くということを考えた場合、「喉」が渇いたから水分を摂りたいと考えている。もちろん、そのとおりである。「喉」が渇いたから水分を摂って、その欲求を満たす。これで私たちは満足感を得ている。しかし、この時に問題になるのが、部分として個人と全体としての個人という考え方である。普通、喉が渇くという時に私たちは「喉」だけが渇きを感じているとは思うものの、その表現が適切ではないことを知っている。喉の渇きは、私自身が感じていることだからである。つまり、「喉」という一部（＝部分）が感じているのではなく、全体が感じている。

マズローは、このような部分としての個人ではなく、全体としての個人を前提とすることを重視する。「第一の前提となるのは、個人というものは統合され組織された統一体であるという点である。この理論的説明は、通常、心理学者には十分受け入れられているが、実際に実験を行う段階になると平然と無視されてしまうことが多い。実験を健全な形で行い、動機づけ理論を完成されたものにするのは、この前提が理論のうえではもとより実験においても真実であるということが認められなければならない。この前提は、動機づけ理論において多くの特別な意味をもつ。たとえば個人が動機づけられる場合には、統一体としての個人が動機づけられるのであり個人の一部だけが動機づけられるのではないという意味にもつながる。」[11]したがって、動機づけ理論は、この全体としての個人が動機づけられることについて説明するものである。この動機づけ理論とは、あくまで「動機づけ理論」であって「動機の理論」ではない。動機づけとは、全体としての個人が一定の方向へ向かうことを指しているが、動機とは個人の内面に還元されるものである。しかし、先ほども説明したように、マズローは個人を全体として捉えているため、動機だけに注目してしまうと部分として個人を考えることになってしまう。

そうではなく、あくまで全体としての個人が一定の方向へ向かうこと(管理者であれば全体としての個人をその方向へ向かわせるということ)に動機づけ理論は注目している。マズローは、このことを次のように言っている。「したがって我々が求めているように幅広く理解しようとするなら、動機づけを別々に分離して扱うことはやめなければならないのである。表面に現れた動機や願望、それによって引き起こされる行為や、目標達成により得られる満足などはすべて、全体的な複雑な動機づけから人為的に切り離して取り出した一例にすぎないのである。」[12]

第二項　管理論としての動機づけ理論

このことを踏まえると、先ほど紹介したマズローの欲求階層説の見方も変わる。欲求階層説は、これまで次のような説明がなされてきた。少なくとも私が学んだ仕方であれば、次のものである。

一　低次の欲求から高次の欲求へと段階的に満たされる（＝生理的欲求から自己実現欲求へと欲求の満たされる順番がある）

二　低次の欲求から高次の欲求へかけて欲求が満たされる時間幅が長くなる（＝「喉が渇いたから水を飲む」などの生理的欲求はすぐに満たすことができるが、自己実現欲求を満たすためには、かなり長い時間が必要となる、もしくは満たされたと言える状態になかなかならない）

三　欲求階層説はあくまで「仮説」として示されたもので「実証」されたものではない（＝あくまでマズローが示した考えであって人間に当てはまるか否かは不明である）

一般的な経営管理論の教科書においても、このような説明がなされている。しかし、「全体としての個人」という考え方を踏まえると、欲求階層説は必ずしも個人が満たす欲求のリストではないと考えなければならない。というのも、先ほど説明したように、個々の欲求が満たされるものとして考えるのであれば、マズローはあえて「全体としての個人」という点を強調しなくてもいいからである。「全体としての個人」ということは、その人自身が一つのまとまりとして方向づけされることであり、かつそのまとまりがいかに動機づけられるかを考えるということを意味している。つまり、裏を返せば、動機づけ理論とは「全体としての個人」をどういう方向へと向かわせるのかについての方法を考える理論のことである。

実際にマズローは、『完全なる経営（Maslow on Management）』という書物において「欲求階層のレベルに応じた経営管理原則」として、次のような説明を行っている。「しかし、ここで問題となるのは、欲求が満たされていない人間に対して、いかなる経営管理原則が有効かということである。安全欲求のレベルに固着している人間、たえず不安を感じ、破局――たとえば解雇――の訪れを怖れている人間に対しては、どのような原則を当てはめるべきだろう。互いに一体感をもてない人びと、互いに疑いあい嫌悪しあっている人びと――フランス、ドイツ、イタリアなどにおける階級の異なる人びとの間には、少なくともアメリカよりはそのような関係が見られるだろう――は、どう管理すればよいのか。当然のことながら、それぞれの動機づけのレベルに応じて、異なる経営管理原則を当てはめるべきである。だが、低レベルの人びと向けの経営管理原則を確立する必要性は、それほど高くない。むしろ私は、ふだん意識されることの少ない、人間の高次の発達レベルというものをより明確にしていくことに主眼を置きたいと思う。」[13]

マズローが、「それぞれの動機づけのレベルに応じて、異なる経営管理原則を当てはめるべきである」と言及しているように、管理者は労働者（＝全体としての個人）を〈管理〉するための指針として欲求階層説を参照する必要性がある。欲求階層説は、労働者（＝全体としての個人）の「内なる欲求」を正確に示すものというよりは、管理者がそれを見て「今、どのように彼らを動機づける必要があるか」を考えるための方略（＝ツール）としてそれを提示したのだと考えられる。

このように解釈すれば、欲求階層説があくまで「仮説」として提示されたことも腑に落ち、欲求階層説を動機の理論ではなく動機づけ理論として解釈することも可能になる。この点について、最後にマズロー研究者の山下剛の言葉を記しておきたい。「マズローが自己実現論を展開することによって見据えていたものは、個々人の心理もさることながら、現代社会に生起する諸問題にどう対処するのかということであった。組織社会である現代においては、官僚制化した巨大な組織体による負の随伴的結果の問題に対処していく必要がある。組織とは諸個人の意思決定の連鎖であり、組織メンバー諸個人がどのような意思決定をするかが決定的に重要である。誰しも、少なからず何らかの形で組織の管理者なのであり、したがって管理者としての健全なる意思決定が少なからず求められるのか現代である。（中略）個人としての、そして管理者としての自己実現、すなわち心理的健康の実現の必要性が生じるのであり、自己実現は経営学において重要なキーワードとなる。」[14]第七章（第七回）の講義は、ここまでとする。

註

1――この説明については、次の文献を引用している。R・リッカート（三隅二不二訳）『経営の行動科学―新しいマネジメントの探求―』ダイヤモンド社、一九六四年、vii頁。
2――『経営の行動科学』、一四頁。
3――『経営の行動科学』、一八頁。
4――この説明については、次の文献を引用している。R・リッカート／J・G・リッカート（三隅二不二監訳）『コンフリクトの行動科学―対立管理の新しいアプローチ―』ダイヤモンド社、一九八七年、一七二頁。
5――この説明については、次の文献を引用している。D・マグレガー（高橋達男訳）『企業の人間的側面（新版）』産業能率大学出版部、一九六六年、三八～三九頁。
6――『企業の人間的側面（新版）』、五〇頁。
7――『企業の人間的側面（新版）』、五四～五五頁。
8――『企業の人間的側面（新版）』、一八八～一八九頁。
9――『企業の人間的側面（新版）』、一八八～一八九頁。
10――この説明については、次の文献を引用している。A・H・マズロー（小口忠彦訳）『改訂新版　人間性の心理学―モチベーションとパーソナリティ―』産業能率大学出版部、一九八七年、一〇～一一頁。

11――『改訂新版　人間性の心理学』、三一〜三二頁。
12――『改訂新版　人間性の心理学』、三九頁。
13――この説明については、次の文献を引用している。A・H・マズロー（金井壽宏監訳・大川修二訳）『完全なる経営』日本経済新聞社、二〇〇一年、二九〜三〇頁。
14――この説明については、次の文献を引用している。山下剛『マズローと経営学―機能性と人間性―』文眞堂、二〇一九年、二三九頁。

第8章 組織論的管理論

第一節 【コマ主題細目①】人間と協働

第一項 人間論

第八章(第八回)の講義は「組織論的管理論」についてである。講義を始める前に、第八回の講義内容の到達地点を確認しておきたい。付録の履修判定指標を確認すると、履修指標六の「組織論的管理論」が第八回の講義内容と関係している。この履修指標の水準を確認すると、「人間論と協働論としてバーナードが、〈人間〉を物的、生物的、社会的制約を受ける有限な存在であるとし、より大きな目的を達成するために〈協働〉を行うとしたことを理解しておくこと。そして、バーナードは〈組織〉を『二人以上の人々によって意識的に調整された活動や諸力の体系』として定義し、管理者が〈組織〉の存続に向けて、組織伝達の維持、必要な活動の確保、目的と目標の定式化を行うことを理解しておくこと。最後に、バーナードは『日常の心理』において〈精神〉を論理的過程（＝論理的精神過程）と非論理的過程（＝非論理的精神過程）に分類し、特に前者において管理者の〈精神〉が否定される重要性を伝えていたことを理解しておくこと」と記載されている。詳しくは、第八回の講義内容で理解することであるが、このことが到達地点（＝期末試験で問われること）であることを踏まえて、講義にのぞむ。

第八回の内容は、「組織論的管理論」である。ここではまず、人間モデルについてもう一度ふれておきたい。これまでに学んできたように、古典的管理論では「経済人モデル」、人間関係論では「社会人モデル」、そして新人間関係論は特にマズローが該当する「自己実現人モデル」と呼んでいた。それぞれ、経済人モデルは経済的動機、社会人モデルは社会的動機、自己実現人モデルは自己的動機に基づいて人間は働くと仮定されている。ただし、これは仮定であるため、管理者はあくまでこのような人間を仮定して管理することがあるという意味に留めておいてほしい。

この人間モデルで言えば、第八章（第八回）の内容であるチェスター・バーナードも人間モデルを案出した一人である。バーナードの場合は、ややマズローに近い全人仮説（＝全体としての個人）を想定している。全人仮説とは、「人間が経済的、社会的、自己実現的動機を兼ね備え、自らの意思をもって意思決定する人間である」という仮説である。しかし、全人とは、すべてのことを十分にこなせる人間ではない。むしろ、バーナードは、人間は様々な制約をもつため、一人の人間にできることが限られているとする。限られているために、協働（＝他の人間と一緒に働くこと）を通じて、より大きな物事を達成する。以下では、これらのバーナードが考えた人間論と協働論について述べ、その後に組織論と管理論（＝組織論的管理論）を説明したい（つまり、人間論→協働論→組織論→管理論という流れである）[1]。そして最後に、「日常の心理」という論考を使ってバーナードにとっての〈精神〉とは何かを考えたい。

まず、バーナードがどのような人物であったのかを簡単に説明したい。バーナードは、「近代組織論の祖」と呼ばれるように、主著『経営者の役割』において独特かつ秀逸な人間論、協働論、組織論、管理論を展開した人物である。彼は、もともとアメリカの実業家であった。一八八六年にアメリカのマサチューセッツ州に誕生したバーナードは、ハーバード大学を中退した後にアメリカ電話電信会社（AT&T）に入社している。そして、一九二七年にはニュージャージー・ベル電話会社の初代社長に就任した。その社長の経験を一冊の書物にまとめたのが、『経営者の役割』である。『経営者の役割』は、やや難解な書物として知られているが、その後、経営学のみならず、社会学、経済学、心理学など多岐にわたる学問分野に影響を与え、かつ多くの研究者を魅了するものとなった。このバーナードに少なからず影響を受け、一九七八年に「限定合理性」という概念でノーベル経済学賞を受賞したハーバート・サイモンという学者がいる。

サイモンは、「チェスター・I・バーナードは、自らの管理職能の理論を、人間能力の現実的記述に基づいて構築した最初の組織研究者であった」と述べ[2]、その先見の明を讃えている。このようなバーナードの功績については、実は世界的に見ても日本での研究がもっとも先端的になっている。これらのバーナード研究に関する文献については本書でも取り上げるが、詳しくは図書館などで閲覧してほしい。

さて、このバーナードが考えた〈人間〉（＝〈個人〉）とは、どのようなものだったのか。バーナードは、「組織の研究、あるいは組織との関連における人々の行動の研究をすすめようとすれば、どうしても『個人とは何か』、『人間とは何を意味するのか』、『人はどの程度まで選択力や自由意思をもつものか』というような、すぐに出てくる二、三の疑問に直面せざるをえないことがわかる」[3]と言っており、〈人間〉を物的、生物的、社会的制約を受けた限定的な存在であるとした。

物的制約とは、身体が一つのモノであることを指している。モノと言うと無味乾燥な感じもするが、物質であるという点では他のモノと同じである。これは仮に〈人間〉が死んでしまった場合のことを考えてみると分かりやすい。〈人間〉が死んでしまったら、そこにモノとしての身体だけが残る。だから、このモノという点で言えば、機械と何ら変わりないと言える。しかも〈人間〉には、自分一人ではできないことがある。そのため、自分一人ができることは限られている。このことが物的制約という意味である。

ただし、モノと言ってしまえば、〈人間〉は機械との区別がつかなくなる。身体が機械と違うのは、生きているという点である。〈人間〉は呼吸し、食事し、排泄し、活動するという生物的な機能がある。だから、モノであっても機械とは違う、生きているモノ（＝生きている者）である。この生物的な機能は、機械とは異なった非常に重要な機能である。もちろん、〈人間〉には寿命もある。そのため、このことが生物的制約である。

しかし、この説明だと機械との区別はつくものの、動物との区別がつかなくなる。動物も生きているからである。そのため、バーナードは〈人間〉を社会的存在であるとし、〈人間〉は動物とは異なった社会に生きる存在であるとした。以上の説明が、物的、生物的、社会的制約を受けた存在という意味である。

バーナードは、この〈人間〉（＝〈個人〉）を、「過去および現在の物的、生物的、社会的要因である無数の力やモノを具体化する、単一の、独特な、独立の、孤立した全体を意味する」と説明している[4]。ただし、物的、生物的、社会的な存在としての〈人間〉も、完全に永遠な存在なのではなく、それぞれについて限界がある。限界があるということは、〈人間〉が有限性を持つ存在であることを意味している。〈人間〉は、なかなか一人では大きなことを成し遂げることができない。ピラミッドを一人で作ることは不可能であるし、官僚的な企業を一人でつくることも不可能である。そのため、バーナードは〈人間〉がその有限性から〈協働〉を行うとした。つまり、〈人間〉は他者と一緒に働くことで、自分一人ではできない、より大きなことを成し遂げようとする。

バーナードは、〈人間〉とは一人では惰性に流されてしまう存在でもあると言っている。惰性とは、面倒がったり、働きたくなかったりする怠惰な性格のことである。バーナードは、このことについて次のように言っている。「個人の側での、進んで行動したり、考えたり、働いたりしたくないという気持の性質や原因が何であるにせよ、そのような気持は普遍的に存在するばかりでなく、いちじるしくバランスを失って現われる。ここでそのことを認識するのは重要なことである。」[5]バーナードは、このような惰性から〈人間〉は労働者というよりも消費者としての性格を強く持つとする。

このように、〈人間〉が消費者としての性格を持ち、自分がなるべく怠けてより多くの見返りを得たいというのは、〈人間〉が能率（efficiency）を重視することを意味する。この能率とは、「効率」という意味ではなく、個人がいかに満足するかを示している。働く個人は、より多くの休みが欲しいものであるし、より多くの給与を得たい。それは、個人が「満足」という意味の能率を重視する存在だからである。他方で、バーナードは個人が（多少、満足しなくとも）自分の目的を達成しようと振る舞うことも行っている。少し負荷がかかっても、より高い目的に対してがんばろうとすることは誰しも経験がある。このことをバーナードは有効性（effectiveness）と呼び、個人の目的がどれだけ達成されたかを表すとしている。さて、このような能率と有効性の関係を例示しているのが、バーナード研究をしている河辺純である。河辺は、次のように説明している。「個人目的達成に関わる個人的行為における有効性と能率については、個人の観点から判断される。例えば、『リンゴが欲しい』という目的を持ったある少年が、リンゴを入手するために行動したとしよう。リンゴを手にすれば無事に目的を達成したことになるのでその行動は『有効的』となる。しかし、この目的の背後にある動機は『空腹だからリンゴが欲しい』と推測するのは単純にすぎる。（中略）動機は『動的・生物的・社会的要因の合成物』といわれる複雑なところに由来する。もしかすると少年は、果物屋やスーパーで手に入るリンゴではなく、木登りをしてリンゴを獲るということの達成感とともにリンゴを欲しているかもしれない。仮に、スーパーでリンゴを購入した場合は、『有効的』であっても『非能率的』ということになってしまうのである。」[6]

第二項　協働論

さて、バーナードの議論は、個人と組織の関係を、個人―協働―組織の三つの関係から考えるところに特徴がある。そして、有効性と能率についても、それぞれ個人にとっての有効性と能率、協働にとっての有効性と能率、組織にとっての有効性と能率のように、複層しているところに特徴がある。少しややこしいかもしれないが、例えば個人と協働について考えてみても、個人にとっては能率的(＝満足的)であることが協働にとっては非能率的(＝非満足的)であることがある。反対に、個人にとっては非能率的(＝非満足的)であっても、協働にとっては能率的(＝満足的)なことがある。働く個人にとって給与や休日は多い方がいいけれども、それは協働にとっては良くない場合もある。このように、個人と協働の関係を考えてみると、その差異があることが分かる。

先ほどから使っている協働という言葉であるが、バーナードはこれを協働体系(協働システム)という言葉で言い換えている。協働体系とは、「個人の集まり」を超えた集合体のことである。個人が協働体系に加わる時、個人はそこに参加するための意思決定を行っている。そして、協働体系に加わった場合、個人は特定の協働体系に加わった一人の参加者として他者と協働する。しかし、先ほども説明したように、この協働体系は個人にとって能率的(＝満足的)であるとは限らない。つまり、自分が満足を感じなくとも、協働体系にとっては満足な場合がある。このことをバーナードは、『経営者の役割』において次のように説明している。「この書物では特定の協働体系の参加者としての人間を、純粋に機能的側面において、協働の局面とみなす。人々の努力は、それが協働的であるかぎりにおいて非人格化され、逆にいえば社会化される。(中略)すなわち個人は、あるときには機能的存在となるが、他のときには一人の人間になるというのではなくて、むしろ同時に存在するところのものの異なった側面にすぎない。両者は協働体系ではつねに並存する。」[7]

個人が協働体系に参加するか否かは、個人の判断である。しかし、いったん協働体系に加わると、そこで個人は「協働的であるかぎりにおいて非人格化され、逆にいえば社会化される」ことになる。これは、バーナードが個人人格と組織人格という個人の二重人格を表現したことに関係している。バーナードは、個人には個人人格（＝その人自身が持つ人格）と組織人格（＝組織に参加した場合に現れる人格）があると仮定し、個人が協働体系に加わるか否かは個人人格によって決定されるが、いったん協働体系に加わると個人人格は否定されて組織人格として振舞う必要があると述べている。しかし、この段階で個人人格はまったく無くなったものではなく、協働体系からの離脱については個人人格が決定する。このように、個人は個人人格と組織人格を持つ二重人格である。このことをバーナードは、次のように説明している。「さて一つの石を動かしている五人の例にもどろう。われわれはさきに『石を動かすことが五人の人それぞれにいかなる意味をもつかはここでは問題でなく、その組織全体にとっての意味を彼がいかに考えるかということこそが問題である』と述べた。強調されたこの区別はきわめて重要である。それは、組織のすべての参加者は、二重人格――個人人格と組織人格――をもつものとみなされるという事実を示す。厳密にいうと組織の目的は、個人にとって直接にはいかなる意味ももたない。彼にとって意味をもつのは、個人に対する組織の関係である――組織が彼に課する負担や与える利益がいかんが問題なのである。協働的にみられた目的の側面に言及するとき、われわれの個人の組織人格をほのめかしている。多くの場合において、二つの人格は非常に明白に展開するので、両者はまったく明白なものとなる。」[8]

つまり、個人が協働体系に加わったり、そこから脱したりすることは、個人の人格が個人人格から組織人格へ、あるいは組織人格が個人人格へと切り替わることを意味している。個人にとって協働体系とは、すでにある人格からの解離をもたらすところである。しかし、それでも個人が保たれるのは、先にも述べたように、個人が「単一の、独特な、独立の、孤立した全体」として存在するためである。

第二節　組織論的管理論

第一項　組織論

ここからは、バーナードの組織論的管理論を見ていきたい。ここでは、ひとまず組織論と管理論を別々のものとして議論したうえで、それらを統合する視点として組織論的管理論を考えてみたい。これまで、〈組織〉という言葉をこれと言って説明せずに使ってきた。しかし、バーナードの〈組織〉とはやや注意が必要な言葉である。というのも、バーナードという人は後世において最も有名な定義とも言われる〈組織〉の定義を行った人物であり、かつその組織論の体系化に挑んだ人物だからである。体系化に挑むことは、それだけで大変な作業である。だから、バーナードがなぜ〈組織〉という言葉にこだわったのかを理解しておかなければならない。さらに、バーナードの経営学は、組織論を踏まえたうえでの管理論と言われている。であるから、組織論だけではなく、管理論もきちんと押さえておかなければならない。このことを念頭に置いたうえで、バーナードの組織論と管理論を考えてみる。

バーナードは、〈組織〉とは何かを考える際に、先に述べた〈協働〉との違いを述べている。〈協働〉(＝協働体系)というのは、あくまで人々の集合体であって、それは企業や学校のような公式的な存在を指すものではない。「五人がそろって石を動かすこと」を考えても、それは公式的な存在であるとは言えず、これが人々の集合体としての協働体系であることが分かる。したがって、「五人がそろって石を動かすこと」は協働体系であるが〈組織〉ではない。

バーナードによれば、〈組織〉とは、「(一)相互に意思を伝達できる人々がおり、(二)それらの人々は行為を貢献しようとする意欲をもって、（三）共通目的の達成を目指すときに、成立する。したがって、組織の要素は、（一）伝達（＝コミュニケーション）、（二）貢献意欲、（三）共通目的である」[9]。これは〈組織〉を構成する三要素（あるいは三要件）と呼ばれるものである。このうち一つでも欠けてしまっては、〈組織〉は構成されない。例えば、ある現場に人々が集まって「新しい建物を作る」という同じ目的が掲げられ、それぞれの人々が働こうとする意欲を持っていたとしても、それらの人々が黙々と作業し続けているのであれば意思疎通が行われない。このような場合には、これを〈組織〉と呼ぶことはできない。

裏を返せば、組織参加をした個人は、この三要素でもって自ら働くように仕向けられているとも言ってよい。このことから、〈組織〉とは、そこにいる人々を意識的に調整して一定の方向へと駆り立てるものである。バーナードは、この〈組織〉を「二人以上の人々の意識的に調整された活動や諸力の一体系」と定義している[10]。

さらにバーナードは、〈組織〉を公式組織と非公式組織の二つに分けている。公式組織とは、これまでに〈組織〉として説明してきたものと同じく、企業、学校、軍隊などの私たちの身近にある公式的な存在のことである（もちろん、この場合も三要素がそろっていることが前提となる）。公式的であるため、そこに人々がいることはもちろんのこと、その人々が働けるように計画が行われており、手順が記されており、流れが明確になっている。このような特徴を持つものが公式組織である。

しかし、人間が働く以上は、このように公式的な事柄だけではないことも理解しなければならない。働いているうちに仲良くなった人間同士が愛し合うこともあれば、喧嘩をしたりすることもある。あるいは、公式的に定められた就業時間以外に飲食を交わしたり、余暇を楽しむこともある。したがって、このような非公式に集う人々のことを、バーナードは非公式組織と呼んでいる。公式組織では、公式的に決められた目的とそれに対しての貢献が求められるが、非公式組織ではそれは求められておらず、むしろ非公式に集う人々がどのような相互行為や情報交換を行うかに焦点が当たる。というのは、このような非公式組織は、時に公式組織よりも相互行為や情報交換が活発に行われることがあり、それが公式組織に少なからず影響を与えるためである。非公式というのは、影響力がないという意味ではなく、むしろその逆である。非公式であるほど影響力が強くなる。誰の目にもふれないところで行われる談合や賄賂がなくならないのは、非公式組織の影響力を人々が信じてしまっているからである。公式的には手続きできないことを非公式に手続きしようとするからである。

第二項　管理論

それでは、バーナードにとって〈管理〉とはどのようなものか。それは公式組織についての議論の延長線上に考えられるものである。バーナードは、〈管理〉とは公式組織の存続に対して行われるものと考えている。公式組織が存続するために管理者は、主に(一)組織伝達の維持、(二)必要な活動の確保、(三)目的と目標の定式化の三つを行う。

第一の「組織伝達の維持」では、管理者が伝達経路を作り、そこで人々が行う情報の伝達を促していくことを行う。管理者とは、今で言えば部長、課長、係長などのそれぞれの部門を取り仕切る人たちのことである。彼らは、組織構造(＝組織図、職務明細書、規程など)を熟知し、大きな目的を部・課・係などに応じた小さな目的に変換しながら仕事を割り振っていくことになる。そして、それぞれの小さな仕事が完了した時点で、上位の長へと報告し、上位の長はそれらを調整しながら大きな目的の達成を図っていく。

第二の「必要な活動の確保」は、このことに関係している。管理者は単に目的を小さくするだけではなく、部下に指令を出して貢献をしてもらうように働きかけなければならない。しかし、指令を出すだけでは個人は貢献しようとしない。なぜなら、その仕事によってどのように個人への見返りがあるのかも示さなければならないからである。したがって、管理者はきちんと個人にとっての誘因(＝働くための動機のようなもの)を提供して、そこに個人を引きつける。個人を無理に引きつけることはできないから、そこで与えられる誘因は個人にとって魅力的なものでなければならない。個人は、その誘因でもって自ら貢献しようと意思表示する。

第三の「目的と目標の定式化」であるが、これも先に述べたものと関係している。管理者は、組織目的の策定を通じて個人の協働を促す。その際、組織目的は分かりやすい目的を掲げなければならない。分かりにくい目的を掲げてしまうと、その目的への無理解を生んでしまうことになり、余計な対立や葛藤、さらには離脱を促してしまうからである。そのため、バーナードは管理者が「目的と目標の定式化」によって、末端の人々に対しても、それらを浸透させるべきとしている。このことは、次のような言及に見て取れる。「したがって、目的の定式化と規定は広く分散した職能であり、そのうちより一般的な部分だけが管理者の職能である。この事実にこそ、協働体系の運営に内在的で最も重大な困難、すなわち下層の人々に一般的目的、いいかえれば重要決定を教えこんでつねに結束をたもち、究極の細部決定をその線にそわしめる必要性と、上層部にとっては、とかく遊離しがちな『末端』貢献者の具体的状況ならびに特殊決定をつねに理解している必要性、が存在するのである。」[11]

以上の組織論と管理論を踏まえると、どことなくバーナードの組織論的管理論を理解することができる。バーナードはまず〈組織〉を構成することを大事にしており、それが三要素に代表されるものとして提示されていた。しかし、〈組織〉は手段であって目的ではないから、〈組織〉を構成したまま何もせずに終わりということではない。〈組織〉をうまく使っていくためには、管理者が〈管理〉のための活動を行わなければならず、それが組織伝達の維持、必要な活動の確保、目的と目標の定式化という三つに集約されていたと言える。したがって、管理者の働きが非常に重要である。管理者は、経営者の考えたことと現場の人々が行ったことをうまく結びつけて、より大きな組織目的の達成を試みるからである。

第三節【コマ主題細目③】推理することと直観すること

第一項 日常の心理

ここからは、バーナードが日常業務を行う中で大事であると考えた〈精神〉について考えてみたい。ここでは、バーナードが一九三六年にプリンストン大学工学部のサイラス・フォッグ・ブラケット講義にて行った講演を取り上げる。この講演は、「日常の心理」と題されるもので、主著『経営者の役割』の付録として所収されているものである。この講演でバーナードは、人間が日常業務を行う際に兼ね備えている〈精神〉は、論理的精神過程と非論理的精神過程の二つに分類できるとし、人間はこの二つの精神的態度をうまく切り替えながら日常業務を行っているとしている。この二つの精神過程は現代に生きる私たちにとっても非常に通ずるものがあるため、以下ではこれがどのような精神過程であるのかについて考えてみたい。

この「日常の心理」という講演は、バーナードがそれまでの仕事経験を踏まえて、より若い人々へ忠告を行ったものである。バーナードは、次のように言う。「ここで私が試みるのは、日常業務に当たっての人の精神的側面について私個人の態度、あるいは理解を述べることである。このような理解は、私が若い人たちのこれからの職業について、彼らに与える忠告のいくらかの基礎ともなるであろうし、あるいは多くの経営問題とか公共問題について、私のとる態度や行為を説明するものともなるであろう。」[12]

この〈精神〉とは何か。バーナードによれば、それは二つあり、一つが論理的過程(=論理的精神過程)、もう一つが非論理的過程(=非論理的精神過程)であるとする。前者は、言葉や記号によって表現される意識のことで、すなわち「推理」のことを意味している。これらの「推理」は、理系では数学者や科学者などの仕事に関係していたり、あるいは文系においても法律家や会計士などの仕事に関係しているものである。この「推理」の特徴とは、時間を要する点にある。「AならばBである、BならばCである」という論理をたどる作業は、時間をかけて根気よく続ける姿勢が求められるからである。そして、この「推理」は合理的であることが求められる。合理的とは、首尾一貫していることであったり、「AならばBである」というつながりが明白なものであったりするという意味である。したがって、「推理」とは、言葉や記号によって表現されることであるが、その表現には時間を要するものであり、かつその道筋を他の人々に首尾一貫していることを示す必要があるものと言える。

それに対して、後者は言葉や記号では表現できない意識のことで、すなわち「直観」を意味している（感覚を表す「直感」ではなく、物事の本質を見抜く「直観」である点に注意が必要である）。この「直観」は、販売者、政治家、管理者、経営者などの仕事に関係しているものとバーナードは言っている。この「直観」の特徴は、時間がほとんどかからず、瞬間的に行われるという特徴がある。この「直観」とは、「AならばBである、BならばCである」という論理をたどる「推理」とは異なり、いきなり「Cだ」という答え方をする。したがって、そこに時間は必要ではなく、瞬間的である。そして、この「直観」は非合理的であることがしばしばある。というよりも、説明を省くものであるから、それが合理的であるかどうかは（本人以外には）分からない。合理的であっても、あとから説明を付け加えるということが行われる。総じて人間には、このように二つの〈精神〉（＝精神過程）があり、それらを具体的情況に合わせてバーナードは使い分けているとしている。

このことについて、私には思い当たることがある。少し話がそれるかもしれないが、将棋を打つ人のことである。将棋を打つ人の中には非常に緊張感のある対局において自分の勝ち筋が見えた瞬間に手が震える人がいる。その人によれば、「無我夢中でやっていて結果が見えた時、勝ち筋が見えた時、勝負がついたと思う時に、我にかえって手が震えることがある」という。ここで言われている「結果」、「勝ち筋」、「勝負がついた」という表現は、非論理的な「直観」である。なぜなら、その時点では、それがなぜ「結果」、「勝ち筋」、「勝負がついた」かどうかは説明されていないにもかかわらず、直観的にそう判断せざるを得ないからである。しかし、「我にかえって手が震える」のは、あとから論理的な説明が加わって合理的であることが追認されるがゆえに起きることである。すなわち、非論理的な「直観」には、自分自身でも説明がつかないものが含まれており、時間が経ってから論理的な説明が加わることがある。

第二項　〈精神〉の否定性

バーナードが、この〈精神〉について強調していることとして、〈精神〉が否定されることが難しいというものがある。バーナードは、自らの仕事経験を振り返った際に、〈精神〉の働きについて「二つの困難」があったと言い、それは〈精神〉の否定性についてのものであったと説明している。バーナードは、次のように言っている。「この困難の一つは、新しい仕事とか新しい地位に対して適応するのがむずかしいことである。地位が変わったときにいく度か、私は要求される必要な知識はすべてあらかじめ持ち合わせていてすら、十分かつ満足に職務を果たすのにはかなりの月日がかかったことを思い出す。観点が異なるとむしろ完全な精神的再適応が要求されるように思われた。もう一つの困難は、最初のものと関係がある。それは個人間、あるいは集団間に相互理解を得るのがむずかしいということである。こういった性質の極端な困難がある場合でも、それは事実に関する知識に差異があるために起こるのではないことは明らかである。実際、事実に関する知識に差異があるにすぎないときには、相互理解を得るのは比較的容易なことが多いのである。」[13]

さらにバーナードは、特に論理的過程（＝論理的精神過程）において〈精神〉が否定されることが難しいとも言っている。論理的な「推理」もしくは「説明」を得意とする人たちは、自らの意見を主張することに専念し、他者を説き伏せようとして、彼らの意見を受け入れることをしないと言っている。受け入れられないということは、自らの〈精神〉が否定されることを拒否していることだとも言っている。「非論理的過程に比べて、論理的過程を強調しすぎるおもな原因には、つぎの二つがあるように思われる。すなわち、論理的推理の本質に関して誤った考え方があることと、合理化により説き伏せ、正当化しようとする根深い欲望や欲求があること、いいかえれば、真の動機がかくされているときとか、意識されていないときに、行為ならびに意見をもっともらしく見せかけようとする欲求とである。これらの原因は人々の行動に関連して非常に重要なので、それを簡単に論ずるのも一般的に興味深いことであろうと思う。」[14]

しかし、なぜバーナードは、このような〈精神〉の否定性に注目したのだろうか。〈人間〉とは、成功する経験を積むにつれて、自分の考えや経験が正解であると思い込み、それを曲げようとはしない。年齢を重ねるほど、経験を積むほど、そうなる傾向にある。しかし、経営者や管理者といった人々は、つねに自分の部下や社会に対して配慮することのできる人物でなければならず、それは自分自身の〈精神〉を肯定しているばかりでは何も見えなくなってしまう(実際にバーナードは、「経営者のための教育」においても同じような点を注意せよと勧告している)[15]。

バーナードは、このことを「日常の心理」という言葉で表現している。私たちは、論理的過程(=論理的精神過程)だけでも、非論理的過程(=非論理的精神過程)だけでもなく、両者をうまく統合する「日常の心理」が必要なのである。最後にはなるが、このことについてのバーナードの説明を引用しておきたい。「釣り合いのとれた心理が本当に必要であり、また社会的に心理をより有効ならしめることが至上の仕事であるという感覚なしには、われわれは文明社会の移りゆく姿をほとんど洞察することができない。(中略)『心理』なき『頭脳』は無益な不均衡であると思われる。方法と目的との矛盾と、増大する専門化が生む大きな集団間の誤解のために、最終結果、純効果、全体の関心を感じとる心理のごとき、あるいはまた具体的部分を知覚することが同時に全体という見えざるものを含んでいるという心理のごとき矯正剤を必要とするのである。」[16]第八章(第八回)の講義は、ここまでとする。

註

1――もともと「組織論的管理論」とは、バーナードが主著『経営者の役割(The Function of the executive)』で展開した独特な経営学のことを、飯野春樹が「組織論的管理論」として読解したものに基づいている。ただし、本書は飯野が読解した「組織論的管理論」に影響を受けながらも、それとはやや異なる読解を行っている。そのため、ここではやや思い切って私なりの「組織論的管理論」を示してみたい。なお、飯野の「組織論的管理論」については、次の文献が参考になる。飯野春樹『バーナード研究』文眞堂、一九七八年。

2――この説明については、次の文献を引用している。加藤勝康・飯野春樹編『バーナード―現代社会と組織問題―』文眞堂、一九八七年、一七頁。

3――この説明については、次の文献を引用している。C・I・バーナード・山本安次郎(田杉競・飯野春樹訳)『新訳 経営者の役割』ダイヤモンド社、一九六八年、八頁。

4――『新訳 経営者の役割』、一三頁。

5――この説明については、次の文献を引用している。W・B・ウォルフ・飯野春樹編/飯野春樹監訳・日本バーナード協会訳『経営者の哲学』一九八七年、文眞堂、二三頁。

6――この説明については、次の文献を引用している。経営学史学監修・藤井一弘編『経営学史学会叢書IV バーナード』文眞堂、二〇一一年、五〇頁。

7――『新訳 経営者の役割』、一七頁。

8――『新訳 経営者の役割』、九一〜九二頁。

9――『新訳 経営者の役割』、八五頁。

10――『新訳 経営者の役割』、八四頁。

11――『新訳 経営者の役割』、二四三頁。

12――『新訳 経営者の役割』、三一三頁。

13――『新訳 経営者の役割』、三一四頁。

14――『新訳 経営者の役割』、三一六頁。

15――この説明については、次の文献を参考にしている。C・I・バーナード(飯野春樹監訳・日本バーナード協会訳)『組

織と管理』文眞堂、一九九〇年、一九五~二〇八頁。
16――『新訳　経営者の役割』、三三八頁。

第9章
復習コマ②

第一節【コマ主題細目①】小テストの意義

第九章（第九回）の講義は「復習コマ②」である[1]。第九回の講義では、これまで第六章（第六回）から第八章（第八回）までに学んできた内容について簡単に復習を行ったうえで、（評価には入らないが期末試験に直結する）小テストを二〇問行って学生がどの程度内容を理解しているか、教員がどの程度教えられているかを確認する。この小テストの実施方法については後述することとして、ここではなぜ小テストを評価には入れないのかを説明したい。本講義を行っていくうえで参考にしている『シラバス論』では、次のような説明がなされている。これは重要な箇所であるため、そのまま引用する[2]。

深さと階段の意味は、たとえば小テストとはなにかと自問するときでもはっきりする。毎コマか二コマ、三コマ置きに〈小テスト〉を実施するのはいいことだが、それを履修判定の一部として組み入れるのは(厳密には)間違っている。一コマ目が満点取れることと一五コマ目が満点取れることとは原理的には無関係だからだ。教員は、すべてのコマを終わったときに満点を取れるよう(あるいは六〇点以上取れる点数分布を意識して)各コマを積み上げているのであって、終わるまでの一コマ一コマは目標ではない。たとえば前半で小テストの平均点九〇点の学生が後半で小テストの平均五〇点であった場合、小テスト全体の平均値は六〇点以上ということになり、その学生は合格点を取ることになる。科目全体の目的や目標に近づけば近づくほど点数が下がることもありえる学生の小テスト(小テスト点数のコマ分布)を科目履修の判定材料にすることは単位制の学生評価としては適切とは言えない。それでも小テストに意義があるとすれば、学生の自己評価(きちんと講義を聴いていたかどうか)、教員の自己評価(思ったように指導ができたかどうか)に使おうと思えば使える程度のこと。履修判定の一部に使うのであれば、初回ほど評価に傾斜を付けて、一回目から五回目までは七〇%評価(学生がその小テストで一〇〇点取ったとすれば七〇点の評価)、六回目から一〇回目までは八〇%評価などとやるしかない。

原則として小テストは、期末の履修判定試験が六〇点未満の学生の救済にあててはいけない。小テストの履修判定に関わる加点があるとすれば(百歩譲って)、あくまでも六〇点以上の合格点を取っている学生への恩情加点としてしか存在し得ない。

このように小テストを評価に入れない理由は、個々の小テストで問われる内容と期末試験(＝期末の履修判定試験)で問われる内容が原理的に異なるという点から来ている。そうである以上、小テストは評価に入れてはいけないことになる。しかし、それでも小テストを行う意義があるのは、学生は学生自身の理解度を自分で理解するため（理解の理解）、そして教員は教員自身の教授度（とここでは記すもの）を自分で理解するためである。学生にとっては自分が教えられていることがどの程度理解できているのかは問われてみないと分からないことでもあるし、教員にとっては自分が教えていることもどの程度理解されているのかも問うてみないと分からないことでもある。

したがって、小テストの意義とは、学生は学生自身の教員は教員自身の自己評価を行うためである。私がこれまでに小テストを行った経験からすれば、きちんと予復習を行って小テストにのぞんでいる学生はそれなりの高得点を取って、（こちらから尋ねてもいないのに）自分で点数を教員へ報告するようになる。それが理解に定位した知的主体の成長である。最もアクティブ（主体的）な姿である。反対に予復習をきちんと行っていない学生は低得点に留まって残念そうな姿で教室をあとにしていくが、しかし小テストは評価には入れないのだから期末試験までに理解不足の点を教員や理解している学生に尋ねるなどをする機会は与えられている。つまり、失敗をするために（失敗しても挽回するために）小テストは存在している。これを評価に入れてしまっては、失敗する機会や失敗しても挽回する機会を学生にも与えないことになる。教員にとっても教授度不足の点を補わずに次の内容に入ってしまうことを許容している。失敗を許容しないという点では、学生にも教員にも不利に働くのが小テストの評価点である。裏を返せば、それだけ失敗ができない小テストであれば、かなり周到に設計された講義草稿とコマシラバスを準備しなければならないことになるが、果たしてそのようなことができるかは疑わしい。

第二節【コマ主題細目②】履修判定指標の再確認

さて、時間が限られているため、復習に移りたい。まず、復習を行う点で今一度確認しなければならないのは、第六章（第六回）から第八章（第八回）までの内容に直接関係している付録の履修判定指標である。第六回から第八回までの内容に関係しているのは、その履修指標の四から六までである。ここをもう一度抜き出してみると、次のとおりとなる。

●履修指標四「人間関係論」

ホーソン実験について照明実験、継電器組立作業実験、面接実験、バンク配線作業実験の概要と結果について理解しておくこと。特に前者二つについては生産高と作業条件（＝物理的環境）に関係が見られなかったことを理解しておくこと。面接実験については労働者の感情的な側面が生産高に影響していることが明らかになったこと、バンク配線作業実験については報酬を増やす仕組みがあったにもかかわらず、インフォーマル集団によって集団的に生産高を制限する行為が確認されたことを理解しておくこと。そのうえでメイヨーとレスリスバーガーがウェスタン・エレクトリック社へ調査を行ったねらいとして管理者教育に力を入れようとしていたことを理解しておくこと。

●履修指標五「新人間関係論」

リッカートのシステム4について、システム1が独善的・専制的な組織、システム2が温情的・専制的な組織、システム3が協議的な組織、システム4が参加的組織であることを理解しておくこと。また、マグレガーの管理論として、X理論とY理論について理解しておくこと。前者は、普通の人間は生来仕事が嫌いで、強制されたり、命令されたりしなければ働かないという前提に基づくこと、後者は、普通の人間は仕事が遊びと同じように好きで、強制されなくても一生懸命働くという前提に基づくことをそれぞれ理解しておくこと。そして、マズローの管理論では、管理者は欲求階層説に基づいて労働者を一定の方向へ導くことを念頭に置いていたことを理解しておくこと。

●履修指標六「組織論的管理論」

人間論と協働論としてバーナードが、〈人間〉を物的、生物的、社会的制約を受ける有限な存在であるとし、より大きな目的を達成するために〈協働〉を行うとしたことを理解しておくこと。そして、バーナードは〈組織〉を『二人以上の人々によって意識的に調整された活動や諸力の体系』として定義し、管理者が〈組織〉の存続に向けて、組織伝達の維持、必要な活動の確保、目的と目標の定式化を行うことを理解しておくこと。最後に、バーナードは『日常の心理』において〈精神〉を論理的過程（＝論理的精神過程）と非論理的過程（＝非論理的精神過程）に分類し、特に前者において管理者の〈精神〉が否定される重要性を伝えていたことを理解しておくこと。

ここで重要なことは、それぞれの管理論における特徴を押さえておくことである。人間関係論は、もともと生産高と作業条件（＝物理的環境）の関係が見られるのではないかという古典的管理論の問題意識を踏襲していた。しかしながら、数々の実験が失敗したことから、偶然にも労働者の感情的な側面が生産高に関係することが発見された。このことは、人間関係論の重要な発見であるが、しかしこのことを管理論として考えていくと管理者は自らが使う言葉に配慮せよというメイヨーやレスリスバーガーの考えも自ずと理解できる。それに対して、新人間関係論では人間関係論で注目された労働者への視点を踏襲し、労働者がどのような動機づけによって生産性の向上をもたらすのかに焦点化された。とりわけマズローは欲求階層説を労働者自身の欲求そのものというよりも、管理者が欲求には階層があること、それらが満たされるとすれば時間的な順序があることを踏まえて管理論として適用することを目的としていたことに注目している。したがって、欲求階層論ではなく、欲求階層説である。このように見ていくと、新旧人間関係論はいずれも労働者への眼差しとその管理論的応用を考えたものとしてまとめることができるが、その人間（＝労働者）と人間（＝管理者）の間に協働や組織といった概念を取り入れたのがバーナードであったと位置付けられる。

したがって、バーナードの組織論的管理論は、人間論のみならず、協働論、組織論、そして管理論へとそれらを昇華させる統合的な視点を持っていたと考えられる。ただし、バーナード自身はそれを統合することを目的としたと断言することはできず、この視点は飯野春樹によって説明されたものである。また、この講義でもその視点を踏襲し、組織論的管理論として説明を行ったが、重要なことは新旧人間関係論が「個別の管理論」であるのに対して組織論的管理論は「全体の管理論」であることを押さえておくことである。そうすると、バーナードの『経営者の役割』がいかに歴史的な古典として意義を持つかが明瞭になってくるだろう。

第三節【コマ主題細目③】標準偏差と平均点の役割

さて、小テストの実施方法について説明する。第五章（第五回）と同様に、小テストは二〇問を基本とし、一問を五点として計一〇〇点満点で行うこととする。基本的に対面授業を想定しているが、対面の場合では教員もしくは学生スタッフが印刷したものを当日は二〇～三〇分程度で受けることとする。終了後には、学生が回答をフォームなどに記入していき、学生と教員がともに点数分布と平均点などを確認する。これを行うと、自分がどの点数分布に位置付けられているのかを小テスト直後に確認することができる。また、教員にとっても点数分布と平均点を確認することによって、教授度を確認することができる。

また、点数を（その場で）計算することによって標準偏差についても確認することができる。この標準偏差については、一二～一五を目指すこととする。これは、講義運営の緊張度を適切に維持するためである。『シラバス論』には、次のように説明されている[3]。これも大事な箇所であるので、そのまま引用する。

「標準偏差」について言えば、点数分布が平均八〇点強を山のピークにして一〇〇点と六〇点へと広がった正規分布に近い形になると標準偏差は一二〜一五くらいになる。これは、科目クラスの知的な経営が上手くいっている指標。中域を中心に、下位学生も諦めていない、上位学生もお互い競い合っている。中域は下には落ちたくない、少しでも上位に入りたいという状態。このようにクラス全体が知的な緊張力を維持している状態が試験の点数分布が標準偏差一二〜一五の状態。標準偏差が一桁にとどまると、上位学生と下位学生との点数差がないためにどちらもやる気がない状態、特に〝できる〟学生が（〝できない〟学生と点数差が開かないため）やる気を無くす状態に陥る。教員の教育目標の解像度が低いか、それとも落伍者が出るのを忘れて試験の難易度を人為的に下げているかのどちらか。標準偏差が一八を超えると、二山現象になっており、下位グループが完全にやる気を無くしている状態。厳密には学生にやる気がないのではなく、教員が下位グループに見向きもしないで講義をやっている状態だと言える。この原因は学生の基礎学力不足ではなくて、教材（授業中の教材、予復習の教材）が不足している状態に過ぎない。授業中の小テストで標準偏差が一八を超える状態で本試験に突入すると大量落伍者が必ず出る（もしくは少数であっても再起不能な落伍者が出る）。こういった判断は平均点やＧＰＡばかりを意味もなく記録し続けている今日の成績評価では出てこない。

なお、小テスト後には解答を確認するとともに、間違いの多かった問題についても確認する。間違いの多かった問題は、教員の問題作成が悪い部分もあるが、間違いの多かった問題に自分も間違えているか否かを学生が確認することによって全体的な傾向との差異を確認することもできる。また、小テスト終了後には、問題を持ち帰ることで繰り返し復習を行うとともに、履修判定指標に照らした場合に他にどのような問題が出題されそうかを自分で問題作成をしたり、友達同士で自作した問題を解き合うなども行うことができる。つまり、小テストは期末試験で問われる問題の三レベル（★☆☆易しい、★★☆普通、★★★難しい）を確認する役割もある。第九章（第九回）

の講義は、ここまでとする。

註

1——本講義の説明は、最初から復習に入るところまで、また小テストの実施方法は第五章（第五回）の内容と同じものである。毎回出席している学生にとっては繰り返しとなるが、何らかの事情で初めて小テストを受ける学生は、これらの内容を必ず確認することとしたい。

2——『シラバス論』、一四二～一四三頁。

3——『シラバス論』、八七～八八頁。

第Ⅲ部

経営組織論

第10章 組織文化論

第一節 【コマ主題細目①】文化とは何か

第一項 文化の自明性――当たり前であること

第一〇章（第一〇回）の講義は「組織文化論」についてである。講義を始める前に、第一〇回の講義内容の到達地点を確認しておきたい。付録の履修判定指標を確認すると、履修指標七「組織文化論」が第一〇回の講義内容と関係している。この履修指標の水準を確認すると、「文化とは、『目に見えないものの〈全体〉を指し示すものである』ことを踏まえ、次の二つの特徴があることを理解しておくこと。一つ目に、自明性（＝当たり前であること）であり、これは私たちが文化とは何かを考えることなしに文化を体現できることを意味している。二つ目に、脱―自明視化（＝当たり前を疑ってみること）であり、それは『書くこと』によって可能になる。そして、その『書くこと』の方法としては、組織エスノグラフィー（＝組織民族誌）があったことを理解しておくこと。次に、組織文化については、人工物、価値、基本的仮定という三つの要素があり、それぞれが相互作用しながら組織文化を築き上げることを理解しておくこと」と記載されている。詳しくは、第一〇回の講義内容で理解することであるが、このことが到達地点（＝期末試験で問われること）であることを踏まえて、講義にのぞむ。

第一〇回の内容は、「組織文化論」である。第一〇回から第三単元に入る。第三単元では、〈管理〉が行われる場として〈組織〉そのものについての理解を深めることを目的としたい。〈組織〉とは、バーナードが定義したように、「二人以上の人々によって意識的に調整された活動や諸力の体系」である。しかし、バーナードは「体系」としてだけではなく、あらゆる組織体（＝役所、企業、学校等）においてその組織論を適用しようとしていた。したがって、この定義だけを見ても、〈組織〉の違いが分かるわけではない（むしろ、それは一般化されている）。むしろ、〈組織〉とは何かを理解するためには、第三単元において学ぶ各テーマを切り口として具体例に踏み込む必要がある。例えば、役所と言っても規模、職員数、所在地などの違いもあるだろうし、企業と言っても資本金、上場の有無、従業員数、所在地、組織図などの違いもある。学校でも、それは同じことである。したがって、この第三単元では、なるべく具体的な〈組織〉を取り上げて、それらがなぜ違うのか、あるいはそもそもこれらの〈組織〉の違いはどこから来るのかを考えてみる。

それで言えば、第一〇章（第一〇回）の組織文化は〈組織〉ごとの文化の違いについて考えるものである。ここで言う組織文化とは、簡単に言えば、その〈組織〉が大切にしている価値観のようなものを指している。それは、学生が所属している部活動においても確認できる。「厳格さ」や「真面目さ」を重要な価値観とする部活動もあれば、ゆるやかなつながりの中で「自由さ」や「楽しさ」を重要な価値観とする部活動もある。前者であれば、文書を重視し、先輩から後輩への指示や伝達をきちんと行い、トップ・ダウンで部活動を運営することが多くなる。しかし、後者であれば先輩・後輩の上下関係はあまり重要でなく、どちらかと言えば先輩・後輩の垣根を超えて自由闊達に意見を言い合えるボトム・アップ型の部活動を運営することが多くなる。

これは、企業でも同じである。入社後にはなおさら感じるものであるが、入社前に就活をしていても、「あの会社は○○を大事に考えているけれど、こちらの会社は△△を大事にしている」と、価値観の違いに気づくことがある。あるいは、就活において配布される資料を見ても、その資料の作り方などで価値観の違いを感じることがある。このような違いが組織文化の違いになる。ただし、この説明だけでは、こうした文化の違いが一体どこから生じているのかについて理解することができない。そのため、第一〇章（第一〇回）の内容を理解したうえで、その違いを見極めるための方法を学ぶこととする。

まず、文化とは何かを考える時、その特徴の一つとして自明性というものがある。自明性とは、簡単に言えば、当たり前さのことである。普通、日常生活において文化についてことさら考える機会はほとんどない。それは、文化がとても当たり前のもので、それについて考えなくとも日常生活を送ることができるからである。

しかし、この当たり前さが問題になるのは、私たちが異なる文化圏に住む人々と交流する時である。日本でも訪日外国人旅行客は少なくないが（コロナ禍では少なくなってしまったが）、彼らが日本に来て、「日本の文化を知りたい」と言った時、私たちはそこで初めて日本の文化というものを考えることになる。その際、日本の文化というものを改めて考えてみると、それが説明しづらいことにも気づくことになる。というのは、日本に住んで、日本の文化というものをわざわざ理解しなくとも生活が送れるからである。したがって、異なる文化圏に住む人々に日本の文化を説明している時に、「そうか、日本にはこういう文化もあったのか」と初めて知る文化もある。大学には、留学生もたくさんいるが、彼らであれば毎日のように、日本文化と自国文化の違いについて考える機会に恵まれている。それは、当たり前になっていることが当たり前ではなくなり、それによってこれまで当たり前に感じていたことが浮き彫りになるからである。このように、文化というのは自明性によって私たちの身近なものであり、かつその自明性は当たり前ではなくなった時にこそ分かるものである。したがって、それを真に理解するためには、その自明性を疑ってみたり、「今までどうなっていたのか」という視点で考えてみることが求められる。

第二項　文化の脱―自明視化―当たり前を疑うこと

文化が何かを考える時、それが当たり前になっているものであることを学んだ。しかし、それだけは、当たり前になっているものが当たり前になっているという同語反復的（トートロジカル）な説明を繰り返すだけである。それでは、文化というものの当たり前さを取り出して考えてみる時、一体何をすれば良いのか。一つの方法として考えられるのは、「書くこと」である。

もともと、この文化について学問上深く考えてきた領域に、文化人類学という領域がある。文化人類学とは、未開地に密かに住む民族や伝統的な民俗芸能など、様々な文化圏において生活する人々を幅広く対象とし、それらを経験的な調査方法としてフィールドワーク（＝現地調査）、聞き取り調査（＝インタビュー調査）、参与観察等を用いながら調べてみる学問のことである。この文化人類学において「書くこと」は、非常に重要な調査方法（あるいは調査記録）として用いられてきた。なぜなら、「見ること」だけでは、そこで起きたことを理解することができないからである。「見ること」だけではなく「聞いたこと」や「話したこと」も含めて「書くこと」で、それらを保存したり、整理したり、見返したりすることができる。そのような時間的な管理が、「書くこと」によって可能になる。

そのため、「書くこと」とは「知ること」につながる行為である。「知ること」を「書くこと」によって表現するというよりも、「書くこと」によって起きた出来事を保存したり、整理したり、見返したりすることによって、「知ること」が可能になる。書いてみなければ、分からないことの方が多い。書いてみるから、自分が分かることと分からないことの境界が見えてきて、それが理解につながってくる。したがって、知るためにはまず書かなければならない。書いてみて、そこで初めて自分が説明したかったことを知るということ。そして、その文章を見て、自分自身が考えている時に当たり前に使っている言葉や言い回しなどを知ることができるということ。それをまずは理解しておくことが大事である。文化についても、それを目の当たりにした時にそれを実際に書いてみて、そこで書かれていることと書かれていないことの境界を探ったり、書かれていることの規則性をあぶり出していくことが文化の理解には不可欠である。

脱—自明視化というのは、「自明(＝当たり前)に見ていることを脱してみること」であるが、そのきっかけとして「書くこと」があるということを、ここでは押さえてもらいたい。そして、この「書くこと」は第三節の組織エスノグラフィーに関係するため、ひとまずここまでの内容を念頭に置いておくこととしたい。

第二節 【コマ主題細目②】組織文化とは何か

第一項 組織文化のレベル

ここからは、組織文化とは何かについて考えていきたい。文化とは何かについて前節で見てきたが、これといって定義をせずに、この用語を説明してきた。というのも、文化を正確に定義しようとすればするほど、それが何かを説明しにくくなるためである。文化とは日頃私たちが当たり前にしていることであり、それは書くことで説明できるものである。つまり、文化とは目に見えないが〈全体〉を指し示すものであるという性質を持つ。ここから取り上げる組織文化論も、実はこうした目に見えない性質を中心的に議論している。それは、目に見えないからこそ見えるように書いたり、実際に見えるものによって文化とは何かを考えてみるということである。以下では、エドガー・シャインという研究者の議論を取り上げて、組織文化論について考えてみる。

エドガー・シャインは、アメリカのマサチューセッツ工科大学の組織心理学者で、もともと洗脳についての研究を行っていた人物である。シャインは、経営学の中でも組織開発やキャリア開発、組織文化論などの領域で知られる研究者である。もう一人の研究者は、第三節で取り上げるジョン・ヴァン・マーネンという社会学者である。彼については後述する。このシャインが執筆した『組織文化とリーダーシップ』という書物においては、組織文化には次の三つのレベルがあると説明されている（厳密に言えば、シャインは「文化のレベル」と説明しているが、ここでは組織文化のレベルとして説明したい）（図表10－1）。

第一に、人工物（artifact）である。人工物とは、私たちが組織文化とは何かを考えるうえで、それが最も目に見えるものとして表出しているものである。人工物とは、自然物の反対語であるから、自然にでき上がったものではなく、人間自身が作り出したものという意味である。企業であれば、建物、機械、オフィス・レイアウト、装飾品、製品・サービスなどの静態的なものを始め、その企業で日頃から使用されている言葉や振る舞いなどの動態的なものも含む。これらが企業における人工物になる。こうした人工物とは、物理的かつ社会的な環境として、その企業を視覚的に象徴する力を持つ。したがって、企業の外部者は、内部者がそれらの人工物を使用する場面を見ることによって、その企業の特徴や形式について理解することができる。この人工物について、シャインは次のように説明している。「人工物と創造されたもの――すなわち、作り出された物理的・社会的環境である。このレベルでは、物理的空間なり、そのグループの技術的な成果、書かれたり話されたりする言葉、装飾およびメンバーの明白な行動を観察することができるのである。文化の内部にいる人たちは、必ずしも自分自身の人工

図表10-1　組織文化のレベル

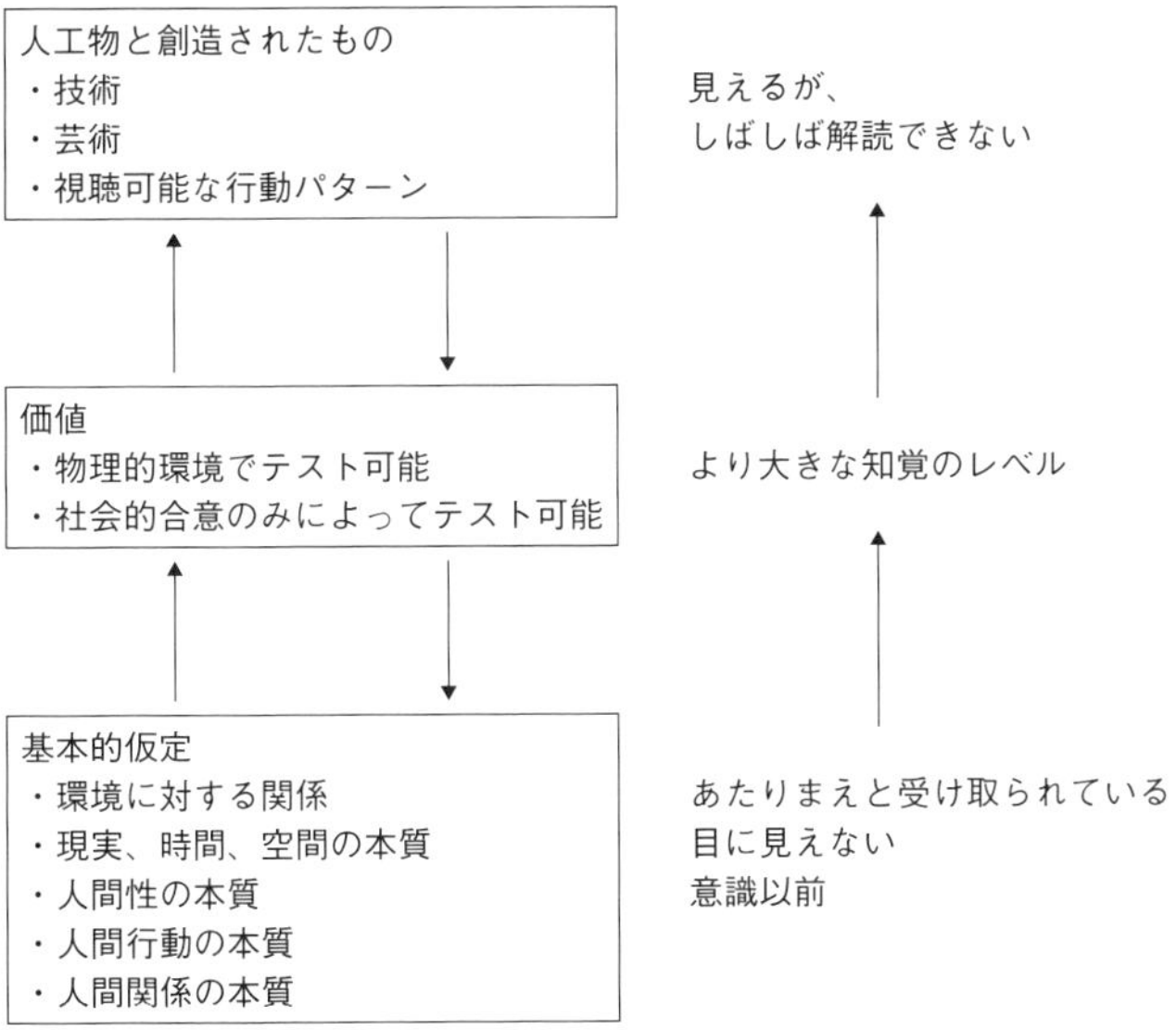

出所）E. H. シャイン（清水紀彦・浜田幸雄訳）『組織文化とリーダーシップ：リーダーは文化をどう変革するか』ダイヤモンド社 1989年、19頁。

物に気づいていないので、それについて尋ねることができるとは限らないが、それを自分で観察することはいつも可能である。」[1]

第二に、価値（value）である。価値とは、企業において重要視されている事柄のことである。大きく分けるとすれば、経済的価値や社会的価値などがある。経済的価値であれば、「企業の利益を最大化する」という目的の下、それを全社員が自覚し、共有することによって企業は成長する。さらに、経済的価値に従うのであれば、ひいては企業業績に応じて最終的に自らの給与や賞与（ボーナス）に反映されることにもつながり、より一層の結束力を生むことになる。しかし、企業は経済的価値の達成だけを追求していればいいというわけではない。経済的価値を追求することがかえって必要以上のコスト削減や公害問題を生じさせることにもなり、製品・サービスの質が悪化することもあるからである。

実際に、コストを必要以上に削ってしまうことで製品・サービスの欠陥が生まれ、消費者の生活に支障をきたす場合も少なくない（この点を詳しく知りたい人は、消費者庁、消費者保護基本法、消費者センターの活動などを調べてみることをすすめる）。そのため、企業は社会的価値をも参照し、企業の利益を最大化するだけではなく、消費者の生活向上や環境負荷についても配慮しなければならない。最近では、企業は社会的価値を体現するために「持続的な開発目標（ＳＤＧｓ：sustainable development goals）」に取り組んでいる。経済的価値のみならず社会的価値がいかに重要性を帯びているかが見て取れる。

このように企業には、複数の価値があり、それらの価値が対立したり、衝突することによって働く人々の認識に変化を生む。そして人々は、その時々の価値に呼応して認識を変更させながら「ここでは、こうすべきだ」と行為する。このことから、企業あるいは組織内の人々とは、ある一つの価値に基づいて働いているのではなく、複数の価値を行き来しながら、その対立や差異に基づいて働いている。一つの価値だけを信じてやまないことは、逆に危険なことでもある。そのため、複数の価値が対立している状態、あるいはその差異が分かる状態が企業の健全化には重要である。

第三に、基本的仮定（basic assumption）である。とはいえ、企業においては部門ごとに根ざす価値が異なる。企業において、経済的価値が優先される営業部であれば売ることに専念しなければならないし、社会的価値が優先されるＣＳＲ部門であれば環境を保全することに専念しなければならない。しかし、長い間、特定の価値に根ざすにするようになると、人はわざわざ「ここでは、こうすべきだ」と考えなくても働くことができる。それらは、人間の働き方を知らず知らずのうちに決定しており、特に考えを巡らせなくとも行為することができるようになる。あるいは、気づけば自分でも知らないうちに、その企業や組織内における考え方を内面化させている場合もある。このような自明視化された考え方のことを基本的仮定と呼ぶ。基本的仮定は、働く人々によって無意識に持たれているものであり、改めてそれが何かを問わなければ本人すら分からないものを指している。これは本人に聞いても答えるのが難しいものであり、他者が見て、初めてそれが当たり前に行われていると判断される。

シャインは、この基本的仮定の例として上司と部下の関係を取り上げている。上司があまり良い解決策とは言えないものを提示した時に、部下はそれを面と向かって「これでは駄目です」と言うことを避けてしまい、部下は決まって沈黙するという。シャインは、このことを次のように言う。「上司に提案された解決策が間違っているといえばその顔をつぶすことになるので、彼の無意識の仮定が沈黙を守ることを要求する。沈黙を守る意外は部下にとって考えつかないし、上司に進んで行動をとるようすすめることなどありえないだろう。行動がとられ、結果がうまくいかず、上司は幾分驚き、困惑し、部下に、彼だったらどうしたか、尋ねる。もし部下が、自分なら違ったことをしただろう、と答えると、上司は、なぜもっと早く言わなかったかときわめて当然のこととして聞くであろう。この質問は、答自体が上司の顔をつぶすことなので、部下を脱出不可能な情況に追い込む。」[2]すなわち、基本的仮定とは、一方で業務を遂行するために不可欠であるものの、他方で業務そのものが見直される契機でもある。

以上、組織文化のレベルについて三つの視点から考えてきた。これらは人工物、価値、基本的仮定の順に目に見えにくく、当たり前に思われるものである。ひとまず、ここではこれらの三つのレベルで組織文化が構成されているということを理解しておきたい。

第二項　組織文化の分析例

さて、ここからは組織文化の分析例を確認してみたい。分析例というのは、実際に自分で組織を対象とした調査を実施した場合に、どのようにそれらを「書くこと」ができるかを示すものである。ただし、分析を実際に行うためには、大変な準備と調査を実施する必要がある。そのため、ここでは分析例を示すこととして、どのように組織文化が記述できるのかを示してみたい。

ここで取り上げる組織としては、ディズニーランドとユニバーサル・スタジオ・ジャパンである。この二つの組織を取り上げるのは、学生にも身近な組織であり、少なからず学生でもそれを実感できるためである。これらを組織文化の観点から比較してみると、二つの違いが明瞭になり、かつどちらにも共通する要素も見えてくる。このような比較を行う点で重要なことは、比較軸を設けることである。ここでは先の組織文化のレベル（＝人工物、価値、基本的仮定）を比較軸とする。これらの比較軸に従って、二つの組織を記述してみたい。

第一に、人工物についてである。二つの施設に共通する人工物と言えば、建物、通路、食事などが考えられる。まず、建物についてである。ディズニーランドでは日常世界から離れた幻想的な空間を保つことを目的として、外界とのつながりを隔絶（＝遮断）するように建物が配置されている。それぞれの建物は、高さを設けるように設置されており、人々が見上げることによって憧れや夢を感じられるように設計されている。特にディズニーランドには、象徴的な建物としてシンデレラ城がそびえており、これを見るだけでディズニーランドだと分かる設計がなされている。そして、それぞれのアトラクションの周囲には植物や木々を多く植えることによって自然に外界とのつながりを断つ工夫がなされている。このことからディズニーランドは、閉鎖的＝非現実的な空間が作り込まれている。それに対してユニバーサル・スタジオ・ジャパンでは、あえて開放的な空間をつくり出し、あくまでアトラクションを主として楽しむように設計されている。建物は、ディズニーランドのように高さを設けることよりも、平面的に設計することによって遠くまで見渡せる工夫がなされている。また、ハリウッドやサンフランシスコ、ニューヨークなど、実際にアメリカにある都市部をイメージした造りにすることで海外旅行に来た気分を醸成している。

次に、通路である。ディズニーランドは、アトラクションとのスペースを少なく設計することで密接した通路を作っているのが特徴的である。それらは、「うねり」を意識することによって人々が循環的に移動できるように工夫されている。また、多少の高低差をつけることで、心拍数が上がるように設計されている。これは来場者が心拍数の上昇に伴って高揚感を感じられる工夫とも言える。それに対してユニバーサル・スタジオ・ジャパンでは、アトラクション同士の間にスペースのある通路を設計することで来場者の行き来をうまくできるように設計されている。ディズニーランドが「うねり」であるのに対して、ユニバーサル・スタジオ・ジャパンは「直線」を意識することによってアトラクションやショッピング・スペースへの移動がしやすくなっている。また、通路は高低差を設けるのではなく、あくまで平地にすることでアトラクションごとの違いをあえて設けなくしている。

最後に、食事である。ディズニーランドでは、ポップコーン、チョコレート、クレープ、チュロスなど比較的軽食(スイーツやデザート)を多めに作っている点に特徴がある。これは満腹感を感じるのではなく、空腹を感じない程度に幻想的な空間に浸るためである。また、軽食が多くなっていることで、歩きながらでも食べられるものが多くなっている。それに対してユニバーサル・スタジオ・ジャパンは、ハンバーガー、カレーライス、ピッツァ、ステーキなど比較的満腹になる食事を多めに作っている。これは女性同士だけではなく、男性を含む家族や恋人などが来ても食事に充実感を与えるものである。以上のように、人工物として建物、通路、食事に注目すると、このような違いがある(もちろん、実際には三つで共通した部分もある)。

第二に、価値についてである。ディズニーランドは一言で言えば、「幻想的価値」を重視している。幻想的であることを重視し、働いている人も「配役」を意味するキャストと呼ばれており(最近ではユニバーサル・スタジオ・ジャパンにもキャストはいるが)、かつキャストはこの幻想的な空間を維持するために特徴的な言葉遣いや働きかけを行う。また、ディズニーの世界観を大事にするために、統一したサービスを提供することを大事にしている。このことは、サービスの一元化と呼べる。それに対して、ユニバーサル・スタジオ・ジャパンでは「遊動的価値」を重視している。遊動的であるとは、空間を楽しむことよりも、アトラクションを楽しむことを意味している。遊動的であることを重視し、働いている人も「乗組員」を意味するクルーと呼ばれており、かつクルーは遊動的な空間をつくり出すためにアトラクションの詳しい説明や乗り方を説明できるようにトレーニングしている。また、ユニバーサル・スタジオ・ジャパンは日々の業務改善を行うために、様々なサービスを外部から積極的に取り入れている。これはサービスの多元化と呼べる。

第三に、基本的仮定である。ここまでを踏まえると、ディズニーランドは空間の閉鎖性を前提とし、キャストもゲストもディズニーの世界に憧憬を抱いているという基本的な仮定があることが分かる。それが当たり前の仮定として前提されることで人工物や価値に対しても影響を与えていると言える。それに対して、ユニバーサル・スタジオ・ジャパンでは空間の開放性を前提とし、衝動を感じながら遊ぶことを基本的な仮定としていることが読み取れる。そこでは、クルーとゲストのように、一つのアトラクションを船に見立てることでクルーはゲストにサービスを提供するようになっている。

このように、人工物、価値、基本的仮定に照らして書き出してみると、両者にはそれぞれ決定的な特徴があることが分かる。もちろん、両者において同様の特徴も見られるが、重要なことはこのように「書くこと」によって比較すること、そしてその比較によってどのような組織文化の違いが見られるかを考えてみることである。そのことが組織文化を真に理解することにつながる。

第三節【コマ主題細目③】組織エスノグラフィーとは何か

第一項　方法としての組織エスノグラフィー

ここからは、組織文化の調査方法として組織エスノグラフィーと呼ばれる方法について理解していきたい。エスノグラフィーとは、ethnographyと英語表記される。日本語では「民族誌」もしくは「民族誌的調査」と呼ばれている。民族誌とは、もともと文化人類学という領域でそれらが行われていたように、特定の民族集団の生活様式を探るために具体的な記述を行うことを指している。ethno-とは「民族の」という意味であり、-graphyとは「書かれたもの」という意味である。このように、ある民族について書かれたもののことを広くは民族誌と呼ぶ。

したがって、組織エスノグラフィーとは、企業や行政を含む組織体を対象に行う民族誌的調査のことである。どのような組織体であっても、そこで働いていない人にとっては、その労働者や管理者がどのような組織文化に根ざして働いているのかが分からない。あるいは、そこで働いている人にとっても、実はどのような組織文化に根ざしているのかは詳しくは分からない。そこで、どのような人工物があるのか、どのような価値があるのか、どのような基本的仮定があるのかを把握するために、組織エスノグラフィーが用いられる。そのためには、組織体に深く入り込み、調査者も一人の参加者として観察したり、見聞きしたり、実際に会議や現場に加わることによって、そこで行われていることを詳細に記述することになる。ここでは、このような組織エスノグラフィーについて理解する。

組織エスノグラフィーは、今説明したように組織体を対象とした民族誌的調査のことである。しかし、「エスノグラフィー」という言葉には、(一)民族誌を象徴する詳細な報告書、レポート、議事録、フィールド・ノート(=フィールド・ノーツ)などの書かれたものそのものを指す場合と、(二)調査を行うことを指す場合と二つがあることに注意しなければならない。私の大学院時代の指導教員である金井壽宏は、前者を「作品としてのエスノグラフィー」、後者を「方法としてのエスノグラフィー」と呼んでおり〔3〕、特に後者には調査者である人物とその調査対象となる組織体との関係に基づき、それぞれの関係に応じた方法があると述べている。

特に金井は、方法として組織エスノグラフィーを行う場合、そこには三つの特徴があると述べている。第一に、「内部者(現地人、住民)の見解に迫る」というものである。これはもともとクリフォード・ギアツという文化人類学者が用いた「内部者（現地人、住民）の視点（native's point of view）」という言葉に基づいており、内部者が持つ共通の見解にエスノグラファー（＝エスノグラフィーを行う調査者）が迫ることを意味している。組織文化論であれば、その組織体で用いられている人工物は何か、価値は何か、基本的仮定は何かを、内部者の見解に基づきながら、あれやこれやの調査方法を使って読み解いていくことを意味する。そのため、組織エスノグラフィーは、実際に現地に行って、資料や文献を集めること、内部者と一緒に働いてみること、意見を聞いてみること、会議に参加することなどの幅広い調査が行われる。しかし、それを書物や論文として発表する場合には、やはり「書かれたもの」がなければならない。そのため、読み手にその組織体で起きていることのリアリティを伝えるために、詳細かつ具体的な記述が必要になる。

というよりも、むしろ読み手は「書かれたもの」を通じて、その世界について知るため、書き手は「目の前に広がっている世界を書き尽くすこと」と同時に、「書かれたものによって世界が立ち現れること」を念頭に置く必要がある。つまり、「書かれたもの」があるからこそ世界がそこに存在することを読者に伝える役目がある。このように考えると、書くことがいかに大切な行為で、有意味なものであるかが分かるかと思う。いずれにせよ、書き手にとっては細部にわたって書くことが必要である。

第二に、「フィールドに住む（長く居るか、足繁く通う）」ことである。一般的な調査（＝定性的調査や質的調査と呼ばれるもの）と異なるのは、組織エスノグラフィーが調査にかなり長い時間を要するということである。内部者の見解や文化の解読を行おうと思えば、そこに長く滞在し、時間をかけて調査をする必要がある。一般的なインタビュー調査では、企業で働いている人を対象に一〇～一五名に対して約六〇分程度の聞き取りを行う。それを合算すると、六〇〇分～七五〇分（＝一〇日～一五日間）に相当する。しかし、組織エスノグラフィーを行う場合には一カ月もしくは一年の単位で調査が実行される。それは、内部者の見解だけではなく、組織文化の解読を行うために、現場に参加し、会議に参加し、資料を読み取り、それらを執筆していくように長い時間をかけて行うためである。つまり、企業「を」調査する一般的な調査方法とは異なり、組織エスノグラフィーは企業「で」調査する方法である。

第三に、「参与観察という方法を重視する」ことである。参与観察とは、実際に企業や行政などの組織体において、その現場に自分も参加し、そこで対象者とともに働いたり、観察を行うことを指している。しかし、参与観察という方法では、調査先の重要な情報にも接することがあるため、まずは慎重に調査許可を取る必要がある。許可を取る場合には、調査趣意書と呼ばれる調査目的、調査時間、調査内容(＝質問内容)などが書かれた資料を送り、許可を得なければならない。この場合、その調査対象の取り組みを前向きに捉える調査であれば比較的調査アクセスは簡単になる。しかし、やや否定的(＝批判的)に行う場合であれば、正面切って許可を得ることは難しくなる。したがって、調査者は、いわば「裏ルート」を使ったり、非公式に調査アクセスを行うことになる。

第二項　作品としての組織エスノグラフィー

調査アクセスが難しいにもかかわらず、なぜ調査を行う必要があるのか。それは調査アクセスが難しい組織体であるほど、ベールに包まれた神秘的な作品ができ上がり、それだけ「書かれたもの」の価値が高まるからである。むしろ、組織文化論や組織エスノグラフィーを対象とする研究者は、このような神秘性を重視しており、その神秘性を表現する文体を好む傾向にある。これらの文体で書かれた作品は、一種の物語としての性格を帯びている。あえて小説に使われる技巧を好み、読者を魅了する。

このような作品としての組織エスノグラフィーについて、社会学者のジョン・ヴァン－マーネンは、次の三つの物語に分類できるとする。一つ目が、「写実的物語(realist tales)」である。写実的とは、調査者である人物が見たままの世界を写実すること(＝書き写すこと)を重視し、その世界について克明に記述していくことである。ヴァン－マーネンは、（彼もまたシャインと同じくＭＩＴスローン経営大学院の教授であるが）この写実的物語について次のように語っている。「実際に、『そこにいた』たった一人の人間、フィールドで現地の人々に語りかけ、彼らと一緒に飲めや歌えの愉快な日々を過ごした（あるいは生活の中で悲しみをともに分かち合った）たった一人の人間だけが、現地の人間たちがどんな人々なのか理解できるし、『そこにいなかった』人のために、大胆にもそれを解釈できるということである。」[4]

そのうえでヴァン－マーネンは、現地に入り、そこで記述する著者（author）は、一種の権威性（anthority）を持つと説明している。つまり、その現地に入り込み、そこで書くことに専念する調査者は、その世界の第一人者として著者になり、それが他の人々の追随によって権威を帯びていく。そして、著者の追随者は作者（writer）と呼ばれる。このような著者と作者の関係は、もともとミシェル・フーコーの『作品とは何か』という書物の中で述べられていることであるが[5]、ひとまずここではヴァン－マーネンが行ったユニオン警察（仮名）への組織エスノグラフィーについて写実的物語に該当する部分を引用しておきたい。ヴァン－マーネンは、組織エスノグラフィーを行うためにわざわざ警察官に扮して、ユニオン警察（仮名）に潜入した。そこで、警察という仕事がどのように行われているのかを身をもって調査したのである。以下の文章では、そのユニオン警察（仮名）の様子が写実的に書かれていることが確認できる。

内勤巡査部長の主な関心事は、事件によって特徴づけられる警察の世界の混乱を避けることである。日々の労働に根差して注意深く築き上げられた義務感から、内勤巡査部長は、自分の仕事は「指定された地区の治安を効果的に維持する」ことよりもむしろ「集団を能率的に指揮する」ことだと考えている。そのような巡査部長の一人の言葉を借りれば、「私の仕事は部隊がすべきことの調整です。なぜって、私には彼らにこうしろ、ああしろと指図するのは法的にできませんからね」ということになる。こうした言い方でこのベテラン巡査部長がそれとなくほのめかしているのは、己の公的活動についての一つの到達された解釈である。常に状況に応じて定義される警察の仕事に対する、比較的無関心な態度によって特徴づけられる一つの監督スタイルを、部長自らはっきりと指摘しているわけだ。

二つ目が、「告白体の物語」である。写実的物語の特徴は、あくまで調査者自身が見たままの世界について説明することであった。しかし、これでは調査者自身が何を、どのように考えたのかについての「私」への焦点がなされないことになる。先の引用文においても、ヴァン＝マーネン自身がいかにユニオン警察について考え、行動しようとしたのか、あるいは何かを変えようとしたのかについてはまったく焦点が当たっていない。このような「私」に焦点を当てて書かれた物語のことを、ヴァン＝マーネンは「告白体の物語（confession tales）」と表現している。これは、「私」が現場で起きたことについて告白する文体を用いるということである。この告白体の物語についてヴァン＝マーネンは、「フィールドに潜り込む苦労話、フィールドワーク中の信頼に関する寓話、耐え忍んだ（そして克服した）困難に関するちょっとしたメロドラマ、さらにはフィールドワークがフィールドワーカーに何を与えてくれたかについての話が、告白体にみられる顕著な特徴である」と説明している[6]。このような文体は、見たままの世界についての説明だけではなく、「私」自身をその世界に含んだ説明として、より説得力を持つ。次のような文章である。

巡回中の私の格好は、部局の私服警官に倣って仕立てあげた。髪は短く刈り込み、勤務用のリボルバーの膨みを目立たなくするために、大きめのスポーツジャケットを着込んだ。つま先が固くて重い靴を履き、スリットかピンつきのタイをしめ、懐中電灯・催涙用のメース・紫檀の警棒・手錠・鍵をいくつか、そして時には、送受信両用の携帯無線機を持ち歩いていた。パトロール警官の何人かは、研究期間中のさまざまなときに、（おそらくいろいろな理由からであろうが）握りの部分に弾を装填する銃や殴打用のグローブやとりどりの工具類を、巡回中に持って行くようにと私にくれた。私はそれら警察の仕事道具をいくつか実際に持ち歩いたのだが、部局の規則ではそれらの使用は禁じられていた。ある警官などは、彼の言い分によれば、銃を捨てなければならないようなめったに起こりそうもない状況に備えて、コートのポケットにもう一つ一二インチ銃を忍ばせておくべきだと言い張った。

さて、写実的物語と告白体の物語について見てきたが、しかし双方の文体でも不足していることがある。それは、書くことによって世界が何であるかを示す技巧的表現である。技巧的表現とは、文体の技巧を凝らすことによって、世界をより魅力的なものとして読者に伝えることを指す。このように技巧の参考としてヴァン－マーネンが注目するのが、印象派絵画である。印象派絵画とは、一九世紀末から二〇世紀初頭にかけて西洋において出現した、新しい表現形式のことを指している。ルノワール、ゴッホ、モネなど、一度は名前を聞いたことのある画家だろう。このような印象派絵画に共通するのは、古い形式を一新するために、見る人々を魅了し、そこに参加する感情を呼び起こす表現形式を用いることである。

ヴァン－マーネンは、この印象派絵画を参照し、「劇的な操作」を行う文体が必要であるとする。それが第三の「印象派の物語」である。ヴァン－マーネンは、次のように言っている。「こうした錯覚を組織するには技術が必要だ。回想は物語に『臨場感』を与えるために、しばしば現在時制に置かれる。書き手は決して、時期が熟さないうちに結末をバラすようなまねをしてはならない。緊張の度合は、自由自在に高められたり緩められたりしなければならない。文脈に沿った記述は、読者を納得させるほど十分に凝縮されたものでなければならない。語り手には芸術的な神経が必要とされる。印象派の物語には科学的な物語の場合にもまして、さまざまな文学的基準が興味深いものとなる。（中略）こうした基準は学問的ではなく文学的なものなので、印象派の物語の主要な責務は、読者を用心深くさせたまま、その興味をつなぎ止めておくことである。耳慣れない言い回し、新鮮なほのめかし、豊かな言葉使い、知的な刺激と情動的な刺激、地口、そして想像力への急激な揺さぶりかけ――こういったものはすべてよい物語の特徴である。」[7]それでは印象派の文体を次の文章で見てみよう。

「なんてこった、奴の車だ！」

瞬間的にデイヴィッドはライトをつけ、サイレンを鳴らした。メルセデスは制御がきかなくなった。狭い道に停めてあった車一台を飛び越え、そのまま歩道の縁石も飛び越え、誰かの家の庭の塀を突き破り、一〇フィートしか離れていないその家の芝に植えてある一本の木にドシンとぶつかってようやく止まった。運転していたのは確かに若い黒人だったが、まだほんの子供で、おそらく一二、一三歳ぐらいだ。子供はフロント・シートを腹ばいで前進し、客席側のドアからひょいと飛び出た後、全力で私道を家の右側まで走り抜けた。デイヴィッドは私にマイクをなげてよこすと同じに、自分の安全ベルトを外した。車から飛び出しながら、彼は私に現在地を無線で連絡するように言った。怪しげな手つきではあったが――私はこの送信機なる機械を、少なくとも五年は使ってなかった――、なんとか現在の場所と状況を報告することができた。

ここまで写実的物語、告白体の物語、印象派の物語について見てきた。それぞれ世界をありのままに伝える物語、「私」に焦点を当てる物語、読者を魅了する物語として特徴づけられていた。組織エスノグラフィーあるいは組織文化を記述することは、このような物語の性質を持ち、書き手はその物語の作り手としての性格を持つ。第一〇回の講義では、そのことを学んできた。こういった文体表現は、単に講義で学ぶだけではなく、実際に自分でレポートや卒論などでも挑戦することができる。是非とも、このような文体表現を使って、世界を記述することの面白さや難しさを感じてほしい。第一〇章（第一〇回）の講義は、ここまでとする。

註

1――この説明については、次の文献を引用している。エドガー・H・シャイン（梅津祐良・横山哲夫訳）『組織文化とリーダーシップ』白桃書房、二〇一二年、一九頁。

2――『組織文化とリーダーシップ』、二五～二六頁。

3――この説明については、次の文献を引用している。金井壽宏、佐藤郁哉、ギデオン・クンダ、ジョン・ヴァン－マーネン『組織エスノグラフィー』有斐閣、二〇一〇年、iii頁。

4――この説明については、次の文献を引用している。ジョン・ヴァン＝マーネン（森川渉訳）『フィールドワークの物語―エスノグラフィーの文章作法―』現代書館、一九九九年、九三頁。

5――ミシェル・フーコー（清水徹訳）『作者とは何か？（ミシェル・フーコー文学論集）』哲学書房、一九九〇年。

6――『フィールドワークの物語』、一三三頁。

7――『フィールドワークの物語』、一八〇頁。

第11章 組織と環境

第一節【コマ主題細目①】私たちの認識

第一項 主観―客観次元

第一一章（第一一回）の講義は「組織と環境」についてである。講義を始める前に、第一一回の講義内容の到達地点を確認しておきたい。付録の履修判定指標を確認すると、履修指標八「組織と環境」が第一一回の講義内容と関係している。この履修指標の水準を確認すると、「私たちの認識について、存在論（唯名論―実在論）、認識論（反実証主義―実証主義）、人間性（主意主義―決定論）、方法論（個性記述的―法則定立的）の四つがあったことを理解しておくこと。この中でいわゆる技術決定論（technical determinism）として批判された研究としてウッドワードのサウス・エセックス研究があり、この批判では『技術が組織構造を規定する』という命題（＝発見事実）に対して、技術特性が構造特性を一方的に規定することが断罪されたことを理解しておくこと。しかし、ウッドワードの古典を今一度読み返せば、ウッドワード自身はむしろ構造特性から『目立った技術の特徴』として技術特性を選定しており、それは単なる技術決定論ではなく、ウッドワードが技術によって唯一最善の理論を目指してのことだったということを理解しておくこと」と記載されている。詳しくは、第一一回の講義内容で理解することであるが、このことが到達地点（＝期末試験で問われること）であることを踏まえて、講義にのぞむ。

第一一回の内容は、「組織と環境」である。前回の第一〇章（第一〇回）から第三単元に入っているが、第一一回の内容を理解するために簡単にこれまでの内容を振り返っておきたい。第一一回の内容である「組織と環境」では、組織（＝企業）がどのような環境（＝技術的環境）において最大の生産性を高めることができるのかを理解するものである。それらを組織と技術の関係として理解していく。これまでテイラーの科学的管理法やファヨールの管理過程論などの古典的管理論では、「唯一最善の方法（one best way：ワン・ベスト・ウェイ）」が重視され、科学に裏づけられた技術（＝技術システム）を用いれば、最大の生産性が得られることが謳われてきた。

しかし、よく考えてみると、テイラーの科学的管理法も「科学的管理法が、たまたまテイラーのいた工場において適合していたから生産性が上がったのではないか」とも考えられる。つまり、技術（＝技術システム）のあり方それ自体だけではなく、技術と組織の適合度を見なければ、本来的に科学的管理法は優れた理論であったとは言いがたい。実際、テイラーの科学的管理法は（精神革命を重視していたとしても）他の工場で生産性が上がらない事態が発生していたと、「特別委員会における供述」において報告されている[1]。

このことから、組織と技術の適合度について考えていく研究が一九五〇年代から一九六〇年代に盛んに行われた。どのような技術がどのような組織に合っているのかを実際に調査によって明らかにしていこうとする研究が盛んになった。第一一章（第一一回）の講義で主として取り上げるウッドワードらによる調査は、まさに技術と組

図表11-1　主観-客観次元

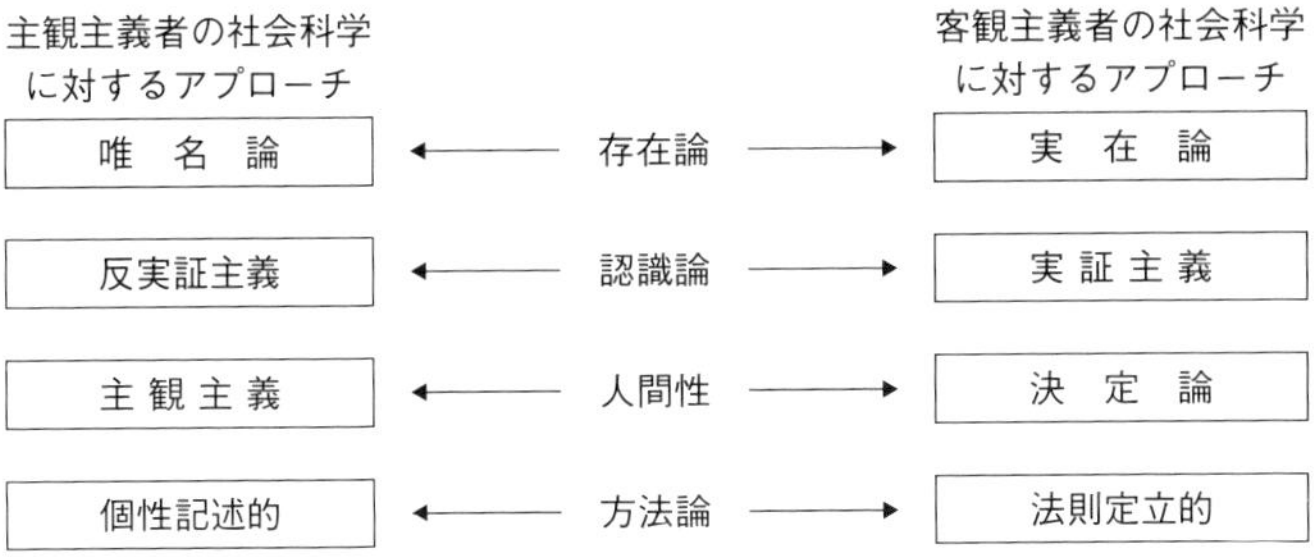

出所）ギブソン・バレル／ガレス・モーガン（鎌田伸一・金井一頼・野中郁次郎訳）『組織理論のパラダイム』千倉書房、1986年、6頁。

織の適合について詳細に明らかにしたものである。このウッドワードの発見事実を基点として、組織のコンティンジェンシー理論（contingency theory）と呼ばれる領域が開花したことも踏まえておく必要がある（ちなみにコンティンジェンシーとは、日本語で「条件適合」を意味し、技術と組織がそれぞれどのような条件で適合していくかを場合分けして考えることを指している）。

ただし、ウッドワードらによる調査は、「技術が組織構造を規定する」という命題を残したことから、それらを技術決定論（technological determinism）と批判する声がある。たしかに、どんな時にも技術が組織構造を規定するのであれば、そう言えるかもしれない。しかし、ウッドワードらが執筆した古典を読み返すと、技術決定論であるという批判が必ずしも的を射ているわけではないことも理解できる。それではなぜ、ウッドワードらは技術決定論として批判されたのか、あるいはなぜ技術決定論という批判が的外れであるのかを第一一章（第一一回）の講義では考えていきたい。

まず、ここでは決定論（＝決めつけること）という考え方について理解しておきたい。決定論について詳しい文献としては、『組織理論のパラダイム』という書物がある。これは世界で最も有名な組織論の教科書と言われている書物である。著者のギブソン・バレルとガレス・モーガンは、私たちの認識や存在に関わる見方が「主観―客観次元」として整理できるとし、それらを次の四つの軸として分類している（図表11-1）。

まず、存在論である。存在論とは、「あるものがどのように存在しているのか」について考えるもので、これらは唯名論と実在論に分けられる。唯名論とは、言葉によって私たちが存在を捉えることで、実在論は存在を言葉で表すことを指している。つまり、言葉が先か、存在が先かを、この二つは示している。言葉が先であるとする唯名論では、「言葉があることによって存在を考えることができる」という前提に立つ。日本語には「肩こり」という言葉があるが、日本人はその言葉によって肩の違和感を感じることができる。しかし、アメリカ人には「肩こり」に該当する言葉としての英語はない。あっても、Back Pain（背中の痛み）などであり、それは「肩こり」とは少し違うものである。したがって、「肩こり」という存在は、日本人に特有の現象であると言える。このように唯名論は、「唯（ただ）、名前による」と書くように、言葉が先にあることによって存在を捉えることができるものになる。反対に、実在論は、「存在をある言葉によって捉えることができる」という前提に立つ。これは私たちが日常的に考えているように、存在を前提としてそれらが言葉によって表現されていると考えることである。いずれにしても、存在論としてはこの二つの種類があるとバレルとモーガンは考えたと言える。

次に、認識論である。認識論とは、「あるものをどのように認識しているのか」について考えるもので、これには実証主義と反実証主義がある。実証主義とは、「実際の現象を証拠（＝データ）に基づいて明らかにすること」であるため、様々なデータを取って来て、それらのデータをもとに現象を明らかにするものである。例えば、「りんごは木から落ちる」という仮説があったとする。たくさんのりんごがなっている木の前に行って、数時間そこで観察をして、実際にりんごが木から落ちるかどうかを動画撮影する。そこで実際にりんごが落ちれば、その動画（＝データ）とともに、仮説を検証したことになる。このように、実証主義では仮説検証型の研究が行われる。反対に、反実証主義では「実際の現象を証拠（＝データ）に基づいて明らかにせず、自分の意見でもって示していくこと」が目指される。これはどちらかと言えば、新たな仮説をつくり上げる時に役立つため、仮説構築型の研究に多く利用される。例えば、「りんごは木から落ちる」という仮説が支持された場合に、反実証主義では

「りんごは木から落ちない（むしろ、地球がりんごを引っ張っていると言える）」という別の仮説を立てて、それを主張していくなどである（ニュートンの万有引力が、これに該当する）。実際に、木から落ちないりんごもある。

そして、方法論である。方法論とは、「ある方法を選択する時に、その方法がどのような前提に基づいているか」について考えるものである。法則定立的とは、実証主義のように、複数あるものの規則性について調べていくことを意味している。「すべてのりんごが落ちる」という仮説に基づいてそれを検証するのが法則定立である。だが、なかには落ちないりんごもある。この落ちないりんごを一つ発見しただけでも、「りんごは木から落ちる」という仮説を棄却する（＝捨て去る）ことができる。したがって、個性記述的とは、反実証主義のように一つのりんご、一人の個人、一つの企業、一つの社会について、その特徴を厚く記述していくことによって法則性を打ち壊す働きがある。

第二項　主意主義と決定論

ここまで存在論、認識論、方法論についてそれぞれを主観主義と客観主義と対峙させて考えてきた。実は、「組織と環境」というテーマを考えるうえで最も重要であるのが、これから説明する人間性についての見方である主意主義（voluntarism）と決定論（determinism）である。

主意主義とは、私たちの意識が外界に対して優位性をもつと仮定する立場になる。外界の出来事は、通常私たちにとって予測できないものである。いつ雨が降るか、いつ交通事故が起きるのか、いつ事件が起きるのかなど、それらを正確に予測できる人はなかなかいない。しかし、私たちはそれらを予測できると仮定して、降水確率、交通事故発生確率、犯罪確率などを求めて、それらに対処しようとする。このように主意主義とは、外界に対して意識の優位性（＝自由意志）を仮定することによって、その意識の働きを考える立場のことを指している。

それに対して決定論とは、外界での出来事によって私たちの振る舞いはすべて決定されているものだと仮定する立場になる。いくら降水確率、交通事故発生確率、犯罪確率を求めたところで、私たちは天気、交通事故、犯罪などの外界での出来事に左右されてしまうというのが決定論的な見方である。しかし、この決定論では、私たちの意識の優位性は認められないために、「いくら私たちが頑張ったところで外界（＝世界）を変えることはできない」という悲観的な帰結をもたらす。何をやっても外界を変えることができないと言われたら、私たちが外界に対して考えていることのすべてが無駄に終わってしまい、途方に暮れることになってしまう。外界について考えることも、工夫することも、何かアクションを取ることもすべて無駄なように思えてしまう。

これを経営学的に考えてみると、組織体（＝企業）がどのように外部環境に立ち向かうべきかを考えるのが経営組織論や経営管理論という領域であるが、もし外部環境によってすべて決定されると考えるのであれば、そうした学術的な知見はすべて無駄になってしまう。というのも、仮に企業があらゆる手立てを駆使して激しい外部環境に対応しようとしたとしても、それが市場などの外部環境によってすべて決まってくるのであれば、ほとんど意味がなくなってしまうからである。売上を上げて、利益を上げて、企業を成長させようとしたとしても、どういう市場が形成されているのかによって企業の命運が決定されるのであれば、企業は途方に暮れてしまう。

第二節 【コマ主題細目②】技術決定論としてのサウス・エセックス研究

第一項 サウス・エセックス研究

実は、経営組織論あるいは経営管理論と呼ばれるものの中でも、のちに決定論と断罪される研究があった。それがジョン・ウッドワードによる「サウス・エセックス研究」である。冒頭で述べたように、一九五〇年代から一九六〇年代では古典的管理論に代表される「唯一最善の方法（one best way）」を否定し、技術だけではなく組織と技術の関係を明らかにする研究が行われていた。その嚆矢《こうし》（「始まり」の意味）となったサウス・エセックス研究は、一九五〇年代にサウス・イースト・エセックス工科大学にて行われたウッドワードを中心とした研究グループによるものである。彼女らは、一九五三年から調査プロジェクトを組み、サウス・エセックス地域の従業員数一〇〇名以上の製造業一〇〇社を対象に調査を行った。そこで明らかになったのが、企業の技術的環境である生産システム（＝技術特性）が組織構造（＝構造特性）に少なからず影響を与えるということであった。これは簡単に言えば、「その工場で使われている機械が、人々がどのように集団で作業するのかという意味での組織のかたちに影響を与える」ということになる。このことをウッドワードは「技術は組織構造を規定する」という命題として発表した。

その後、ウッドワードらは続く調査も行っていくのだが、このようなウッドワードらの調査結果はいわゆる技術決定論としてのちに批判されてしまった。なぜなら、企業の技術的環境である生産システム（＝技術特性）ですべて説明できてしまうのであれば、組織構造（＝構造特性）がどのようなものであれ、生産性は高くなる（低くなる）からである。

しかし、実際はそうとは限らない。なぜなら、そこで働く人々がどのような人なのか（＝組織）も当然関わってくる問題だからである。しかし、ウッドワードはそのことも当然ながら分かっていて、あえて「技術は組織構造を規定する」と主張していたと言われている。なぜ、わざわざウッドワードは技術決定論として断罪される調査を行い、その後にその種明かしとなる告白を行ったのか。ここからは、このような少々不思議な研究について見ていきたい。

まず、ウッドワードの「サウス・エセックス研究」は、もともとサウス・イースト・エセックス工科大学で人

図表11-2　ライン組織とライン・スタッフ組織

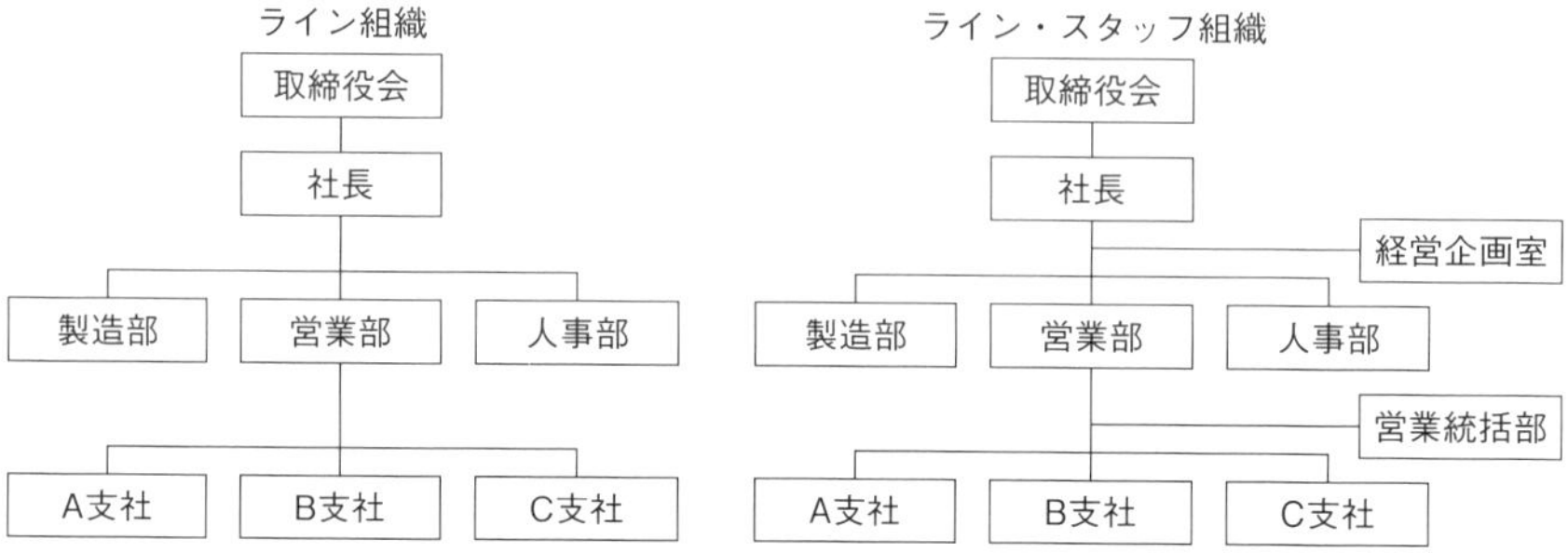

間関係調査研究グループのプロジェクトとしてスタートした。この研究プロジェクトでは、まず先に述べた製造業一〇〇社を対象にそれらの企業がどのような歴史、目的、製造工程、製造方法、管理方式、業績を有しているかについて調査を行っていった。この研究について述べられている文献では、次のように説明されている。「研究員たちは最終的に、対象企業がどのように組織化され運営されているかだけでなく、どのような組織形態が経営管理の効率化や営業成績と結びついているかを明らかにしようとした。また、各企業の所属産業内のポジションも考慮した。つまり、その企業の生産量が産業全体の何パーセントを占めるか新市場を獲得するのに成功したかに着目した。さらに、五年間にわたる年報や財務諸表を検討して、利潤や拡張計画に投下した資本額を調べた。」[2]

その後、ウッドワードらは、これらの企業がいわゆる古典的管理論において示されたような組織構造をどのように採用しているかを調査した。その結果、三つの組織構造に分類できることが分かった。一つ目がライン組織である(図表11-2)。ライン組織とは、いわゆるトップ・ダウン型の組織のことで、上から下まで一つの指揮命令系統によって結ばれている組織のことである。二つ目に、ファンクショナル組織である。これは別名・機能別組織とも呼ばれるもので、それぞれの職能(=仕事内容)に応じて監督者と従業員が配置される組織のことである。三つ目に、ライン・スタッフ組織である。これは前者二つを統合した組織のことで、上から下への指揮命令系統を崩さずにそれぞれの職能部門へと指示を伝える組織のことである。

以上をまとめたのちに、ウッドワードらは、これらがさらに大きく二つに分類できることを示した。一つが「機械的な体制（トップ・ダウン）」で、責任と権限を明確にし、いわゆる垂直的な統制を行うものである。もう一つが「有機的な体制（ボトム・アップ）」で、責任や権限ではなく協議を行うことによって水平的な調整を行うものである。しかし、このような分類を行うもウッドワードらは、先に挙げた歴史、目的、製造工程、製造方法、管理方式、業績と組織構造については明確な関係は見られなかったと結論づけた。つまり、ここまでの調査によって何か明確な発見があったかと言えば特に主張できる発見事実はなかったと結論づけたのである。

しかし、企業の生産システムと組織構造の関係を見ていくと、思いもよらない結果が明らかになった。まず、ウッドワードらは生産システムを次のような技術特性として分類した。一つ目が、「単品生産および小規模なバッチ生産」である。これは企業がある取引の生産方式において一つ一つの製品について個別に生産する方式を意味しており、バッチ生産とは同じような製品であればまとめて生産する方式のことを指している。

二つ目に、「大規模なバッチ生産および大量生産」である。これは一つ一つを受注生産するのではなく、同じような注文であれば大量にまとめて生産する「大規模なバッチ生産」と通常の大量生産を同時に行っていく生産方式のことを指している。大量生産を行っていくため単品生産とは違っている。

三つ目に、「装置生産（連続工程生産）」である。これは化学薬品や液体薬品などの特殊な製品を生産する場合に使用する生産方式のことを指している。これは装置生産とか連続工程生産とかと呼ばれるもので、大量生産とは似ているものの、化学薬品や液体薬品などの連続的に流れる製品によく利用される生産システムのことを指している。以上の三つの生産システムが技術特性として考えられた。このようにウッドワードは製造業一〇〇社が三つの生産システムに分類できること、そしてそれらの生産システムはそれぞれ異なることをまずは示したのである。

このような生産システムについての技術特性に対して分かったのは、次の二つの事実であった。第一に、組織構造の構造特性として挙げていた、命令系統の長さ、最高責任者の統制範囲、管理監督者の比率などは以上の技術特性と比例関係にあった。つまり、命令系統が長いこと、最高責任者の統制範囲が広いこと、管理監督者の比率の多さが「単品生産および小規模なバッチ生産」から「装置生産（連続工程生産）」に移り変わるほど、多くなっていることだった。これは技術特性がより複雑になるほど、命令系統が長くなり、最高責任者の統制範囲が広くなり、管理監督者の比率が多くなることを意味している。

第二に、他の構造特性として挙げられていた、第一線監督者の統制範囲の広さ、有機的組織体制の多さ、コミュニケーションの多さなどは、「単品生産および小規模なバッチ生産」と「装置生産」では多くなるものの、「大規模なバッチ生産および大量生産」では低くなることが分かった。つまり、「単品・バッチ生産」と「装置生産（連続工程生産）」では第一線監督者の統制範囲が広くなり、有機的組織体制になり、コミュニケーションが多くなることが分かったものの、「大規模なバッチ生産および大量生産」ではどちらかと言えば機械的組織体制に近いものとなった。以上をまとめると、次のようになる。

一　技術特性が複雑になるほど（「単品生産および小規模なバッチ生産」から「装置生産（連続工程生産）」へ移行するほど）、命令系統は長くなり、最高責任者の統制範囲は広くなり、管理監督者の比率が多くなるという発見事実である。つまり、技術特性が複雑になればなるほど、命令・管理の割合が強くなる。

二　技術特性の両端である「単品生産および小規模なバッチ生産」と「装置生産」では、第一線監督者の統制範囲が広くなり、有機的な組織体制となり、コミュニケーションが多くなるという発見事実である。つまり、技術特性の両端については有機的組織（ボトム・アップ）になるが真ん中では機械的組織（トップ・ダウン）になる。

図表11-3　技術特性と構造特性の関係

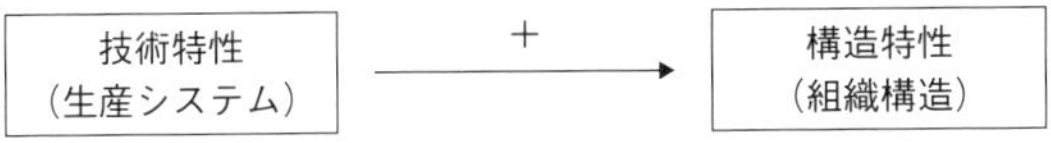

第二項　技術決定論という批判

ウッドワードらは、以上の調査によって「技術は組織構造を規定する」という有名な命題を残した。彼女らが明らかにしたように、企業が持つ生産システム（＝技術特性）によって組織構造（＝構造特性）が変化するのであれば、それは技術の役割がより重要になるということを意味している。しかし、第一節で述べたように、ウッドワードらの発見事実は、技術が組織構造を規定するという技術決定論であるとも批判されてきた。このことは、次のように言われている。「ウッドワードが大きな批判にさらされるところとなったのはその『技術による強制』命題、即ち、技術決定論(technological determinism)という批判であった。特に経営者の戦略的選択の可能性や政治的過程が無視されていた点で大きな限界を有することが明らかにされたのである。」[3]

ここで言われている「経営者の戦略的選択の可能性」や「政治的過程」とは、つまり経営者が何を、どのように選択したとしてもすべてが技術によって説明されてしまうのであれば技術決定論であるということであり、かつ組織内政治（＝組織内協議）によって様々なことが決められることがあったとしても同じようにすべてが技術によって説明されてしまうのであれば技術決定論であるということを意味している。いずれにしても、ウッドワードは、「技術は組織構造を規定する」という非常に明瞭な命題を残したことで、かえって批判の的に成り下がってしまった。この技術特性と構造特性の図式を示すと、**図表11－3**のように表現できる。

第三節【コマ主題細目③】主意主義としてのサウス・エセックス研究

第一項　サウス・エセックス研究は本当に技術決定論だったのか

ウッドワードらのサウス・エセックス研究は、長らくの間、技術決定論として断罪されてきた。しかし、今一度、彼女らが執筆した古典を読むと、必ずしも彼女らのサウス・エセックス研究が技術決定論ではないことが分かる。というのも、サウス・エセックス研究の続編として行っていた「インペリアル・カレッジ研究」をまとめた『技術と組織行動』では、むしろ技術特性は半ば恣意的（＝主意主義的）に技術特性を彼女が設定し、その技術特性に従う形で発見事実をまとめていたことが告白されている。つまり、ウッドワードは技術決定論だと言われることを分かったうえで、このような調査結果を残したということである。なぜ彼女は、このような恣意的（＝主意主義的）な操作化を行っていたのか。このことを考えなければならない。

そもそも、「技術は組織構造を規定する」のであれば、技術特性と構造特性は互いに独立である必要がある。互いに独立しているからこそ、技術特性が構造特性を規定しているということが言えるからである。しかし、ウッドワードの技術特性は必ずしも構造特性と独立してはいなかった。むしろ、組織構造に影響を与える「目立った技術の特徴」を取り出しており、それが結果的に構造特性に影響を与えたというトートロジカル（＝同語反復的）な説明を行っていた。つまり、構造特性に影響を与えそうな技術特性を規定して、その技術特性から構造特性を規定するという「トートロジカルな技術変数の定義」を行っていた（図表11－4）。

ウッドワード研究に精通する松嶋登は、このことを次のように説明している。「つまり、目立った技術の特徴

図表11-4　トートロジカルな技術変数の定義

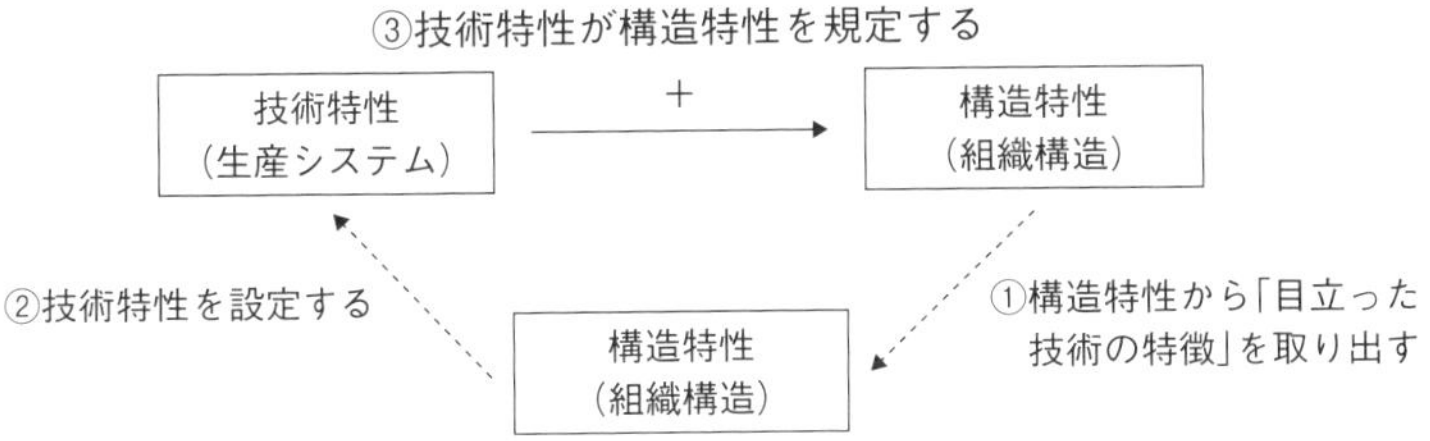

は、組織の構造や管理方法に反映され、その反対に組織の構造や管理方法に反応するのが、技術の目立った特性となるトートロジーである。このトートロジーによって、ウッドワードたちの研究の意義が損なわれるというわけではないが、彼女らの技術変数は、組織構造に影響を与えるであろう生産システムに関連する技術特性を、仮説的に抽出したものであったことに留意しなければならない。」[4]

さらに、このことはサウス・エセックス研究においてウッドワードとともに調査を行っていた共同研究者からも指摘されていた事実であった。彼らによれば、ウッドワードはもともと技術特性を定義する際にそこまで厳密に行っておらず、「目立った技術の特徴」のように「大ざっぱ」な生産システムの技術特性だけを見て、それらが構造特性にどれくらい影響しているのかを調査していた。「つまりウッドワードは、企業をその生産システムに応じて、次の三つに大別したのである。すなわち、第一番目が、単品生産と小規模バッチ生産、第二番目が大規模バッチ生産と大量生産、そして第三番目がフロータイプの連続生産ないし装置生産である。だがウッドワードは、当初の、そのような分類法について、確かにそれは、その後の研究の基盤となり得る仮説を裏付けるという目的にはかなうかもしれないが、それをもって企業組織の比較分析の基盤とするには大ざっぱすぎるという結論を下した。事実、サウス・エセックス調査の仮説自体の適切なテストが可能になる以前にすでに、技術変数を分類し、かつ、ある生産システムと別な生産システムとを関連づけるための、より適切な手段を見つけ出す必要のあることが明らかになったのである。」[5]

第二項　ウッドワードの告白

以上から、ウッドワードの技術特性の設定（＝技術変数の測定）は、構造特性とは互いに独立したものを設定した技術決定論ではなく、むしろ構造特性をふんだんに反映させて設定された主意主義的なものであったと言える。しかし、ここで重要なことは、ウッドワードはなぜこのように「目立った技術の特徴」を取り出し、「大ざっぱ」ながらも「技術は組織構造を規定する」と言う必要があったのかという問題である。ウッドワードは、むしろ技術に徹底的にこだわることによって、テイラーやファヨールなどの古典学派が目指した「唯一最善の方法」としての経営管理原則を導き出そうとしていた。しかし、それが人間的な管理についてではなく、どちらかと言えば環境に注目したものであったため、それが環境決定論と誤解されて、感情的な反発を招いたのだと回顧している。次のような説明である。「サウス・エセックスにおける調査の主要な結論は、結局、同じ原則でも、状況が違えば、いろいろ違った結果をもたらす可能性がある、ということであって、一般に認めてもらうには発表が早過ぎ、表現が粗雑に過ぎたが、この当時でも、経営学分野の教育や調査に携わっている人々の多くが、すでにその考え方の基礎に据えていた、ある真理の経験的な証明に過ぎなかった。人々があんなに神経質にならずに冷静であったなら、経営管理原則を完全に捨て去るなどはもってのほかで、調査結果のもっとも重要な要素は、こういう原則が、ある特定の技術領域で企業の業績と積極的に結びついているのを確証することにあったのがわかったであろう。（中略）古典学派の流れをくむ人びとのすべてと同じように、テイラーの研究でも、適応のプロセスの方が法則そのものよりも重要である。」〔6〕

つまり、ウッドワードがあえて主意主義的な技術特性（＝技術変数）の設定を行ったのは、「技術が組織構造を規定する」という命題を残すことによって、テイラーやファヨールなどの古典学派に代わって、新たな唯一最善の方法を導き出そうとする「学問上の掛け声」を上げようとしたからである。その主張を、批判を覚悟で、あえて行うことによってウッドワードは、古典学派とは異なる最上級の経営管理原則の構築に乗り出そうとした。最後にウッドワードが残した一般法則についての説明を記しておきたい。「調査が、技術と組織行動の一般法則にアプローチする何かを生み出した、と言うつもりはない。これは、技術を規定し数量的に測ることのむずかしさから、実際問題としてできなかった。しかしながら、この調査では、まさに次のことを提唱した。（中略）すなわち、経営管理機能の遂行に欠くことのできない技術は、いくつかの製造環境で見た組織機構や行動の差異と因果必然的に結びついている、ということである。」[7]第一一章（第一一回）の講義は、ここまでとする。

註

1——この説明については、次の文献を引用している。F・W・テーラー（上野陽一訳）『科学的管理法〈新版〉』産業能率大学出版部、一九六九年、三三七～五四一頁。
2——この説明については、次の文献を引用している。経営学史学会監修・岸田民樹編『経営学史学会叢書Ⅷ　ウッドワード』文眞堂、二〇一二年、三七～三八頁。
3——『経営学史学会叢書Ⅷ　ウッドワード』、二五～二六頁。
4——この説明については、次の文献を引用している。松嶋登『現場の情報化—ＩＴ利用実践の組織論的研究—』有斐閣、二〇一五年、六〇頁。
5——この説明については、次の文献を引用している。ジョン・ウッドワード（都築栄・宮城浩祐・風間禎三郎訳）『技術と組織行動』日本能率協会、一九七一年、二三～二四頁。
6——この説明については、次の文献を引用している。ジョン・ウッドワード（矢島鈞次・中村壽雄訳）『新しい企業組織—原点回帰の経営学—』日本能率協会、一九七〇年、二九六～二九七頁。
7——『新しい企業組織』、二九七頁。

第12章 意思決定

第一節【コマ主題細目①】サイモンの経歴とバーナードとの関係

第一項 サイモンの経歴

第一二章（第一二回）の講義は「意思決定」についてである。講義を始める前に、第一二回の講義内容の到達地点を確認しておきたい。付録の履修判定指標を確認すると、履修指標九の「意思決定」が第一二回の講義内容と関係している。この履修指標の水準を確認すると、「サイモンがバーナードに影響を受けながら自らの意思決定論を練り上げたことを理解しておくこと。特にそれは組織均衡論と呼ばれる理論に現れている。また、サイモンは新古典派経済学において人間があらかじめすべての代替案を与えられており、その中から最適解を選ぶという完全合理的な意思決定を批判したことを理解しておくこと。それは実際に企業に所属している経営者や管理者が意思決定を行う場合にあらかじめ代替案が与えられていることは少なく、限られた認知、知識、学習能力において限定合理的な意思決定を行っていることとしてまとめることができる。そのうえでサイモンが経営者の意思決定はすべてが限定合理的なのではなく、プログラム化しうる完全な意思決定とプログラム化しえない満足な意思決定があると分類していたことを理解しておくこと」と記載されている。詳しくは、第一二回の講義内容で理解することであるが、このことが到達地点（＝期末試験で問われること）であることを踏まえて、講義にのぞむ。

第一二回の内容は、「意思決定」である。第一二回の講義では、ハーバート・サイモンの意思決定論（decision making）を中心に理解する。サイモンは、もともと人工知能（ＡＩ：Artificial Intelligence）やコンピュータ・サイエンスなどの領域に精通した学者で、政治学、認知心理学、経済学、情報科学など、幅広い知識を持ち合わせた学者であった。特に、意思決定については、その功績から一九七八年にノーベル経済学賞を受賞しており、もともと新古典派経済学で仮定されていた意思決定の議論を再検討し、それに変わる意思決定の理論を生み出した点に功績が認められている。

それは、新古典派経済学において前提となっていた完全合理的な意思決定についての批判で、新古典派経済学では人間が「全知全能」の立場においてすべての代替案を吟味し、そのうえで最適な代替案を決定することができるという「経済人」モデルが置かれていた。しかし、サイモンは、人間とは「全知全能」の神ではなく、むしろ限定合理性（bounded rationality）の中で満足な代替案を決定しているという「経営人」であるとした。それでは、このような満足な意思決定とは、一体どのようなものなのか。第一二章（第一二回）の内容では、この新古典派経済学の批判の上に成り立っている意思決定のあり方について理解する。

まず、サイモンの経歴について簡単に確認しておきたい[1]。サイモンは一九一六年、アメリカのミルウォーキー市にて、設計技師であった父アーサー・サイモンとエドナ・サイモンとの間に生まれた。勉学に励んだサイモンは、シカゴ大学政治学科を卒業後、地元であるミルウォーキー市の行政部門に携わり、その後、カリフォルニア大学バークレー校で公共組織の行政調査プロジェクトに従事した。

そして、イリノイ工科大学教授を経て、カーネギー工科大学（現在のカーネギーメロン大学）教授に就任している。カーネギーメロン大学と言えば、サイモンを筆頭として限定合理性に関する研究者が多数所属している大学で、経営学分野では大変有名な大学である。その後、複数の大学・学部学科の創設に携わったサイモンは、長らくコンピュータに関する研究に従事した。そのベースとなったのは、統計学や認知心理学のみならず、この講義において多くふれる新古典派経済学などの社会科学分野であった。サイモンは、並外れた努力と知性によって大変学際的に研究を行った人物であり、単に経済学のみに限定した研究ではなく、隣接領域についても大変詳しかったためノーベル経済学賞を受賞した。

このようなサイモンの業績は、簡単に言えば、意思決定についての理論的限界を指摘したうえで、より実践に近い意思決定の方法を理論化したことであった。詳しくは後述するように新古典派経済学では主に理論的な人間モデルとして、あらゆる代替案の中から最適なものを選択できるという「経済人」が想定されていた。しかし、サイモンはそれを理論上可能かもしれないが、実践的には難しいと考えた。

つまり、普通の人間は、あらゆる代替案が揃っているわけではなく、実際には限られた知識、能力、時間などを踏まえたうえで意思決定を行っており、したがって新古典派経済学が想定する意思決定は難しいというものである。実はこのような研究テーマは、サイモンがシカゴ大学の博士論文をベースにまとめた『経営行動』や『意思決定の科学』などで深く研究がなされており、その後認知科学（cognitive science）という一大領域を誕生させることになった。

第二項　バーナードとの関係―組織均衡論

サイモンは、著書においても自らの議論はバーナードの『経営者の役割』に多分に影響を受けていることを明らかにしている。サイモンの『経営行動』では、バーナードに対する謝辞として、次の文章が記されている。「故チェスター・バーナード（Chester I. Barnard）には特に恩義を感じている。一つに、彼の著書The Functions of the Executive（『新訳　経営者の役割』ダイヤモンド社刊）は、私の経営についての考えに多大なる影響を与えてくれたこと。二つ目に、彼は本書の予備版に対して、非常に入念な批判を与えてくれたこと。そして、最後に彼が書いてくれた初版のはしがきに対してである。」[2]

サイモンの著書において特にバーナードの影響が垣間見えるのは、組織均衡論についてである[3]。組織均衡論では、主にバーナードの誘因と貢献の考えをもとに組織がいかに存続していくかを議論したものである。バーナードが述べたように、組織は、個人の組織参加を求めるために個人の貢献を引き出す必要がある。しかし、組織は個人の貢献を引き出すために横暴な管理をすればよいかと言えば、決してそうではない。個人が誘因を得られるように、様々なインセンティブを与えながら個人の貢献を引き出さなければならない。このインセンティブには、給与や賞与（＝ボーナス）といった経済的インセンティブだけではなく、目標の達成に関わる組織的インセンティブや人間関係を重視する社会的インセンティブなどがある。そのようにして、個人が貢献するようになれば組織はその貢献を梃子《てこ》にして存続していくことができる。つまり、組織の存続は、個人の誘因が貢献と等しくなるか、もしくはそれよりも大きくなる時に可能になる（誘因≧貢献）。これはまさに、バーナード理論において示されたことと同じものである。

もう一つバーナード理論との関係が見られるのは、有効性と能率についてである。バーナードが述べたように、有効性とは目標の達成度、能率とは満足度を示している。さらに組織にとっての有効性と能率、個人にとっての有効性と能率がある。組織は組織にとっての目標を達成しなければならないが、それと個人の目標が一致していない場合には個人は非能率を感じてしまう。そこで、組織は組織目標と個人目標を一致させることによって組織にとっても個人にとっても能率的な状態をつくり出す。仮に組織が「永続的な発展を目指す」という組織目標を掲げたとして、個人もその目標に近いものを持っていたとする。そうすると、組織目標と個人目標は一致するため、個人は個人目標を通して組織目標を達成しやすい。そして、この目標達成によって組織と個人は有効的になり、それがひいては組織と個人にとって能率的なものとなる。以上のように、組織は組織だけのことを考えていればいいわけではなく、個人との均衡を保つ必要がある。このことをサイモンは、バーナード理論を使って組織均衡論としてまとめている。

第二節【コマ主題細目②】合理性と原理

第一項 完全合理性と限定合理性

ここからは、新古典派経済学における完全合理性と最適化原理、そしてサイモンが提示した限定合理性と満足化原理について、それぞれ確認していきたい（図表12−1）。新古典派経済学では、これまでに説明したようにあらゆる代替案をあらかじめ与えられた状態を仮定し、そのうえで完全に合理的な意思決定を行うことを前提としていた。この場合、あらゆる代替案の中から最適な意思決定ができるという考えが生まれる。これが最適化原理である。しかし、サイモンはこのような新古典派経済学の議論を批判したうえで、実際には限定された合理性において満足な意思決定を行うしかないと言っている。これが満足化原理である。そのため、ここからはそれぞれ

図表12-1　新古典派経済学と経営学の相違点

	新古典派経済学	経営学
合理性	完全合理性	限定合理性
人間仮説	経済人	経営人
原理	最適化原理	満足化原理

二つの合理性と二つの原理について比較してみたい。

もともと新古典派経済学においては、意思決定を行う人間には、あらかじめすべての代替案が与えられており、それらを比較可能な状態にあることが前提となっている。そして、その人間はすべての代替案を吟味し、最適な代替案を決定する(=選択する)という状態が仮定されている。このような最適な代替案を決定する(=選択する)ことを「最適化」と呼ぶ。最適化とは、最も優れたものを決定する(=選択する)ことであるが、ここではそれ以前の前提として、すべての代替案が私たちのもとに与えられていることが仮定されている。このように、私たちのもとにすべての代替案が与えられ、完全に合理的な意思決定が可能になることを「完全合理性」と呼ぶ。新古典派経済学では、このような完全合理性に基づく意思決定を行う人間が仮定されており、サイモンはこの人間のことを「経済人(economic man)」と呼んでいる。しかし、実際の企業に所属している経営者や管理者が意思決定を行う場合に、あらかじめすべての代替案が与えられていることはない。むしろ、限られた認知、知識、学習能力のうえで、代替案を探索し、その中からその時点で都合の良いものを決定する(=選択する)ことを行っている。サイモンは、このことを「満足化」と呼ぶ。満足化は、最適化とは異なり、限られた条件において意思決定をしなければならないという意味において「限定合理性」に基づくものである。サイモンは、このような限定合理性に基づく意思決定を行う人間のことを「経営人(administrative man)」と呼んでいる。

第二項　最適化原理と満足化原理

新古典派経済学の分野で想定されている「経済人」は、すべての代替案の中から最適な代替案を決定する(=選択する)という「最適化原理(optimizing principle)」に基づくことが仮定されている。この最適化原理に基づくと、最適基準を満たさなければ代替案は採用されないことになる。ケーキについての商品開発を行う場合、すべてのケーキについての情報が与えられるとして、この情報の中から最適なケーキを決定する(=選択する)際の基準(=最適基準)が必要になる。しかし、最適基準を満たさなければ(=どのケーキもあまり美味しそうなものではない場合には)、ケーキについての商品開発は行われない。これが最適化原理である。

もちろん、最適化原理にしたがう「経済人」のような経営者や管理者はいるかもしれない。しかし、実際の経営現場において、考えられるすべての代替案が与えられており、それについて最適基準を設け、そこから最適な代替案を選択するという状況はなかなかないと言える。むしろ、経営者や管理者は代替案を与えられるのではなく、自分から探索しなければならない。したがって、「経営者は、その探求され、発見された少数の枠のなかから実行のために選択をおこなうのである。そして経営者の選択は『最適化原理』ではなくて、『満足化原理』(satisficing principle)にしたがっておこなわれる。すなわち、現実の経営者は、探求した代替案のなかに一定の満足基準を満たすものがあれば、それを、実行するために選択するのである。満足か否かは、代替案が満足基準(criteria of satisfaction)を満たしているか否かによって判断される。」[4]

このように完全合理性と限定合理性、最適化原理と満足化原理は、それぞれ対応する関係にあり、かつサイモンは実際の経営現場における意思決定(あるいは、日常生活においてなされる多くの意思決定)は、新古典派経済学が想定しているような意思決定ではないことを指摘した。つまり、完全合理性を前提とする「経済人」の想定では、すべての代替案が与えられる状態で、そこから最適な代替案を決定するというものであるが、限定合理性を前提とする「経営人」は限られた代替案しか探索することができず、そこから満足な代替案を決定している。

第三節【コマ主題細目③】経営者の意思決定

第一項 プログラム化しうる意思決定とプログラム化しえない意思決定

とはいえ、経営者の意思決定は、すべて満足化原理によって行われているというわけでもない。現代においては、あらゆる情報技術が進歩しており、人間には到底不可能な高度な計算や演習などをコンピュータで行うこともできるからである。したがってサイモンは、経営者の意思決定を最適な意思決定(=プログラム化しうる意思決定)と満足な意思決定(=プログラム化しえない意思決定)に分類し、経営者は二つの種類の意思決定を場面に応じて使い分けながら、日々の経営活動を行っているとする。ここからは、この使い分けについて考えてみたい。

サイモンは、経営者や管理者がプログラム化しうる意思決定とプログラム化しえない意思決定のそれぞれは一つの連続体であり、それは一方で高度にプログラム化しうるものがあり、他方で高度にプログラム化しえないものがあると説明している(図表12－2)。ここで連続体であるというのは、両者の意思決定が一つの数直線の上にあるものとして考えることができ、それらが濃淡で分けられるものと考えられる。サイモンは、次のように言っている。「このように命名したあとただちに両者は必ずしも現実にはっきりと区別しうるものではなく、むしろ一方の極に高度にプログラム化しうる意思決定をおき、他方の極に高度にプログラム化しえない意思決定がおかれた、いわば一つの連続体であるということを付け加えておかなければならない。我々はすべての意思決定を、連続体にそってのびる灰色の濃淡とみなすことができる。そして私の場合、プログラム化しうるプログラム化しえないという用語を、たんにその領域の黒の部分と白の部分とを表す名称として用いているに過ぎないのであ

図表12-2　意思決定の種類と意思決定技術

意思決定の種類	意思決定技術	
	伝統的	現代的
プログラム化しうるもの： 日常的反復的決定 （これらを処理するために特別な処理規定が定められる）	(1) 習慣 (2) 事務上の慣例： 標準的な処理手続き (3) 組織構造： 共通の期待 下位目標の体系 明確な情報網	(1) オペレーションズ・リサーチ： 数学解析 モデル コンピュータ・シミュレーション (2) 電子計算機によるデータ処理
プログラム化しえないもの： 一度きりの構造化しにくい例外的な方針決定 （これらは一般的な問題解決過程によって処理される）	(1) 判断、直観、創造力 (2) 目の子算 (3) 経営者の選抜と訓練	発見的問題解決法 （これは以下のものに適用される） (a) 人間という意思決定者への訓練 (b) 発見的なコンピュータ・プログラムの作成

出所）ハーバート・A・サイモン（稲葉元吉・倉井武夫訳）『意思決定の科学』産業能率大学出版部、1979年、66頁。

る。」[5]

そのうえでサイモンは、何をプログラム化しうるのか、しえないのかという問題については、それが反復的なものであり、常規的であるほど、プログラム化しやすいと考えられると言っている。常規的とは、標準的という意味である。つまり、繰り返すことが可能で、それが多くの人々にとって使えるものであれば、プログラム化しやすい。

反対に、稀にしか起きないもので、かつ個人の経験に従うものがあれば、それはプログラム化が難しいとサイモンは言っている。プログラム化するとは、手順を決めて、それに従って行うことを指しているため、いつ起きるか分からないものや起きても他の人々に分からないものであれば、プログラム化しにくい。

以上を踏まえてサイモンは、次のように意思決定における伝統的技術と現代的技術を分類できると言っている。特に、プログラム化しえないもので、現代的な技術が用いられるものは、「発見的なコンピュータ・プログラムの作成」が行われる。発見的とは、これまでにはない方法でという意味で、追加的なという意味合いを持つものとここでは考えることができる。

第二項　経営者の意思決定とは時間との闘いである

さて、今一度サイモンの意思決定について考えてみた場合、彼はどのように経営者の意思決定を論じていたのかを考えてみたい。その要諦となるのは、〈時間〉の扱い方である。最適化原理においては、実は〈時間〉ということについてあまり触れられていないように思える。最適化原理では、あらゆる代替案が与えられている場合が少なからず想定され、代替案を選択する人物はあらゆる代替案について検討してから「何を選ぶか」を意思決定が可能という考え方である。

しかし、実際の経営現象においては時間的に限られているため、すべての代替案を与えられるということはほとんどない。あらゆる代替案を探す〈時間〉も実際にはなく、それらの〈時間〉をあえて取るということもない。したがって、サイモンという人は、意思決定について〈時間〉が関係していることを理論化したとも言える。

そのうえで満足化原理では、限られた代替案を選択するわけであるが、その代替案は「必要な代替案を選ぶ」というよりも「不要な代替案を捨てる」ことが行われていると言える。決定するということは、「何を考えないか」を決定するということである。これは「何を考えないか」を決定するということが、決定の前に行われていることを意味する。「何を考えないか」を決定したあとに、「何を考えるか」を決定するからである。ということは、決定の前に決定がある、ということが分かる。重要な決定を行うために、人間は「何を考えないか」を決めており、それから「何を考えるか」を決定しているということになる。つまり、サイモンは、「人間は考えないことを決めてから考えることを決めている」という風に、段階的に行われる意思決定を明らかにしたと言える。これは「決定の前の決定」である。

そうすると、意思決定を行う人間は、選ぶ人ではなく、むしろ捨てる人である。経営者は「必要な代替案を選ぶ」のがうまい人というよりも、「不要な代替案を捨てる」ことがうまい人である。捨てるのがうまいからこそ、迅速な意思決定が可能になる、それが経営者の意思決定の本質である。第一二章（第一二回）の講義は、ここまでとする。

註

1――サイモンの経歴については、次の文献を参考にしている。ハーバート・A・サイモン（安西祐一郎・安西徳子訳）『学者人生のモデル』岩波書店、一九九八年。

2――この説明については、次の文献を引用している。ハーバート・A・サイモン（二村敏子・桑田耕太郎・高尾義明・西脇暢子・高柳美香訳）『経営行動―経営組織における意思決定過程の研究―』ダイヤモンド社、二〇〇九年、xvii頁。

3――『経営行動』、二二一～二七六頁。

4――この説明については、次の文献を引用している。占部都美『新訂　経営管理論』白桃書房、一九八四年、一二七頁。

5――この説明については、次の文献を引用している。ハーバート・A・サイモン（稲葉元吉・倉井武夫訳）『意思決定の科学』産業能率大学出版部、一九七九年、六二～六三頁。

第13章 経営と戦略

第一節 【コマ主題細目①】企業戦略論

第一項 業務的決定、管理的決定、戦略的決定

第一三章（第一三回）の講義は「経営と戦略」についてである。講義を始める前に、第一三回の講義内容の到達地点を確認しておきたい。付録の履修判定指標を確認すると、履修指標一〇「経営と戦略」が第一三回の講義内容と関係している。この履修指標の水準を確認すると、「アンソフ三部作が『企業戦略論』、『戦略経営論』、『戦略経営」の実践原理』であることを理解しておくこと。それぞれについて『企業戦略論』では、企業の意思決定が業務的意思決定、管理的意思決定、戦略的意思決定に分類でき、かつアンソフは戦略的意思決定について決定

ルールを開発することをねらいとしていたことを理解しておくこと。『戦略経営論』では、組織が環境の乱気流においてそれぞれの状況において適応する仕方が異なることが示され、かつ組織は環境において「動かない」選択を取れば破綻しやすいことを組織慣性との関係で理解しておくこと。そして『実践原理』では企業が置かれている状況を分析するために戦略的な診断として環境の乱気流、戦略の積極性、企業能力の対応性についてそれぞれギャップを解消することが重要になることを理解しておくこと」と記載されている。詳しくは、第一三回の講義内容で理解することであるが、このことが到達地点（＝期末試験で問われること）であることを踏まえて、講義にのぞむ。

第一三回の内容は、「経営と戦略」である。第一三回で講義は最後になるため、講義を終えた後には全体的な復習をお願いしたい。第一三回で取り上げるのは、イゴール・アンソフの経営戦略論である。アンソフは、バーナード、テイラーに続く三人目の「経営学の父」と呼ばれる学者で、彼は「戦略経営論」と呼ばれる戦略を通じた経営や管理のあり方を議論している。一般的に戦略論は、「経営戦略論」と呼ばれるが、彼の場合には「戦略経営論」である。これは経営についての戦略論を述べるよりも、彼が戦略を使った経営論を重視したことによる。戦略論を展開するだけではなく、彼は戦略を使ってどのように企業経営をより良い方向へと導いていくのかを考えた。したがって、彼の議論は、現象を単に説明するだけの「記述科学」ではなく、自らも企業経営に積極的に参加する「処方科学」であると言われる。このことは、後ほど詳しく述べることとする。

前回の第一二章（第一二回）とのつながりで言えば、アンソフの戦略経営論は、サイモンの限定合理性（bounded rationality）を基礎に置くものである。経営者の戦略的決定が、いかに「部分的無知（partial ignorance）」の中で行われているのかを明らかにするものである。第一三回の講義は、この「経営学の父」が生み出してきた三部作に従って進めていくが、それらは次のものである。

一　企業の多角化を状況適合的に検討した『企業戦略論（Corporate Strategy）』（一九六九年）
二　さらに、それを多角化のみならず企業が置かれた不確実な外部環境の全状況にまで拡大した『戦略経営論（Strategic Management）』（二〇〇七年）
三　そしてそこで行われている組織的意思決定プロセスを検討する『戦略経営の実践原理（Implanting Strategic Management）』（一九八四年、一九九四年）

まず、『企業戦略論』を取り上げる。この書物が書かれた背景としてアンソフは、学説史（＝学説の歴史）に言及している。古典的管理論でもあるテイラーやメイヨーなどは、製造工場における個人や集団の生産性について様々な発見事実を示してきたが、それらはあくまで「工場における個人や集団のあり方」について調べられたものと言える。これは、いわゆるクローズド・システム（閉じられた組織）を対象とするもので、一つの工場内部でどのように生産性を向上させていくかが議論されていた。

しかし、クローズド・システム（閉じられた組織）では、組織と組織の関係、組織と環境の関係などが分からない。したがって、その後にはウッドワードやローレンス＝ローシュのように、企業と外部環境の状況を調べる研究が盛んになった。いわゆる「組織のコンティンジェンシー理論」である。この頃になると、企業はどのように他の企業や環境から影響を受けるのかという観点から研究が行われるようになっていた。これは、いわゆるオープン・システム（開かれた組織）を対象とするものである。

ただし、組織は環境からの影響を受けるだけの存在ではなく、与える側でもある。したがって、経営戦略論という領域が誕生すると、企業が外的環境に対していかに戦略的に働きかけていくのかが議論された。これもオープン・システム（開かれた組織）を対象とするものの、組織の環境依存状況を分析するコンティンジェンシー理論との違いもある。このような背景から経営戦略論という領域が誕生しつつあった。

しかし、アンソフは、それまでの経営戦略論が単に企業の分析に留まり、企業にとって実用的な道具(tool)を開発できてこなかったとする。アンソフよりも前の経営戦略論者は、企業がどのように戦略的に振る舞うのかを単に記述するだけであった。確かに巨大企業がどのように戦略的に振る舞うのかを分析することによって、業界全体の動向などを予測することもでき、それも非常に有益なことである。しかし、とりわけ中小企業や今後戦略的な振る舞いをしていくべき企業の経営者にとっては、巨大企業のやり方を真似しても上手くいかない場合もある。したがって、アンソフは、経営戦略論の立場から企業にとって(経営者にとって)実用的な道具を提供していくべきだと考えたわけである。

そこでアンソフは、この道具となる分析枠組みを提供し、かつ企業の諸問題を直接解決しうることをねらいとした。アンソフは、このことを次のように言っている。「そこで、われわれとしては、終局的に、分析的な枠組みというものを〝実用的な〟ものにしたいと考えた。そのためには、数学的な精度と、問題を記述する際の現実性との折衷案といったものを考えなければならない。(中略)というわけで浮かび上がってきたのが、いわゆる実務用語で説明した定性的および定量的な一種の枠組みであり、現実の企業の諸問題の解決に直接活用できるものである。」[1]この問題意識からアンソフは、まず企業で実際に行われている意思決定(decision making)を分類し、それぞれの意思決定の特徴について考えている。これらの意思決定は、次の三つである。

●業務的意思決定

第一に、業務的意思決定である。業務的意思決定とは、比較的現場に近い人々によって行われる意思決定である。アンソフによれば、「その目的は、企業の資源の転化のプロセスにおける効率を最大にすることである。いいかえれば、現行の業務の収益性を最大にすることである」と述べられている[2]。簡単に言えば、日常的に行われる業務の計画や遂行、資源配分、製品開発や価格決定などを含むものである。こうした意思決定は、反復的に行われるもので、多くの場合リスクと不確実性の中で対処することが求められる。現場で業務を行っていると先が見えないことに対処することが求められるが、それは自然に起こるという点で自然発生的である。

●管理的意思決定

第二に、管理的意思決定である。管理的意思決定とは、現場と経営陣をつなぐために主に管理者が組織をつくり上げるために行う意思決定である。資源をどう分配していくのか、予算をどう割り当てるのか、人材をどのように配置していくのかなど、組織目標に照らして経営資源（＝物的資源、経済的資源、人的資源など）をそれぞれの部門に提供する意思決定である。しかし、組織目標に照らして経営資源を提供するだけでは、それぞれの部門や個人からの要望を聞き入れない。したがって、管理的意思決定では組織目標のみならず個人目標も組織化していくことが求められる。

●戦略的意思決定

第三に、戦略的意思決定である。戦略的意思決定とは、経営者によって行われるもので、企業の資本収益率を最大化するために製品をどの市場に投下していくかを決める意思決定である。企業は製品を作れば、それで終わりかと言えば決してそうではない。むしろ、優れた製品を作っても、市場選択を間違うことがあれば、そこで競合他社に負けてしまう。したがって、企業にとっては製品を作ることと同じように市場を選択すること、そしてその関係である製品―市場ミックスを決定することが鍵となってくる。アンソフは、この製品―市場ミックスの決定のことを戦略的意思決定と呼び、これが部分的無知の状態で行われるものだと説明している。そして、この意思決定は非反復的でかつ非自然発生的（＝人工的）になる[3]。

第二項　部分的無知における決定ルールの開発

この戦略的意思決定についてアンソフが重要と考えるのは、経営者が実際に戦略的意思決定を行う際に、独自の決定ルールに基づいて意思決定を行っている点にある。それまで戦略的意思決定は、投資決定論と呼ばれる領域の中で扱われていた。しかし、アンソフは実際の経営者が投資決定論に基づいて意思決定を行っているかと言えば決してそうではなく、むしろ彼らは独自のアプローチ（＝決定ルール）を通じて戦略的意思決定を行っているとする。

そこでこの独自のアプローチ（＝決定ルール）について、アンソフは「企業の戦略的意思決定」として本格的に考えていかなければならないとする。「投資決定論が従来の形態のままでは、ある種の理由からこのような必要条件を無視してもよいような、きわめて限られた条件のもとでしか、製品―市場の決定に適用できないことが明らかであろう。このような結論は、企業の戦略的な問題に早くから関心を寄せている実業界の大多数の人たちの一致した意見である。その結果、企業の管理者たちは、経済学や財務関係のテキストに載っているような投資決定論に基づくプロジェクトの評価方法とはほとんど似ていない実際的なアプローチを開発し始めたのである。やがて、これらのアプローチが経営関係の出版物の中に姿を見せるようになり、しだいに、企業の戦略的意思決定というものの真の本質を洞察するようになってきたのである。」〔4〕

さらにアンソフは、単に経営者が行う決定ルールの実行についてつぶさに見ていくのではなく、それを自らもつくり出せないかと考えた。つまり、それまでの投資決定論は経営者が行う決定ルールを説明する〝記述科学〟だったのに対して、自分はその決定ルールを実際につくりながら彼らの問題解決をそこに加わりながら促していくという〝処方科学〟だと言っている。次のような説明である。「要するに、決定ルールが時と場合によって変わるものだという点が、この問題に対するわれわれのアプローチの基本的な態度である。すなわち、われわれの関心は、投資決定論の主たる関心になっているように、与えられたルールにしたがってプロジェクトを評価することだけではなく、個々の企業のためにいろいろなルールをつくり出していこうということである。もっと直言すれば、われわれの関心の焦点は、むしろルールをつくり出していくという面である。ところで、プロジェクトの評価という面は投資決定論と全く同じであるが、決定ルールをつくり出していくためには新しいアプローチが必要なのである。しかも、ルールをつくり出すということは、プロセス全体の中でも決定的な役割を演じることになる。というのは、サイモンも言っているように(中略)、ルールを決めることは、個々の製品—市場の最終的な選択をあらかじめ決めてしまうことになりがちだからである。」[5]

簡単に言えば、これは経営者がどうすれば収益が最大化できるかという時に経営学者(=経営戦略論者)の立場から「こうした方がいい」というルールを提供していくということを意味している。それは、経営者の意思決定をただ分析してきた投資決定論とは一線を画するものであり、サイモン自身もまた企業問題の当事者として経営に加わっていくという処方科学の立場である。

しかし、決定ルール(=経営者が意思決定するためのルール)を一度つくり出せれば、それで終わりということはない。もしかすると、その決定ルールが間違ってしまうこともある。したがってアンソフは、決定ルールを決めてそれを実行しながら、変更していくという探索的な手続きを採用している。これをアンソフは、「戦略をつくり出すための適応的探求手法(adaptive search method)」と呼び、次のように説明している。「この手法の名まえが示しているように、これは、一つの戦略に到達するのに探求的な手順を用いるのである。それは、〝段階的(cascade)〟アプローチを経て完成される。すなわち、まず初めに可能な決定ルールをおおざっぱにつくり上げ、解決が進むにつれて、いくつかの段階を経てそれらを順次リファインしていく(洗練されたものにしていく)のである。(中略)具体的にいうと、第一ステップは、企業を多角化すべきか否かという二つの主要な代替案のどちらかを決めることである。第二ステップは、広範な業種別リストから、その企業の従事すべきおおざっぱな製品—市場範囲を選択することである。第三ステップは、そのおおざっぱな製品―市場範囲の中での諸特性や、製品―市場の種類を検討していき、その範囲をリファインすることである。」[6]

このように決定ルールは、経営者の意思決定を支えるのみならず、その意思決定によって得られた市場的反応を組み込んで半永続的に精緻化されるものでもある(「目的」としての企業目標の設定→「手段」としての決定ルールの開発→意思決定の実行と反応→決定ルールの改変→意思決定の実行と反応という流れである)。

第二節【コマ主題細目②】戦略経営論

第一項 環境の乱気流モデル

単に意思決定の記述科学を志向するのではなく処方科学として決定ルールを開発するというアンソフの取り組みは、脚光を浴びるかに思えた。しかし実際には、アンソフが示した戦略計画も思うような結果を挙げず、やや陰りさえ見せていた。そのためアンソフは、『企業戦略論』で対象とされた意思決定の議論から距離を取り、むしろ組織がいかに環境に働きかけていくかという『戦略経営論』を展開する。

アンソフは、これを具体的に考えていくために、ＥＳＯ(Environment Serving Organization：環境に貢献する組織)という組織を対象とし、この組織がいかに環境の乱気流に適応していくかを考えた。その際、特にアンソフが焦点を当てたのは、このＥＳＯが営業面での取引(業務レベル)と戦略的な仕事(経営・管理レベル)においてどのように環境に適応しているのかという点についてである。営業面での取引と戦略的な仕事は、特に組織内外の環境によって影響を受けることが多く、この二つを分析するだけでも十分な含意を得られるとアンソフは考えたからである。

図表13-1　乱気流の水準と変化の特徴

乱気流水準 ＼ 変化の特徴	安定的	反応的	先行的	探求的	創造的
戦略的な予算の強度（総予算額に占める比率）	低い	→	→	→	高い
予測可能性	大半の変化を十分に予測することができる	→	→	→	不測の現象が頻繁に発生する
頻度 対応時間	低い 長い	→	→	→	高い 短い
新寄性（現有能力の応用性）	現存の能力で適応できる	現有能力を部分的に調整する	現有能力を部分的に拡大する	現有能力を新奇に組み合わせる	新奇な能力が必要になる
乱気流の水準（対応を成功させるための知識の状態）	完全なインパクト⑦	最初のインパクト⑥	推定された結果⑤	決定された対応あるいは決定されたインパクト④あるいは③	識別された源泉あるいは乱気流の感知②あるいは①
適用可能な予測技術	従来の予測技術の使用	経営コントロール	現状延長	脅威・機械分析あるいは弱い信号の探知	弱い信号の探知

出所）H. イゴール・アンゾフ（中村元一監訳、田中英之・青木孝一・崔大龍訳）『アンゾフ戦略経営論［新訳］』中央経済社、2007年、76頁。

以下ではまず、環境の乱気流モデルについて説明し[7]、その後にこの乱気流的環境と組織の適合性について見ていきたい。ESOに限ったことではないが、組織は環境に適応しながら戦略を実行していく必要がある。しかしながら、その過程で組織はこれらの内外の環境が乱気流に晒される。環境の乱気流とは、「どれだけ環境が激しく変化するか」を示す指標のことである。かつ、それらの乱気流は次の五つに分類できる。それらは安定的、反応的、先行的、探求的、創造的であり、安定的水準から創造的水準へと変化していくにつれ、環境変化が激しくなる。そして、これらの乱気流基準は、組織変化の特徴として次の七つによって比較される（図表13－1）。第一に、戦略的な予算の強度（すべての予算の中で戦略に使える予算の割合）である。これはESOの予算総額に占める戦略的投資の割合を示すものであり、安定的な基準では低いものになるが、創造的な基準では高い傾向にある。第二に、予測可能性である。予測可能性とは、ＥＳＯが環境をどの程度予測できるかという可能性を示すものであり、安定的な基準では予測可能性は高くなり（＝大半の変化を十分に予測することができる）、創造的な基準では予測可能性は低い（＝不測の現象が頻繁に発生する）ものとなる。第三に、頻度である。乱気流の発生頻度のことであり、安定的な基準では低く、創造的な基準では高くなる。第四に、対応時間である。対応時間とは、環境からの働きかけに対して組織がどれだけの時間で対応できるかを示したものである。安定的な基準では長くなるが、創造的な基準では短くなる。第五に、新奇性（現有能力の応用性）である。これは現時点でのＥＳＯがどの程度環境に適応できるのかを示したものであり、安定的な基準では現時点での組織能力で対応できるが、創造的な基準では新たな組織能力が必要になる。

第六に、乱気流の水準（対応を成功させるための知識の状態）である。これは環境からの働きかけに対してＥＳＯが取るべき対応の早さのことを示している。安定的な水準であれば「完全なインパクト」を環境から与えられてから対応しても十分であるが、創造的な基準ではインパクトを受けないうちに環境変化を感知し対応することが求められる。最後に、適用可能な予測技術である。これも環境に対する働きかけについてのことで、安定的な基準では従来の予測技術を使用することが可能であるのに対して、創造的な水準では新技術を用いて弱い信号を感知して対応することが求められる。

第二項　乱気流的環境と組織の適合性

環境の乱気流モデルによって分かることは、それぞれの乱気流的環境に応じて行うべきことが決まってくるという状況適合（contingency）である。このことは、「環境によって組織構造が決まる」という環境決定論にも見受けられるが、しかし決定論的な見方を退けるところにこそアンソフの特徴がある。というのも、あくまでアンソフは乱気流的環境と組織がいかに適合していくべきかという〝これから〟の問題について議論を展開しているのであり、それぞれの乱気流的環境に沿って組織構造が決まるという見方をしているわけではない。むしろ、それぞれの乱気流的環境に対して組織構造をいかにつくるべきかという指針を示すことで戦略経営を推進することこそがアンソフのねらいである。

この場合に経営者や管理者といったマネジャー・グループが注意すべきであるのは、環境と組織構造のミスマッチである。アンソフは、これを組織慣性（organizational inertia）という考え方を使って説明している。組織慣性とは、簡単に言えば、「組織の動かなさ」のことであり、通常組織は何らかの影響を受けない限り、その形を変えることはない。あるいは、変わろうとしない。しかし、この組織慣性が問題になるのは、特に外的環境が変化している時である。外的環境の変化が激しい時に（乱気流モデルで言えば、創造的な水準である時に）、組織は動かないと言っていればすぐにその組織は潰れてしまう。もちろん、外的環境の変化が激しいからこそ、組織は動かない（＝変わらない）という選択肢もある。しかし、組織が動かなければ（＝変わらなければ）、外的環境に適応することはできない。

第三節【コマ主題細目③】戦略経営の実践原理

第一項　戦略的な診断

処方科学として決定ルールを開発するというアンソフの最終地点となったのが、『戦略経営の実践原理』とい

図表13-2　環境の乱気流、戦略の積極性、能力の対応性

環境の乱気流	同一事象の反復	同一事象の拡大	事象の質的な変化	事象の非連続的な変化	不測事象の発生
	反復的	遅い 現状延長的	速い 現状延長的	非連続的 予測可能	非連続的 予測可能
戦略の積極性	安定性	反応的	先行的	企業家的	創造的
	先例を基礎におく	部分改良的 経験に基礎をおく	部分改良的 現状延長に基礎をおく	非連続的 予想される将来に基礎をおく	非連続的 創造性に基礎をおく
能力の対応性	保守	生産	マーケティング	戦略	柔軟性
	変化を抑制	変化に適応	熟知した変化を追求	新しい変化を追求	新奇な変化を追求
乱気流水準	1	2	3	4	5

出所）H. I. アンゾフ（中村元一・黒田哲彦・崔大龍監訳）『「戦略経営」の実践原理：21世紀企業の経営バイブル』ダイヤモンド社、1994年、19頁。

う書物である。これはアンソフがこれまで『企業戦略論』や『戦略経営論』において取り組んできたことの集大成である。特に『戦略経営論』があくまで乱気流的環境と組織の適合性について議論してきたのに対して、『実践原理』では乱気流的環境にどのように経営者の戦略的意思決定を支援するかという話題に移っている。このようにアンソフ三部作は、一連の流れをもっていることが『実践原理』の登場によって分かる。

アンソフは、『実践原理』の冒頭で企業が成功するためには、戦略的な診断を通じて、その企業の方向性を見極めることが大事であるとしている。この戦略的な診断とは、「企業が将来の環境のもとで成功を収めるために、変革すべき自社の戦略と能力の挑戦課題を決定する、体系的なアプローチ」のことである[8]。この戦略的な診断には、いくつかの方法が示されているが、アンソフはまず「戦略的な成功の仮説」と呼ばれる次の三つの方法に即して戦略的な診断を行っている。

第一に、環境の乱気流である。これは先に確認したような乱気流と同様であるため、説明は省くこととする。第二に、戦略の積極性である。これは、次の五つがあり、安定的（先例に基礎をおく）、反応的（部分改良的、経験に基礎をおく）、先行的（部分改良的、現状延長に基礎をおく）、企業家的（非連続的、予測される将来に基

図表13-3　戦略的な診断

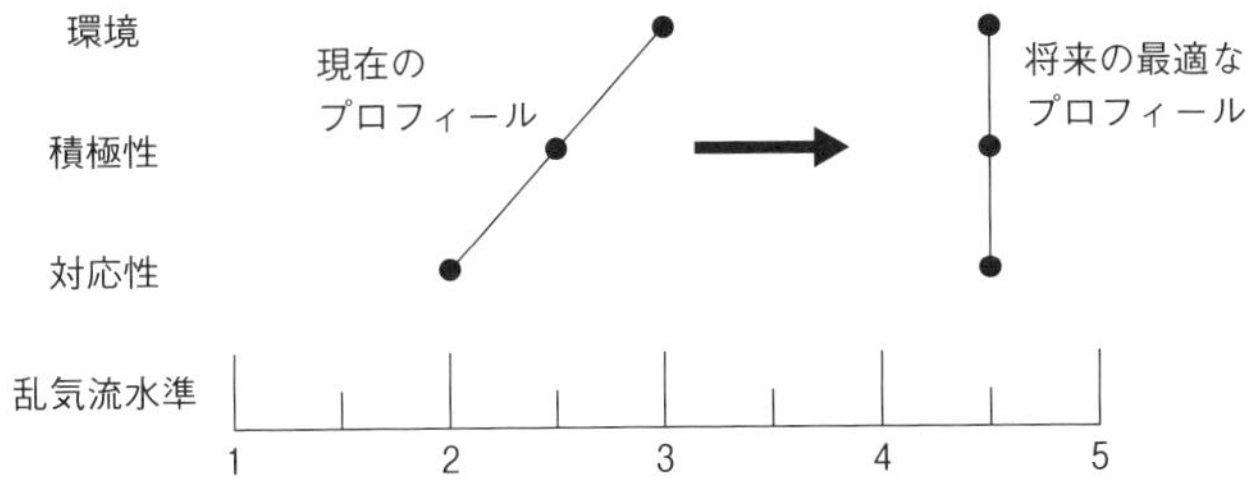

出所) H. I. アンゾフ(中村元一・黒田哲彦・崔大龍監訳)『「戦略経営」の実践原理：21世紀企業の経営バイブル』ダイヤモンド社、1994年、16頁。

礎をおく)、創造的(非連続的、創造性に基礎をおく)である。乱気流モデルに似ているが、これはあくまで経営者が戦略をどのように進めていくのかという積極性を示している。

第三に、企業能力の対応性である。これは、乱気流に対して企業が能力としてどのように対応できるかを示したもので(あるいは、どの部分で対応できるかを示したもので)、保守(先例主導型)、生産(効率主導型)、マーケティング(市場主導型)、戦略(環境主導型)、柔軟性(環境創造型を追求)の五つがある。以上をまとめると、**図表13-2**のようになる[9]。

そのうえで、この三つの指標を使ってどのように戦略的な診断を行うかと言えば、(少し複雑なので簡単に言えば)それぞれの環境の乱気流、戦略の積極性、企業能力の対応性を打点したうえで、それらのズレを確認して将来の最適な実行として秩序づける(図表13-3)。アンソフは、「過去一〇年に、世界中で一〇〇〇人以上のマネジャーが戦略的な診断を実行している。(中略)一般にトップ企業の現在のプロフィールは垂直な線になる。しかし多くの主導的国際企業のマネジャーを含め、大多数のマネジャーは現在と将来のプロフィールに大きなギャップがあることを示した」とし[10]、現実と理想のギャップを経営者や管理者に理解させ、それを埋めさせる(=垂直な方向へと導いていく)ということを行った。

第二項　処方科学の集大成としての『実践原理』

アンソフが生涯をかけて行ってきたことを今一度振り返ってみると、それは経営者や管理者といったマネジャー・グループに対して決定ルールを開発し、それを実行させるという処方科学であったことが分かる。それはまさに、経営戦略論としてのあり方を問い直すものであり、かつ経営学者が社会においていかなる立場で関わりを持つかという学問観を問い直すものである。通常、研究者とは現象を観察し、そこで起きていることを分析・考察し、論文や書籍などの文章にまとめる人々のことである。

しかし、そうすると（ヴァン・マーネンの写実的物語ではないが）、研究者が一体どのような立場からそれらの発見事実を社会に伝えているのかという視点は不明瞭なものとなってしまう。これが記述科学の限界でもある。

これに対してアンソフは、実際に企業で働く経営者や管理者に決定ルール（＝戦略）を開発することによって、彼らの意思決定を支援する立場を明らかにした。そして、その支援的立場を明らかにするだけではなく、経営者や管理者が部分的無知の状況下でも使えるように彼らとともに企業活動に参加し、粉骨砕身してきた。このようなアンソフの姿勢は、経営学者がいかなる立場から企業に接し、その役割を担っていくのかという根本的な問いを投げかけている。このことが大事な問いである。第一三章（第一三回）の講義は、ここまでとする。

註

1——この説明については、次の文献を引用している。H・I・アンゾフ『企業戦略論』産業能率大学出版部、一九六九年、七頁。

2——『企業戦略論』、六頁。

3――『企業戦略論』、一二頁。

4――『企業戦略論』、二四頁。

5――『企業戦略論』、二九頁。

6――『企業戦略論』、三一頁。

7――この説明については、次の文献を引用している。H・イゴール・アンゾフ(中村元一監訳)『アンゾフ戦略経営論〔新訳〕』中央経済社、二〇〇七年、六一～八八頁。

8――この説明については、次の文献を引用している。H・イゴール・アンゾフ(中村元一・黒田哲彦・崔大龍監訳)『「戦略経営」の実践原理―二一世紀企業の経営バイブル―』ダイヤモンド社、一九九四年、八頁。

9――『実践原理』、一九頁。

10――『実践原理』、一七頁。

第14章 復習コマ③

第一節【コマ主題細目①】小テストの意義

第一四章（第一四回）の講義は「復習コマ③」である[1]。第一四回の講義では、これまで第一〇章（第一〇回）から第一三章（第一三回）までに学んできた内容について簡単に復習を行ったうえで、（評価には入らないが期末試験に直結する）小テストを二〇問行って学生がどの程度内容を理解しているか、教員がどの程度教えられているかを確認する。この小テストの実施方法については後述することとして、ここではなぜ小テストを評価には入れないのかを説明したい。本講義を行っていくうえで参考にしている『シラバス論』では、次のような説明がなされている。これは重要な箇所であるため、そのまま引用する[2]。

深さと階段の意味は、たとえば小テストとはなにかと自問するときでもはっきりする。毎コマか二コマ、三コマ置きに〈小テスト〉を実施するのはいいことだが、それを履修判定の一部として組み入れるのは(厳密には)間違っている。一コマ目が満点取れることと一五コマ目が満点取れることとは原理的には無関係だからだ。教員は、すべてのコマを終わったときに満点を取れるよう(あるいは六〇点以上取れる点数分布を意識して)各コマを積み上げているのであって、終わるまでの一コマ一コマは目標ではない。たとえば前半で小テストの平均点九〇点の学生が後半で小テストの平均五〇点であった場合、小テスト全体の平均値は六〇点以上ということになり、その学生は合格点を取ることになる。科目全体の目的や目標に近づけば近づくほど点数が下がることもありえる学生の小テスト(小テスト点数のコマ分布)を科目履修の判定材料にすることは単位制の学生評価としては適切とは言えない。それでも小テストに意義があるとすれば、学生の自己評価(きちんと講義を聴いていたかどうか)、教員の自己評価(思ったように指導ができたかどうか)に使おうと思えば使える程度のこと。履修判定の一部に使うのであれば、初回ほど評価に傾斜を付けて、一回目から五回目までは七〇%評価(学生がその小テストで一〇〇点取ったとすれば七〇点の評価)、六回目から一〇回目までは八〇%評価などとやるしかない。

原則として小テストは、期末の履修判定試験が六〇点未満の学生の救済にあててはいけない。小テストの履修判定に関わる加点があるとすれば(百歩譲って)、あくまでも六〇点以上の合格点を取っている学生への恩情加点としてしか存在し得ない。

このように小テストを評価に入れない理由は、個々の小テストで問われる内容と期末試験(=期末の履修判定試験)で問われる内容が原理的に異なるという点から来ている。そうである以上、小テストは評価に入れてはいけないことになる。しかし、それでも小テストを行う意義があるのは、学生は学生自身の理解度を自分で理解するため(理解の理解)、そして教員は教員自身の教授度(ここでは記すもの)を自分で理解するためである。学生にとっては自分が教えられていることがどの程度理解できているのかは問われてみないと分からないことでもあるし、教員にとっては自分が教えていることもどの程度理解されているのかも問うてみないと分からないことでもある。

したがって、小テストの意義とは、学生は学生自身の、教員は教員自身の自己評価を行うためである。私がこれまでに小テストを行った経験からすれば、きちんと予復習を行って小テストにのぞんでいる学生はそれなりの高得点を取って、(こちらから尋ねてもいないのに)自分で点数を教員へ報告するようになる。それが理解に定位した知的主体の成長である。最もアクティブ(知的主体的)な姿である。反対に予復習をきちんと行っていない学生は低得点に留まって残念そうな姿で教室をあとにしていくが、しかし小テストは評価には入れないのだから期末試験までに理解不足の点を教員や理解している学生に尋ねるなどをする機会は与えられている。つまり、失敗をするために(失敗しても挽回するために)小テストは存在している。これを評価に入れてしまっては、失敗する機会や失敗しても挽回する機会を学生にも与えないことになる。教員にとっても教授度不足の点を補わずに次の内容に入ってしまうことを許容している。失敗を許容しないという点では、学生にも教員にも不利に働くのが小テストの評価点である。裏を返せば、それだけ失敗ができない小テストであれば、かなり周到に設計された講義草稿とコマシラバスを準備しなければならないことになるが、果たしてそのようなことができるかは疑わしい。

第二節【コマ主題細目②】履修判定指標の再確認

さて、時間が限られているため、復習に移りたい。まず、復習を行う点で今一度確認しなければならないのは、第一〇章(第一〇回)から第一三章(第一三回)までの内容に直接関係している履修判定指標である。第一〇回から第一三回までの内容に関係しているのは、履修指標の七から一〇までである。ここをもう一度抜き出してみると、次のとおりとなる。

●履修指標七「組織文化論」

文化とは、『目に見えないものの〈全体〉を指し示すものである』ことを踏まえ、次の二つの特徴があることを理解しておくこと。一つ目に、自明性(＝当たり前であること)であり、これは私たちが文化とは何かを考えることなしに文化を体現できることを意味している。二つ目に、脱―自明視化(＝当たり前を疑ってみること)であり、それは『書くこと』によって可能になる。そして、その『書くこと』の方法としては、組織エスノグラフィー(＝組織民族誌)があったことを理解しておくこと。次に、組織文化については、人工物、価値、基本的仮定という三つの要素があり、それぞれが相互作用しながら組織文化を築き上げることを理解しておくこと。

●履修指標八「組織と環境」

私たちの認識について、存在論(唯名論―実在論)、認識論(反実証主義―実証主義)、人間性(主意主義―決定論)、方法論(個性記述的―法則定立的)の四つがあったことを理解しておくこと。この中でいわゆる技術決定論(technical determinism)として批判された研究としてウッドワードのサウス・エセックス研究があり、この批判では『技術が組織構造を規定する』という命題(＝発見事実)に対して、技術特性が構造特性を一方的に規定することが断罪されたことを理解しておくこと。しかし、ウッドワードの古典を今一度読み返せば、ウッドワード自身はむしろ構造特性から『目立った技術の特徴』として技術特性を選定しており、それは単なる技術決定論ではなく、ウッドワードが技術によって唯一最善の理論を目指してのことだったということを理解しておくこと。

●履修指標九「意思決定」

サイモンがバーナードに影響を受けながら自らの意思決定論を練り上げたことを理解しておくこと。特にそれは組織均衡論と呼ばれる理論に現れている。また、サイモンは新古典派経済学において人間があらかじめすべての代替案を与えられており、その中から最適解を選ぶという完全合理的な意思決定を批判したことを理解しておくこと。それは実際に企業に所属している経営者や管理者が意思決定を行う場合にあらかじめ代替案が与えられていることは少なく、限られた認知、知識、学習能力において限定合理的な意思決定を行っていることとしてまとめることができる。そのうえでサイモンが経営者の意思決定はすべてが限定合理的なのではなく、プログラム化しうる完全な意思決定とプログラム化しえない満足な意思決定があると分類していたことを理解しておくこと。

●履修指標一〇「経営と戦略」

アンソフ三部作が『企業戦略論』、『戦略経営論』、『「戦略経営」の実践原理』であることを理解しておくこと。それぞれについて『企業戦略論』では、企業の意思決定が業務的意思決定、管理的意思決定、戦略的意思決定に分類でき、かつアンソフは戦略的意思決定について決定ルールを開発することをねらいとしていたことを理解しておくこと。『戦略経営論』では、組織が環境の乱気流においてそれぞれの状況において適応する仕方が異なることが示され、かつ組織は環境において「動かない」選択を取れば破綻しやすいことを組織慣性との関係で理解しておくこと。そして『実践原理』では企業が置かれている状況を分析するために戦略的な診断として環境の乱気流、戦略の積極性、企業能力の対応性についてそれぞれギャップを解消することが重要になることを理解しておくこと。

ここで重要なことは、とりわけバーナード、サイモン、アンソフの関係を今一度押さえておくことである(組織文化論と技術決定論についてはふれないが、今一度講義草稿を読み直すなどして復習をお願いしたい)。この三者は、経営組織論の中でも個別の議論を進めた学者と知られているものの、サイモンはバーナードから、アンソフはサイモンから影響を受けているからである。サイモンはバーナードの『経営者の役割』を踏まえつつ、意思決定を限定合理性と完全合理性の二つから理解した。それはある種、バーナード流の人間論(すなわち、人間とは「過去および現在の物的、生物的、社会的要因である無数の力やモノを具体化する、単一の、独特な、独立の、孤立した全体」)を踏まえたうえで人間が限定的な存在であることを踏まえたものである。人間は、一人では大きなことを成し遂げることができない。そこには必ず協働(体系)がある。人間は、このように限定的な存在であるから(バーナード)、意思決定についても限定的であらざるを得ない(サイモン)。したがって、限定合理性において意思決定は、満足なところで行われる。このことは、アンソフにも受け継がれている。アンソフは、限定合理性を「部分的無知(partial ignorance)」と言い換えている。すなわち、限定的な範囲でしか物事を考えられない人間というのは、裏を返せば「あることについては詳しいものの、他のことについては無知である」ということを意味してもいる。知っているというのは、すべてを知っていることなのではなくて、知っていることと知らないことの境界を知っているということである。この講義草稿のように、書かれたものがあるというのも、すべてが書かれているのではなく、書かれていることと書かれていないことの境界が分かるという意味において知られたものである。したがって、バーナードの人間論、サイモンの限定合理性、アンソフの部分的無知はすべて地続きの議論である。皆同じことを語っているからである。それは人間自身の有限性のことである。

第三節【コマ主題細目③】標準偏差と平均点の役割

さて、小テストの実施方法について説明する。第五章（第五回）、第九章（第九回）と同様に、小テストは二〇問を基本とし、一問を五点として計一〇〇点満点で行うこととする。基本的に対面授業を想定しているが、対面の場合では教員もしくは学生スタッフが印刷したものを当日は二〇～三〇分程度で受けることとする。終了後には、学生が回答をフォームなどに記入していき、学生と教員がともに点数分布と平均点などを確認する。これを行うと、自分がどの点数分布に位置付けられているのかを小テスト直後に確認することができる。また、教員にとっても点数分布と平均点を確認することによって、教授度を確認することができる。

また、点数を（その場で）計算することによって標準偏差についても確認することができる。この標準偏差については、一二～一五を目指すこととする。これは、講義運営の緊張度を適切に維持するためである。『シラバス論』には、次のように説明されている[3]。これも大事な箇所であるので、そのまま引用する。

「標準偏差」について言えば、点数分布が平均八〇点強を山のピークにして一〇〇点と六〇点へと広がった正規分布に近い形になると標準偏差は一二～一五くらいになる。これは、科目クラスの知的な経営が上手くいっている指標。中域を中心に、下位学生も諦めていない、上位学生もお互い競い合っている。中域は下には落ちたくない、少しでも上位に入りたいという状態。このようにクラス全体が知的な緊張力を維持している状態が試験の点数分布が標準偏差一二～一五の状態。標準偏差が一桁にとどまると、上位学生と下位学生との点数差がないためにどちらもやる気がない状態、特に〝できる〟学生が（〝できない〟学生と点数差が開かないため）やる気を無くす状態に陥る。教員の教育目標の解像度が低いか、それとも落伍者が出るのを忘れて試験の難易度を人為的に下げているかのどちらか。標準偏差が一八を超えると、二山現象になっており、下位グループが完全にやる気を無くしている状態。厳密には学生にやる気がないのではなく、教員が下位グループに見向きもしないで授業をやっている状態だと言える。この原因は学生の基礎学力不足ではなくて、教材（授業中の教材、予復習の教材）が不足している状態に過ぎない。授業中の小テストで標準偏差が一八を超える状態で本試験に突入すると大量落伍者が必ず出る（もしくは少数であっても再起不能な落伍者が出る）。こういった判断は平均点やGPAばかりを意味もなく記録し続けている今日の成績評価では出てこない。

なお、小テスト後には解答を確認するとともに、間違いの多かった問題についても確認する。間違いの多かった問題は、教員の問題作成が悪い部分もあるが、間違いの多かった問題に自分も間違えているか否かを学生が確認することによって全体的な傾向との差異を確認することもできる。また、小テスト終了後には、問題を持ち帰ることで繰り返し復習を行うとともに、履修判定指標に照らした場合に他にどのような問題が出題されそうかを自分で問題作成をしたり、友達同士で自作した問題を解き合うなども行うことができる。つまり、小テストは期末試験で問われる問題の三レベル（★☆☆易しい、★★☆普通、★★★難しい）を確認する役割もある。第一四章（第一四回）の講義は、ここまでとする。

註

1――本講義の説明は、最初から復習に入るところまで、また小テストの実施方法は第五章（第五回）と第九章（第九回）の内容と同じものである。毎回出席している学生にとっては繰り返しとなるが、何らかの事情で初めて小テストを受ける学生は、これらの内容を必ず確認することとしたい。

2――『シラバス論』、一四二〜一四三頁。
3――『シラバス論』、八七〜八八頁。

第15章　模擬試験・模擬解答発表会

第一節【コマ主題細目①】模擬試験・模擬解答発表会とは何か

第一五章（第一五回）の講義は「模擬試験・模擬解答発表会」である。第一五回の講義では、これまでに学んできた内容について学生が実際に作った模擬試験を実施するとともに、その模擬解答を用いて自己採点を行うこととする。ここでは、模擬試験・模擬解答発表会とはどのようなものであるのかについて確認しておきたい。模擬試験・模擬解答発表会とは、これまでに実施した（評価に入れないが期末試験に直結する）小テストの二回分で高得点を獲得している学生に期末試験を想定した模擬試験と模擬解答の作成を依頼するというものである[1]。ここでは、この学生を「（模擬試験）作成者」と呼ぶこととする。作成者は、あらかじめ指定された期日までに模擬試験と模擬解答を作成したうえで、それらを担当教員まで送信する。そして、講義中には全員がこの試験を受験したうえで答え合わせを行い、自己採点を行う。なお、ここでは自己採点を行うだけではなく、この試験を受験した学生の中から作成者に対して評価を行う学生を選抜する。この学生は、言わば「（模擬試験）評価者」に該当する。評価者は、作成者に対して、次のような観点から意見を行うものとする。

一　模擬試験や模擬解答の内容は、履修判定指標に即したものであるか。即したものでなければ、どのような点が即していないのか。あるいは、それらをどのように修正する必要があるか。

二　模擬試験や模擬解答の難易度は、履修判定指標に即したものであるか。即したものでなければ、どのような点が即していないのか。あるいは、それらをどのように修正する必要があるか。

三　模擬試験や模擬解答の実施時間は、実際の期末試験に即したものであると言えるか。なお、期末試験の実施時間は、六〇分を想定するものとする。

これらの意見が寄せられた後に、再度作成者から評価者（あるいは質問があった学生）に対して説明を行う時間を設ける。作成者は、評価者の意見が適切かどうかを踏まえたうえで、仮に不適切と考えた場合には、その理由を述べることとする。なお、この模擬試験・模擬解答発表会では、作成された模擬試験と模擬解答について担当教員からは、特段の発言を行わないものとする。誤って期末試験の問題に関係する内容を話してしまわないためである。また、可能であれば、担当教員以外の教員を教室へお招きして、発表会の様子を見学していただくこととする。これは講義公開の意味もあるが、本質的には成績評価の客観性と厳格性を担保するためである。

第二節　【コマ主題細目②】模擬試験・模擬解答発表会の実施と意義

　ここでは、模擬試験を実際に行い、模擬解答を用いて自己採点を行うところまでを実施する。なお、このような模擬試験・模擬解答の作成は、昨今言われている学習成果を測定するものとも言えるが、これは学習成果というよりも教員の教育成果を測定するものとしても実質的に機能している。もともと、『シラバス論』では、これらは「最もリアルな授業評価としての学生模擬試験作成」（二〇六頁）と呼ばれていた。なぜかと言えば、教員がどれだけ講義資料を詳細に書いたとしても、実際の講義でそこまできちんと教えられているのかを期末試験前に問うことは難しいためである。したがって、模擬試験・模擬解答を学生に作成させることは、学生が理解しているかと同時に、教員が教えたかったこと（講義草稿と付録(1)コマシラバスと履修判定指標）をきちんと教えられているかについての現実的な評価を得る機会となっている。このことは、『シラバス論』で次のように説明されている[2]。

　最初の段階は、受講クラスの上級学生を中心に―あるいは、上・中・下それぞれの受講生から代表を選んで（これも教員による選抜か、学生による他薦、自薦、どれでもよいが）―、期末試験前の最終授業回において予想試験発表をさせるということだ。教員はどんな試験を出すだろうか、という模擬試験・模擬解答を学生自身が作成（場合によってはグループ発表でもよい）、それをクラス内で発表し、学生同士で検討するという仕組みの導入である。「詳細なシラバス＋詳細な履修判定指標＋実際の授業＋実際に受講した学生の評価（試験予想）＝授業の実体」である。このとき、担当教員がそれらの発表を聞いて自分が作成しようとしていた試験問題と解答を学生たちがシミュレーションできていれば、その授業は成功だったと言える。「アクティブ・ラーニング」というものが流行っているが、授業における「アクティブ」の最上級は、授業の模擬試験・模擬解答を受講学生が作成できることである。ルーブリック評価などをいくら積み重ねても意味はない。

したがって、模擬試験・模擬解答を学生に作成させることは、学生の理解度を単に確認するだけではなく、教員の達成度を確認するためにむしろ重要なことである。そのため、この模擬試験・模擬解答があまりにも想定していた期末試験から逸脱したものとなってはならない。それは、教員が教えたかったこと（講義草稿と付録のコマシラバスと履修判定指標）がほとんど教えられていないことを意味するからである。ただし、教えたかったことと教えたことの差分が意識できるという意味では、一連の教材は機能しているとも言える。仮に講義草稿と付録のコマシラバスと履修判定指標がない講義であれば、教えたかったことと実際に教えたことの差分が見えにくくなり、実際に期末試験を終えたところで学生が思った以上に点数を獲得しておらず、点数調整（素点処理）を行わざるを得ないからである。その悪しき点数調整（素点処理）は、本来教材改訂への足がかりにすべき多くの事項を無視することを意味する。したがって、教材を丁寧に準備することは、自分自身への（厳しい）評価を受けることに自然と接続されているとも言える。『シラバス論』では、次のようにも記されている[3]。

授業に失敗しても試験認定するのは、その失敗した教員であるため、失敗した分、試験基準（履修判定基準）をゆるめれば、その失敗は見えなくなる。学生も最終（あるいは最低）目標は〝卒業（学歴取得）〟だから、試験基準が緩むことにそれほどの不満は生じない。あるいは、本試験では自分の教育力を棚に上げて落とすだけ落とし、あとは再試で少々いじめてからそこそこの学生たちを救うという〝処理〟を行う教員もいる。前者であれ、後者であれ、大学では「素点」という、最終報告される成績点数とは別の、〈点数〉の二重処理が慢性化しており、これが授業の問題点を覆い隠している。

したがって、模擬試験・模擬解答を学生に作成させることは、学生の理解度を単に確認するだけではなく、教員の達成度を確認するために重要である。そのため、この模擬試験・模擬解答があまりにも想定していた期末試験から逸脱したものとなってはならない。それは教員が教えたかったことが教えられていないことを意味するからである。したがって、このような逸脱は、教員にとって厳しい授業評価に他ならないと『シラバス論』では説明されている[4]。

模擬試験・模擬解答発表を評価する教員は、自分自身に対する授業評価をいちばん厳しく受け止めなければならない立場に立たされる。あまりにもずれた発表をされたときには落伍者がたくさん出ることを覚悟しなければならないが、しかしそこで教えるわけにもいかないというように。ただし、そんな不安は、躓きやすいところで小テストなどを実施していれば、不断に補正できることでもある。授業を行うということは元からそういうことなのだから。最後の模擬試験・模擬解答発表はその補正の連続の集大成でしかない。

模擬試験・模擬解答発表会は、まさに最もリアルな授業評価会である。計画どおり授業が実施されたかどうか、教育は効果的に機能したかの。学生アンケートで「シラバスどおり授業は実施されたか」、「計画どおり試験は実施されたか」などの問いには学生の未熟な判断がまだまだ残るが、模擬試験・模擬解答発表会はその不備を補う機能を有している。授業計画とその実際との「差分の意識」は、この学生による模擬試験作成において、もっとも具体的に先鋭化して表れる。

第三節【コマ主題細目③】模擬試験・模擬解答発表会の双務性

このように考えると、模擬試験・模擬解答の作成とは、学生(作成者)と教員がともに評価を受けるという意味で双務性を前提としている。さらに、この双務性は、発表会が終わった後でも機能するものである。というのは、学生は仮に模擬試験で高得点を取れたとしても(あるいは作成者の場合であれば良い模擬試験が作成できたとしても)、実際の期末試験で高得点が取れるかどうかは保証がないからである。実際の期末試験で高得点を取るためには、発表会から期末試験までの約一週間で一層の勉学に励まなければならない。模擬試験で問われたことが実際の期末試験で同様の問題として問われるのか、あるいは違った形で問われるのか。あるいは、模擬試験で問われたことは実際の期末試験では問われず、他の点について問われるのかどうか。学生は、試験勉強の期間においてより一層の〝務め〟を果たさなければならないのである。したがって、模擬試験・模擬解答発表会とは、学生を期末試験へ向かわせるための最後の機縁となっている。

さらに、教員にとっても模擬試験・模擬解答発表会は次期に向けた教材改訂の足がかりとなる。この発表会で学生の点数(分布)が芳しくない場合は大量落伍者を覚悟しなければならないが、しかしそこで諦めるわけにもいかない。「どうして、この教材で高得点が取れないのだろう」、「どこが分かりにくかったのだろう」と自問したうえで、それを次期に向けて教材を改訂していくしかない。むしろ、このことは授業評価アンケートでは問われない点でもあるため(というより、教材と点数の関係は教員自身が一番感じ取ることのできることでもあるため)、教員にとっては教材改訂という一層の〝務め〟を果たさなければならないと言える。そうして、学生と教員の双務性は半ば孤独(単独)の中で果たされていく。この孤独な時間が、学生と教員の「陶冶の時間」である。第一五章(第一五回)の講義は、ここまでとする。

註

1——ここで小テストの二回目までとするのは、三回目まで実施したうえで作成担当となる学生を選んでしまうと、私の経験上では学生が模擬試験と模擬解答を作成する時間が一週間程度しかなく十分なものができなくなってしまったためである。ただし、一週間程度で作成が可能である学生であれば、三回目までの点数をもとに作成担当を選ぶのも可能である。

2——『シラバス論』、二〇七頁。

3——『シラバス論』、一九一頁。さらに、次のようにも言及されている。「第三者が作った試験の『素点』処理はあり得ても、自分がシラバスを計画し実際の講義もやり、学生と一五週(九〇分×一五回)にわたって付き合った教員が素点処理するというのもおかしなことだ。素点処理はその教員自らが試験作成のノウハウがないか、講義に失敗したことの隠蔽に過ぎない。いずれにしてもこの『第三者の教員』による試験というのは、当面理念にとどまる。教員は、自分が書いたコマシラバスと履修判定指標を第三者の教員(同じ分野の)が読み込んで試験を作成するとすれば自分が作ろうとしている試験と同質で同程度のものができるだろうかと自問すべきだ。それをたえずシミュレーションしながら書き込んでいけば、『詳細化』は質を有した詳細化になる。なによりそれは、学生を教育することの実質に応える授業計画(コマシラバス作成+履修判定指標作成)になっていると言える。」(二一六〜二一七頁)

4——『シラバス論』、二〇八頁。

付録

コマシラバス／履修判定指標

判されてきたのかを経営管理論と経営組織論の歴史（＝経営学説史）を通じて把握する。具体的に
にかけて古典的管理論について考えていく（第一単元）。第六回から第八回にかけては、新旧人間
から第十三回にかけては、経営組織論として組織文化論、意思決定論、経営戦略論について考えて
として第五回、第九回、第十四回を設けている。十五回は模擬試験・模擬解答発表会として学生
のとする。このような科目全体の構成において、本コマ（第一回）は、「経営管理論が目指すもの」
スとは何かについて理解するとともに、今後経営管理論を修得していくために必要な知識について

③	経営管理論で教えることと学ぶこと	④	—	⑤	—

とはどのような場所だろうか。〈大学〉には、あえて時間的・空間的制約が設けられているため、
要がある。その共通目的が、多くの学生や教職員による協働を促し、〈大学〉という組織の存続を
にすることである。この知的伝統という意味で言えば、〈管理 management〉という言葉も現在の意
われは、この言葉が、一体いつから、どのように使用されるようになったのかという知的伝統に根
の言葉に根ざすことは、一冊の書物に書かれていることを時として沈黙において読解していく姿勢
とではない。黙って一つ一つの言葉について考えることが、やがて自らの後世を支える思考に結び
本隆明は、言葉の本質とは自分が自分と会話するためのものと言っている。他者との会話ではなく、
意味である。これは書き手の場合も例外ではない。書くこともまた沈黙の作業である。すなわち、
独性（＝読者が一人で読むこと）が時代や時間を超えて交差するところである。以上のところまで

従来の「概念概要型シラバス（その授業において目印となる概念の概要だけが書かれたシラバス）」
このコマシラバスが、「この授業の〝時間〟（＝九〇分）では、何を、どこから、どこまで、どれく
を記した詳細な資料であるというものである。教員がその〝時間〟を意識してコマシラバスを記し
おいて理解する。また、この相互参照は、授業内容だけではない。このコマシラバスの別添資料に
ラム・ポリシーとの関係、カリキュラム全体の中でのこの科目の位置づけ、科目の目的、到達目標、
に授業前（予習）・授業中（授業）・授業後（復習）において教員と学生が相互に参照する必要のあ
生は、ともに各回の「科目の中での位置付け」を踏まえながら、「コマ主題細目」としての〈時間
身〉を山を登るように一歩一歩理解していくことが求められる。つまり、コマシラバスは、授業内
まり、コマシラバスは単に授業内容を把握するためのものではなく、学生と教員が授業の前中後に
を理解する。

〈管理 management〉が一体いつから学問的に産声をあげるようになったのかという起源について理
manus」が原義であり、それが中世には「（馬を）調教する manege」などの言葉へと変化していき、
い形で使用されるようになった。このような言葉の歴史を辿ってきた〈管理 management〉が学問
会でのことだった。もともとアメリカ機械技師協会（ASME：現在のアメリカ機械学会）では、機
その研究発表の場において、ある人物から、これからの時代において機械技師を養成するだけでは
人としての管理者（manager）が必要であると報告された。いわゆるタウン報告である。このよう
研究していくための最初の報告であったのである。こうして経営管理論は、機械工学に始まり、社
展していくことになる。詳細については以降の講義において解説するとして、ここでは経営管理論
試験・模擬解答作成について説明する。以上のところまでを理解する。

③	小テスト	④	模擬試験・模擬解答発表会	⑤	履修判定指標
☑	ICT		PowerPoint・Keynote		教科書
	その他		該当なし		

として予習はなしとする。ただし、授業開始以前に文献を入手出来た学生については、第一回の講
目②「コマシラバスとは何か」については、コマ主題細目が九〇分という時間の時間的な区切りで
ことの範囲と深度を意味するものとして理解しておくようにしたい。なお、予復習部分については、
ることを願いたい（例：10 月 31 日に 2 時間予習を行ったとすれば、2h 10/31 と書く）。このよう
ついてどれくらい勉強したのかを確認出来る。

別添資料に記載されているディプロマ・ポリシーとの関係、カリキュラム・ポリシーとの関係、カ
目標、科目の概要、科目のキーワードを再度熟読しておくこと。また、上記の「コマ主題細目」、「細
全て自分でも理解出来るかを確認しておくこと。なお、第一回の講義草稿の重要な箇所には赤ペン
どしておくこと。期末試験までに青ペンで引いた箇所が「わかった」と思えるように特にその点に
こと。

教材・教具

（1）中原翔「経営管理論コマシラバス」大阪産業大学経営学部商学科経営管理論、2022 年。

（2）中原翔「経営管理論第一回講義草稿」大阪産業大学経営学部商学科経営管理論、2022 年。

（3）芦田宏直『シラバス論―大学の時代と時間、あるいは〈知識〉の死と再生について』晶文社、2019 年、80–132 頁。

【教材・講義レジュメとコマ主題細目との対応】

コマ主題細目①　教材（1）「経営管理論コマシラバス」、教材（2）「第一回講義草稿（第一節）」

コマ主題細目②　教材（1）「経営管理論コマシラバス」、教材（2）「第一回講義草稿（第二節）」

コマ主題細目③　教材（1）「経営管理論コマシラバス」、教材（2）「第一回講義草稿（第三節）」

<table>
<tr><td rowspan="12">1</td><td rowspan="12">経営管理論が
目指すもの</td><td>科目の中での
位置付け</td><td colspan="4">本科目では、〈管理〉という概念がどのように誕生し、発展し、批
は、第一回で経営管理論への導入を行った後、第二回から第四回
関係論と組織論的管理論について考えていく（第二単元）。第十回
いく（第三単元）。なお、それぞれの単元についての「復習コマ」
が実際に作成した期末試験予想問題（と予想解答）を発表するも
として、講義を受けるとはどのようなことか、そしてコマシラバ
解説するものである。</td></tr>
<tr><td>コマ主題細目</td><td>①</td><td>講義を受けること</td><td>②</td><td>コマシラバスとは何か</td></tr>
<tr><td rowspan="3">細目レベル</td><td>①</td><td colspan="3">講義を受けることについて理解する。学生にとって、〈大学〉
その制約においてどのような共通目的があるかを考えてみる必
導くからである。その共通目的とは、学生を「知的伝統の継承者」
味で使われるまでに長い歴史を有している。したがって、われ
差さなければならないと言える。ただし、このように一つ一つ
を強いるものでもある。だが、この沈黙は、決して消極的なこ
つくことがあるからである。戦後最大の思想家とも呼ばれた吉
自分との会話である。そのための言葉こそ本来的な言葉という
書物とは著者の単独性（＝著者が一人で書くこと）と読者の単
を理解する。</td></tr>
<tr><td>②</td><td colspan="3">コマシラバスとは何かについて理解する。コマシラバスとは、
とは異なり「時間型シラバス」である。その意味するところは、
らいの深さで教員は教えるのか＝学生は学ぶのか」の〈中身〉
た後に、学生もまたその〝時間〟で学ぶ内容を授業の前中後に
も記載するように、ディプロマ・ポリシーとの関係、カリキュ
科目の概要、科目のキーワード、授業の展開方法などは、つね
るガイドラインである。実際の授業にのぞむ際には、教員と学
的な）区切りを念頭に置きつつ、「細目レベル」に書かれた〈中
容を教員と学生がともに参照するための最重要資料である。つ
おいて〝使用する〟最も重要な資料である。以上のところまで</td></tr>
<tr><td>③</td><td colspan="3">経営管理論で学ぶことを理解する。経営管理論では、まずは
解する。もともと〈管理 management〉とは、ラテン語の「手
近現代に近づくにつれ「管理する manage」といった意味に近
上の産声をあげたのは、意外にもアメリカの機械工学分野の学
械技師（engineer）や学者などが集い研究発表が行われていた。
なく、彼らを統括して、目標を定めたり、計画を出したりする
にタウン報告とは、〈管理 management〉を体系的かつ理論的に
会学、心理学、経済学などの基礎学問の知見を応用しながら発
の起源とともに、本科目における評価方法（期末試験）や模擬</td></tr>
<tr><td>キーワード</td><td>①</td><td>コマシラバス</td><td>②</td><td>講義草稿</td></tr>
<tr><td rowspan="2">コマの展開方法</td><td></td><td>社会人講師</td><td></td><td>AL</td></tr>
<tr><td>☑</td><td>コマ用オリジナル配布資料</td><td></td><td>コマ用プリント配布資料</td></tr>
<tr><td>予習・復習課題</td><td colspan="4">予習（　　h　　/　　）：本コマの内容は第一回であるため、原則
義草稿、コマシラバスを精読することを勧める。特にコマ主題細
あること、また細目レベルがそのコマ主題細目に記載されている
それぞれにかかった時間（h:hour の略字）と日付を必ず書き入れ
に記載しておけば、あとで振り返った場合にも自分がこの内容に

復習（　　h　　/　　）：本授業の内容を忘れてしまわないうちに、
リキュラム全体の中でのこの科目の位置づけ、科目の目的、到達
目レベル」、「キーワード」も熟読しておき、中原が解説した点が
で線を引き、難しいと感じた箇所については青ペンで線を引くな
関する議論には集中し、授業の前中後の時間を利用して質問する</td></tr>
</table>

判されてきたのかを経営管理論と経営組織論の歴史（＝経営学説史）を通じて把握する。具体的ににかけて古典的管理論について考えていく（第一単元）。第六回から第八回にかけては、新旧人間から第十三回にかけては、経営組織論として組織文化論、意思決定論、経営戦略論について考えてとして第五回、第九回、第十四回を設けている。十五回は模擬試験・模擬解答発表会として学生がとする。このような科目全体の構成において、本コマ（第二回）は、「アメリカのビッグ・ビジネス」ちについて理解するとともに、このビッグ・ビジネスと経営思想、組織構造の関係について解説す

③	ビッグ・ビジネスと組織構造	④	—	⑤	—

とは、まずもって一九世紀末から二〇世紀初頭にかけて行われた、アメリカにおける大規模な産業に発展してきたのは、鉄道であった。鉄道が整備される以前では、アメリカ各地に点在していた工っていた。しかし、鉄道が誕生するようになって以降は、ヒト、モノ、カネ、情報という経営資源このような状況にあって、最初は小規模であった工場も、次第に大きな企業へと発展していく。しる機械技師（engineer）だけではなく、彼らを統括する人としての「管理者（manager）」が必要にに一八八〇年当時に機械技師によって結成されたアメリカ機会技師協会(ASME)であった。つまり、的＝体系的な要素を取り入れて管理を行うために管理者を必要とすることが主張されたのである。ウンによって報告されたことから「タウン報告」と呼ばれている。このように「タウン報告」は、告であった。以上のところまでを理解する。

は、簡単に言えば「経営者が信奉している価値・規範」のことを指している。現代の経営者についッグ・ビジネスが隆盛していた頃も経営者に信奉されていた価値・規範はあった。経営史家であることが出来る。これは当時の経営者が、おおむね進化論的経営観か創造論的経営観のいずれかに『種の起源』において主張された考え方であり、自然界での淘汰のメカニズムを説明したものであ「種」との競争に打ち勝ち、長く生きることが確認されている。したがって、このような「自然選やがてそれらが少数から多数へと転化していくと考えられている。したがって、進化論的経営観に残るものと考えられている。他方で、創造論とは「神の創造」として世界を理解する立場のことでへの「信仰」によってもたらされたものと考えることを意味する。こうした経営観をもつ経営者は、へと還元しようとする。それは教育機関への寄付や芸術活動・文学活動などへの経済的支援であっがあることから、ここではコクランによって主張された経営哲学について考えることとする。以上

は、簡単に言えば「組織の形」のことを指している。小さい組織で、一人で切り盛りする場合には、ばなるほど、そこで多くの人々が働くようになるため、どの部門を置くのか、その部門にどれくグ・ビジネスが確立してきた一九二〇年代以降では、大企業において近代的な全般的管理（generalかにしたチャンドラーは、当時の大企業にはいくつかの特徴があったことを説明している。一つ目長期的な経営計画を立案し、その実行については各部門に指示をする。このような経営機能と実目に、各部門に対する管理・統制である。経営者は事業部という単位において大企業を構成してたり、販売したりする（事業部の実行機能）。しかし、事業部にすべてを任せるのではなく、そのく分業と調整を行っていたと言われている。三つ目に、マネジメント・サイクルの確立である。経画、実行、統制を行う。ただし、これは一回限りで終わるものではなく、計画（plan）、実行（do）、の企業は、事業部制組織において近代的な全般的管理を行っていたことから、ここでは組織構造のとして職能制組織は「垂直統合戦略」の下で機能しており、事業部制組織は「多角化戦略」の下で（チャンドラー）と言われる。以上のところまでを理解する。

③	進化論と創造論（進化論的経営観と創造論的経営観）	④	組織構造	⑤	職能制組織と事業部制組織
☑	ICT		PowerPoint・Keynote		教科書
	その他		該当なし		

おいては「鉄道」などの交通網の整備が欠かせない。このことを踏まえ、本学もまた「大阪鉄道学おくこと。また、この「鉄道」ついては経営資源を運ぶのに必要不可欠な点を踏まえて第二回（第明を特に熟読しておくこと。また、〈管理〉という点については、その重要な報告に位置づけられに、経営思想については進化論と創造論という二つの基本思想が競争と信仰という二つの特徴に根職能制組織と事業部制組織がどのような組織構造であるかを視覚的に理解しておくために、ここでいる図表において確認しておくこと。

まず履修判定指標の一の箇所を読んだ上で、各節の要点を押さえておくこと。特にビッグ・ビジネの産業発展を担った経営者の経営思想には企業を種として開花させる進化論的経営観か、あるいは分類できることを押さえておくこと（コクランの経営哲学はその二つの対立的把握を超えるもので的管理として経営機能と執行機能の分離、各事業部に対する管理・統制、マネジメント・サイクルしておくこと。なお、第二回（第二章）の講義草稿の重要な箇所には赤ペンで線を引き、難しいと試験までに青ペンで引いた箇所が「わかった」と思えるように特にその点に関する議論には集中し、

教材・教具

(1) 経営学史学会編『経営学史事典』文眞堂、2002年、25頁。

(2) 松嶋登『現場の情報化―IT利用実践の組織論的研究』有斐閣、2013年、35–47頁。

(3) マックス・ウェーバー（大塚久雄訳）『プロテスタンティズムの倫理と資本主義の精神』岩波書店、1989年、77頁。

(4) ダニエル・レン（佐々木恒男監訳）『マネジメント思想の進化（第4版）』文眞堂、2003年、104頁。

(5) ダーウィン（八杉龍一訳）『種の起原（上）』岩波書店、1990年、85–90頁。

(6) アルフレッド・D・チャンドラー（有賀裕子訳）『組織は戦略に従う』ダイヤモンド社、2004年。

【教材・講義レジュメとコマ主題細目との対応】

コマ主題細目① 教材（1）『経営学史事典』、教材（2）『現場の情報化』、第二回講義草稿第一節

コマ主題細目② 教材（3）『プロ倫』、教材（4）『マネジメント思想の進化』、教材(5)『種の起原』、第二回講義草稿第二節

コマ主題細目③ 教材（6）『組織は戦略に従う』、第二回講義草稿第三節

<table>
<tr><td rowspan="8">2</td><td rowspan="8">アメリカの
ビッグ・ビジネス</td><td>科目の中での
位置付け</td><td colspan="4">本科目では、〈管理〉という概念がどのように誕生し、発展し、批
は、第一回で経営管理論への導入を行った後、第二回から第四回
関係論と組織論的管理論について考えていく（第二単元）。第十回
いく（第三単元）。なお、それぞれの単元についての「復習コマ」
実際に作成した期末試験予想問題（と予想解答）を発表するもの
として〈管理〉が誕生する背景として大規模な産業発展の成り立
るものである。</td></tr>
<tr><td>コマ主題細目</td><td>①</td><td>ビッグ・ビジネスの生成</td><td>②</td><td>ビッグ・ビジネスと経営思想</td></tr>
<tr><td rowspan="3">細目レベル</td><td>①</td><td colspan="3">ビッグ・ビジネスの生成について理解する。ビッグ・ビジネス
発展のことを指している。まず、アメリカ（の北東部）で最初
場を馬で行き来することが多く、その往来には大変時間がかか
が短時間で大量に行き来することとなり、産業が活性化した。
たがって、そこで働く人も次第に増えていくこととなり、単な
なっていった。このことが最初に主張されたのは、先述のよう
機械技師が単に技術的な仕事を行うだけではなく、そこに科学
このことは、当時イェール・タウン製造会社の社長であったタ
ビッグ・ビジネスを支えるための〈管理〉についての重要な報</td></tr>
<tr><td>②</td><td colspan="3">ビッグ・ビジネスと経営思想について理解する。経営思想と
ても、合理性や効率性が重要な価値・規範となっているが、ビ
ダニエル・レンによれば、それは進化論と創造論の二つに分け
根ざしていたことを意味している。進化論とは、ダーウィンの
る。動植物が生息している自然界では、優れた「種」は劣った
択」においては、少数の優れた「種」が生き残ることとなり、
おいても、少数の優れた「企業」がやがて業界を席巻し、生き
あり、ゆえに創造論的経営観とは人間の経営上の成功もまた神
経営上の成功を神からの恩恵として受け取り、その恩恵を社会
たりと様々である。ただし、このような対立的な把握にも限界
のところまでを理解する。</td></tr>
<tr><td>③</td><td colspan="3">ビッグ・ビジネスと組織構造について理解する。組織構造と
組織構造はあまり重要にならない。しかし、組織が大きくなれ
らいの人々を配置するのかなどを考えなければならない。ビッ
management）が行われるようになっていた。このことを明ら
に、経営機能と実行機能の分離である。経営者は企業全体の中
行機能を分離することが大企業には必要だったのである。二つ
り、その事業部は自らが扱う製品やサービスを中心的に製造し
管理や統制については本社が担って（本社の経営機能）、うま
営機能を担う本社は、実行機能を有している事業部に対して計
統制（see）の循環（cycle）として行われる。このように当時
基本として職能制組織と事業部制組織の比較を行い、その特徴
機能することについて理解する。つまり、「組織は戦略に従う」</td></tr>
<tr><td>キーワード</td><td>①</td><td>ビッグ・ビジネス</td><td>②</td><td>鉄道</td></tr>
<tr><td rowspan="2">コマの展開方法</td><td></td><td>社会人講師</td><td></td><td>AL</td></tr>
<tr><td>☑</td><td>コマ用オリジナル配布資料</td><td></td><td>コマ用プリント配布資料</td></tr>
<tr><td></td><td></td><td>予習・復習課題</td><td colspan="4">予習（　h　/　）：アメリカに限らず、大規模な産業発展に
校」が母体となっていたことを本学ウェブサイトなどで確認して
二章）の講義草稿の第一節に記載している輸送機関についての説
る「タウン報告」についても同様の箇所を熟読しておくこと。次
ざしていることを理解しておくこと。そして、組織構造については、
は二つの組織について検索するか、もしくは講義草稿に記載して

復習（　h　/　）：本授業の内容を忘れてしまわないうちに、
スが鉄道を軸にした大規模な産業発展であること、そしてこれら
神によって与えられたものとして発展させる創造論的経営観かに
ある）。また、ビッグ・ビジネスが確立して以降は、近代的な全般
の実行の三つがあり、これらを事業部制組織の構造とともに理解
感じた箇所については青ペンで線を引くなどしておくこと。期末
授業の前中後の時間を利用して質問すること。</td></tr>
</table>

判されてきたのかを経営管理論と経営組織論の歴史（＝経営学説史）を通じて把握する。具体的に
にかけて古典的管理論について考えていく（第一単元）。第六回から第八回にかけては、新旧人間
から第十三回にかけては、経営組織論として組織文化論、意思決定論、経営戦略論について考えて
として第五回、第九回、第十四回を設けている。十五回は模擬試験・模擬解答発表会として学生が
とする。このような科目全体の構成において、本コマ（第三回）は、「科学的管理法」としてF. W.
が工場管理法、科学的管理法が提案された背景、そして精神革命について解説するものである。

③	精神革命、その威光	④	—	⑤	—

ー・テイラーは、フィラデルフィアに生まれた。彼は裕福な家庭に育ち、少年期には欧州旅行に出
テイラーは一六歳になった頃に、ハーバード大学進学準備のために寄宿舎高校に入学し、実際にハ
によって入学を断念してしまった。その代わりにテイラーは、エンジニアの見習いとしての生活を
の知識を利用しながら工業機械の実験などに取り組んだ。そして、数々の特許権を取得したのだが
部は現在でも私たちの生活の一部を支えるものとなっている。ミッドベール・スチールを退職した
スチールで働き始めている。ここでは長年温めていた「差別出来高給制度」を発表し、労働者が「そ
金を払うことなどを行ったとされている。そうして、労働者も高い賃金を得ようと仕事に精を出し、
管理することが可能になったのである。テイラーは、このようミッドベール・スチールでの経験を
揮することで、それまでの管理のあり方を根本的に問い直したと言われている。以上のところまで

一九〇三年に「工場管理法（Shop Management）」と「科学的管理法の諸原理（The Principles of
した差別出来高給制度に関連した様々な仕組みについて論じている。例えば、職長制度（職能的職
案し、体系的な指揮命令系統の確立を目指した。工員のみであれば多くの工員に対して一人ひとり
員を取りまとめることでより管理がしやすくなったと言える。また、計画部の設置では、「計画と
を担うことで、言わば工場の頭脳的役割を果たすことなどが考えられた。工場全体の計画を担う部
来る。このような工場管理法に対して科学的管理法では、主に作業条件の整備が進められた。テイ
的欲求が満たされないことによる自然的怠業とは異なり、労働者が集団で怠業を行う組織的怠業を
準化」を行い、一日に労働者が達成すべき作業量を決定することで（また、それに高い賃金を与え
ャベルすくい作業の実験などを行い、シャベルのすくい方や一回にすくう量などを科学的に計測
イラーは飛躍的に工場の生産性を向上させた。以上のところまでを理解する。

法は、飛躍的な生産性から脚光を浴びることとなった。当時の新聞、雑誌などに取り上げられ、ア
く思わない人たちもいた。労働者である。テイラーの科学的管理法が成果をもたらす反面、労働者
たちはテイラーに反発する態度を取り、最終的に労働運動を引き起こした。一九一一年、ウォータ
働問題のすべてをテイラーのせいにした。テイラーは、鉄道公聴会に呼び出され、そこで弁明を求
質問攻めにあったテイラーは、周囲の人々がその意味を誤解していると弁明した。だが、テイラー
部局においてテイラーの考案した制度はすべて使用禁止となってしまった。だが、テイラーはそれ
法の本質は労働者と使用者の双方が徹底した精神革命を起こすこと」が重要であると主張したので
理そのものの科学化とそれに対する根本的な理解が必要であると訴えたのであった。以上のところ

③	科学的管理法	④	労使双方の繁栄	⑤	精神革命
☑	ICT		PowerPoint・Keynote		教科書
	その他		該当なし		

る生産性を飛躍的に向上させたものとしてその功績が称えられている。したがって、予習段階にお
いて重要な研究成果であることを踏まえておくこと。特に、第三回（第三章）の講義草稿の第一
ド大学を受験するものの、視力の低下から入学を断念しなければならなかった背景について理解し
スチールでの経験を踏まえて、工場管理法と科学的管理法という二つの管理法を考案したことにつ
度が一定の作業量を超えると労働者の賃金を多く与えるものという点に注意して講義草稿を熟読
相まって誤解されたものであることを踏まえて、テイラーが科学的管理法という優れた管理法に対

まず履修判定指標の二の箇所を読んだ上で、各節の要点を押さえておくこと。予習課題でも取り上
学に合格するものの、猛勉強によって視力が低下し入学を断念したことを理解しておくこと。また、
駆り立てるものであり、かつ労働者を管理する方法として職長制度（職能的職長制）と計画部の設
鉄運び作業とシャベルすくい作業が実験的に行われており、それによって工場の生産性が大いに工
れてしまったため、テイラーは科学的管理法の本質を精神革命（＝労使双方の繁栄）にあったと訴
稿の重要な箇所には赤ペンで線を引き、難しいと感じた箇所については青ペンで線を引くなどして
思えるように特にその点に関する議論には集中し、授業の前中後の時間を利用して質問すること。

教材・教具

(1) レン／グリーンウッド（井上昭一・伊藤健市・廣瀬幹好監訳）『現代ビジネスの革新者たち—テイラー、フォードからドラッカーまで—』ミネルヴァ書房、2000年、175頁。

(2) 経営学史学会監修・中川誠士編『経営学史学会叢書Ｉテイラー』文眞堂、2012年、4頁。

(3) F. W. テーラー（上野陽一訳）『科学的管理法〈新版〉』産業能率大学出版部、1969年、116頁。

(4) フレデリック W. テイラー（有賀裕子訳）『新訳 科学的管理法—マネジメントの原点』ダイヤモンド社、2009年、14頁。

(5) ダニエル・A・レン（佐々木恒男監訳）『マネジメント思想の進化（第4版）』文眞堂、2003年、135、140–141頁。

【教材・講義レジュメとコマ主題細目との対応】

コマ主題細目① 教材 (1)『現代ビジネスの革新者たち』と教材 (2)『経営学史学会叢書Ｉテイラー』、第三回講義草稿第一節

コマ主題細目② 教材 (3)『科学的管理法〈新版〉』と教材 (4)『新訳 科学的管理法』、第三回講義草稿第二節

コマ主題細目③ 教材 (5)『マネジメント思想の進化』、第三回講義草稿第三節

3	科学的管理法	科目の中での位置付け	本科目では、〈管理〉という概念がどのように誕生し、発展し、批 は、第一回で経営管理論への導入を行った後、第二回から第四回 関係論と組織論的管理論について考えていく（第二単元）。第十回 いく（第三単元）。なお、それぞれの単元についての「復習コマ」 実際に作成した期末試験予想問題（と予想解答）を発表するもの テイラーの業績を中心に理解することとし、彼の経歴を踏まえな			
		コマ主題細目	①	テイラーの経歴	②	工場管理法と科学的管理法
		細目レベル	①	テイラーの経歴について理解する。フレデリック・ウィンスロ かけたり､複数の言語を身につけるなど高い教育を受けていた。 ーバード大学へ合格している。だが、猛勉強による視力の低下 行うためにミッドベール・スチールで過ごしており、機械工学 （スプーン型ラケットや工具研磨機械等）、それらの特許権の一 テイラーは、その後経営コンサルタントを経た後、ベスレヘム・ の日に達成可能な最大の作業量」を達成すれば管理者は高い賃 かつ管理者も恣意的に賃金を引き下げるなどせずに、労働者を 活かしながらベスレヘム・スチールにてその成果を遺憾なく発 を理解する。		
			②	工場管理法と科学的管理法について理解する。テイラーは、 Scientific Management)」を発表している。前者では、特に前掲 長制）では、職能（＝仕事の種類）ごとに職長を置くことを提 に指示を出さなければならないが、職長制度では職長がその工 執行の分離」に代表されるように、計画を行う部門は計画だけ 門があれば、その計画に工場全体が従って作業を行うことが出 ラーは、労働者の怠業（＝サボること）を二種類に分け、生理 問題視した。そのため、組織的怠業を防ぐために、「作業の標 ることで）組織的怠業を防ごうとしたのである。そのためにシ し、作業の標準化を行っていった。このような甲斐もあり、テ		
			③	精神革命、その威光について理解する。テイラーの科学的管理 メリカ全土に広まったのである。しかし、その一方でそれを快 は一生懸命に働かなければならなくなった。そのため、労働者 ータウン兵器廠にてストライキが起こった。労働者たちは、労 められた。公聴会の議長から、「一流労働者」の意味について の弁明は受け入れられず、ウォータータウン兵器廠などの軍事 でも科学的管理法の誤解が蔓延しているとして、「科学的管理 ある。テイラーは、このように労使双方が繁栄するために、管 までを理解する。		
		キーワード	①	工場管理法	②	計画と執行の分離
		コマの展開方法		社会人講師		AL
			☑	コマ用オリジナル配布資料		コマ用プリント配布資料
		予習・復習課題	予習（　　h　　/　　）：テイラーの科学的管理法は、工場におけ いてはまず、科学的管理法が経営管理論のみならず経営学全般に 節に記載しているテイラーの経歴において、テイラーがハーバー ておくこと。また、その後にミッドベール・スチールやベスレヘム・ いても概要を理解しておくこと。その際に、特に差別出来高給制 しておくこと。精神革命については、科学的管理法の高い効果が して込めた思いについて理解しておくこと。 復習（　　h　　/　　）：本授業の内容を忘れてしまわないうちに、 げたように、テイラーは幼少期から高い教育を受けハーバード大 工場管理法において「差別出来高給制度」が労働者の作業意欲を 置があったことを理解しておくこと。また、科学的管理法では銑 場したことを理解しておくこと。ただし、科学的管理法は誤解さ えたことを理解しておくこと。なお、第三回（第三章）の講義草 おくこと。期末試験までに青ペンで引いた箇所が「わかった」と			

判されてきたのかを経営管理論と経営組織論の歴史（＝経営学説史）を通じて把握する。具体的に
にかけて古典的管理論について考えていく（第一単元）。第六回から第八回にかけては、新旧人間
から第十三回にかけては、経営組織論として組織文化論、意思決定論、経営戦略論について考えて
として第五回、第九回、第十四回を設けている。十五回は模擬試験・模擬解答発表会として学生が
とする。このような科目全体の構成において、本コマ（第四回）は、「管理過程論」として H. J. フ
がら『産業ならびに一般の管理』と『公共心の覚醒』という二つの著作について解説するものである。

③	公共心の覚醒	④	—	⑤	—

ヨールは、トルコのイスタンブールに生まれた。もともと彼の父親の故郷はフランスであり、その
れたのがファヨールであった。ファヨール一家は、イスタンブールでの務めを終えた後、フランス
る学校へ入り、そこで勉学に励んだ。その後、リセと呼ばれる後期中等教育学校（日本での高等学
古典語に長け、特にラテン語を流暢に話すことが出来た。そして、技師になるために、鉱山学校へ
することとなった。サン・テチエンヌ鉱山学校において鉱山等の知識を学んだファヨールは、卒業
約三十年間（一八八八年から一九一八年）にわたって経営者を務めることとなった。もともとコマ
り、会社内部の主導権争いや財務体質の悪化など、経営上の数々の問題を生んでいた。このよう
の矢」となる戦略を打ち、劇的な経営改善を図ったのである。第一に、「スクラップ・アンド・ビ
プ）と新設備の設置（ビルド）のことを指している。第二に、「資源対策と企業合併戦略」である。
その資源対策として他社と企業合併することによってその対策を行った。第三に、「経営多角化戦
とから、特殊合金の事業を見据えた研究開発を行った。以上のところまでを理解する。

マンボール社での炭鉱経営者としての経験を一冊の書物にまとめようとした。それが『産業ならび
いたものの、結局第三部と第四部は未完となったと言われている。このような背景を踏まえて、本
では、「第一章　管理の定義」では、企業活動が、技術的活動、商業的活動、財務的活動、保全的活動、
理的活動は企業活動において最も重要であると位置づけられている。なぜなら、管理的活動とは、
の経営を担うからである。その上でファヨールは、管理とは「予測し、組織し、指揮し、調整し、
向上ではなく）企業全体の経営統制を担うものと位置づけている。また、「第二部　管理の原則と
原則について述べている。講義中には全て取り上げることとするが、次に記すものが主な管理原
はなく、なるべく小さな単位に分割し、それらを個々人で担い、生産効率を上げていくことが示さ
と権限と責任を付与することによって企業活動の調整を図るよう説明されている。「命令の一元性」
数のところから来ると混乱してしまうため）、一つの部署、一人の管理者などのように唯一の場所・
ファヨールは、本書を通じて管理とは何かについての概念的定義と管理原則を述べている。以上の

を踏まえ当時のフランスにおいて公共事業における管理教育の必要性などを主張していた。それは
覚醒』はそれらファヨールの講演などがまとめられた一冊となっている。その一つである「公共事
て敵対心を持っており、それらが非合理的な方法で行われていることを憂いていた。なぜなら、公
おいて行政上の調整がうまく出来ていないこと、選挙の利害関心ばかりで業務の効率性については
ァヨールは悪化した公共事業を立て直すために、一方では大臣たちに公共事業に関する啓発を行
育を行う必要性を主張したのである。当時の公共事業（土木事業）は技術教育ばかりで管理教育が
ことについては疎いことが少なくなかった。しかし、現場作業を担う人々こそ管理とは何かを理解
から、ファヨールはその必要性を主張したのであった。例えば、現場に近い従業員の主要能力は技
管理能力であるとファヨールは説明した。また、階層的組織を登っていくにつれて、管理能力の相
なくなることなどを説明した。このようにファヨールは、公共事業（土木事業）のあり方を刷新す
理解する。

③	管理原則	④	公共事業	⑤	管理教育
☑	ICT		PowerPoint・Keynote		教科書
	その他		該当なし		

自身の経営者の経験から練り上げられたものとして理解することが重要である。したがって、予習
の第一節に記載しているコマンボール社での活動について該当部分を熟読しておくことと求めた
などを比較しながら読むと、理解も深まるため、両者の経歴の違いなどにも注目しておきたい。ま
が六つに分類されており、それらが大きく管理的活動と非管理的活動（技術的活動、商業的活動、
えておくこと。管理原則については、十四のすべてを記憶しなくても良いが、それぞれの管理原則
求めたい。

まず履修判定指標の三の箇所を読んだ上で、各節の要点を押さえておくこと。特に、ファヨールは
ンボール社において三十年間勤続することなった点について理解しておくこと。その際には、コマ
としたい。また、『産業ならびに一般の管理』については、予習課題でも記したように企業活動の
統制すること」を理解しておくこと。そして、『公共心の覚醒』において、ファヨールが公共事業
り、管理教育が必要であることを謳っていた点を理解しておくこと。なお、第四回（第四章）の講
については青ペンで線を引くなどしておくこと。期末試験までに青ペンで引いた箇所が「わかった」
後の時間を利用して質問すること。

教材・教具

(1)ジャンールイ・ポセール編(佐々木恒男訳)『アンリ・ファヨールの世界』文眞堂、2005年、33頁。

(2) 佐々木恒男『アンリ・ファヨール—その人と経営戦略、そして経営の理論—』文眞堂、1984年、113–114頁。

(3) ファヨール(佐々木恒男監訳)『産業ならびに一般の管理』未来社、1972年。

(4) 経営学史学会監修・佐々木恒男編『経営学史学会叢書II ファヨール』文眞堂、2011年、24–51頁。

(5) ファヨール(佐々木恒男編訳)『公共心の覚醒——ファヨール管理論集』未来社、1970年、34–48頁。

(6) ファヨール(佐々木恒男編訳)『公共心の覚醒——ファヨール管理論集』未来社、1970年、101–113頁。

【教材・講義レジュメとコマ主題細目との対応】

コマ主題細目① 教材(1)『アンリ・ファヨールの世界』と教材(2)『アンリ・ファヨール』、第四回講義草稿第一節

コマ主題細目② 教材(3)『産業ならびに一般の管理』と教材(4)『経営学史学会叢書IIファヨール』と教材(5)『公共心の覚醒』、第四回講義草稿第二節

コマ主題細目③ 教材(6)『公共心の覚醒』、第四回講義草稿第三節

4	管理過程論	科目の中での位置付け	本科目では、〈管理〉という概念がどのように誕生し、発展し、批 は、第一回で経営管理論への導入を行った後、第二回から第四回 関係論と組織論的管理論について考えていく（第二単元）。第十回 いく（第三単元）。なお、それぞれの単元についての「復習コマ」 実際に作成した期末試験予想問題（と予想解答）を発表するもの ァヨールの業績を中心に理解することとし、彼の経歴を踏まえな
		コマ主題細目	① ファヨールの経歴 ② 産業ならびに一般の管理
		細目レベル	① ファヨールの経歴について理解する。アンリ・ジュール・ファ 父親がトルコのイスタンブールへ軍役に出かけていた時に生ま へ帰国した。ファヨールは、幼少期にキリスト教教会が運営す 校に相当）に進学して、そこでも勉学に励んだ。ファヨールは、 の入学を決め、名門であるサン・テチエンヌ鉱山学校へと入学 後にいくつかの炭鉱会社を渡り歩き、コマンボール社において ンボール社は、ファヨールが着任する前に経営危機に瀕してお な状況にあって、ファヨールは経営者として次のような「三本 ルド戦略」である。これは、老朽化した設備の廃棄（スクラッ コマンボール社は、石炭の生産高が減少し続けていたことから、 略と研究開発戦略」である。炭鉱事業だけではリスクを伴うこ
			② 産業ならびに一般の管理について理解する。ファヨールは、コ に一般の管理』である。本書は、もともと四部構成を企図して 書の構成を見てみると、「第一部　管理教育の必要性と可能性」 会計的活動、管理的活動の六つに分類されており、このうち管 他の五つの企業活動の計画、統制、調整などを行い、企業全体 統制すること」と定義しており、管理が（テイラーの作業効率 要素」では「第一章　管理の一般的原則」において十四の管理 則である。例えば、「分業」では仕事を大きな単位で行うので れている。また、「権限と責任」では、管理者に対してきちん では、命令を与えるところを複数設けるのではなく（命令が複 人間から命令が与えられるように説明されている。このように ところまでを理解する。
			③ 公共心の覚醒について理解する。ファヨールは、経営者の経験 数々の講演などにおいて主張されたものであるが、『公共心の 業の管理改革』では、当時ファヨールは公共事業の活動に対し 共事業では全体的に指揮がうまく機能していないこと、各省に 関心が持たれていないことがあったからである。そのため、フ い、他方ではこれから公共事業を担う若い人々に対して管理教 行われておらず、そのため技術者（土木技師）が人をまとめる し、実行していくことが公共事業の推進には不可欠であること 術能力であるが、現場から遠く本部に近い従業員の主要能力は 対的重要性は増していき、反対に技術能力は相対的に重要では るために管理教育を訴えかけたのである。以上のところまでを
		キーワード	① コマンボール社 ② 管理的活動
		コマの展開方法	社会人講師 / AL ☑ コマ用オリジナル配布資料 / コマ用プリント配布資料
		予習・復習課題	予習（　h　/　）：ファヨールの管理過程論は、ファヨール 段階ではファヨールの経歴について第四回（第四章）の講義草稿 い。特にテイラーとどのような類似点があるか、相違点があるか た、『産業ならびに一般の管理』については、まずもって企業活動 財務的活動、保全的活動、会計的活動）に分けられることを押さ がどのような意味で原則であるのかについて理解しておくことは 復習（　h　/　）：本授業の内容を忘れてしまわないうちに、 サン・テチエンヌ鉱山学校にて勉学に励み、その後就職したコマ ンボール社での「三本の矢」の戦略についても理解しておくこと 六つとともに管理の定義として「予測し、組織し、指揮し、調整し、 に対して技術教育ばかりに傾斜していることが批判的に捉えてお 義草稿の重要な箇所には赤ペンで線を引き、難しいと感じた箇所 と思えるように特にその点に関する議論には集中し、授業の前中

判されてきたのかを経営管理論と経営組織論の歴史（＝経営学説史）を通じて把握する。具体的に
にかけて古典的管理論について考えていく（第一単元）。第六回から第八回にかけては、新旧人間
から第十三回にかけては、経営組織論として組織文化論、意思決定論、経営戦略論について考えて
として第五回、第九回、第十四回を設けている。十五回は模擬試験・模擬解答発表会として学生が
とする。このような科目全体の構成において、本コマ（第五回）は、第二回から第四回までの内容
価には入れないが期末試験に直結する）小テストを実施し、期末試験において問われる問題のレベ

③	標準偏差と平均点の役割	④	—	⑤	—

回から第四回までに学んできた内容について簡単に復習を行った上で、（評価には入らないが期末
度内容を理解しているか、教員がどの程度教えられているのかを確認する。ここではまず、小テ
評価には入れない理由については、『シラバス論』において次のように述べられている（一四二－
れるように日々の講義設計を行っているため、途中までの内容を評価に組み込むことは教員にとっ
まり、一五回目を終えた時にそれまでに学んだ内容が隅々まで理解出来ている状態が目指されるべ
回目、十回目のように一五回の長さを短くして評価を行ってしまう単元主義に陥ってしまうのであ
これまでの内容について、学生が自分がきちんと理解出来ていたのか、あるいは教員もきちんと教
この小テストとは、学生の学生自身に対する自己評価、教員の教員自身に対する自己評価を促すも
のような小テストの意義について理解する。

履修判定指標、コマシラバス、講義草稿などを利用して本単元の復習を行っている。ただし、こ
く、それらを理解すればどのような事柄が追加的に考えうるのかを改めて考え直すという意味合い
ビジネス、科学的管理法、管理過程論というのは古典的管理論として、まずもって生産性の向上に
当然そのことを目的にしてきたし、テイラーやファヨールが目的としていたことも生産性の向上で
論とファヨールの管理論では、やや性格が異なるものである、という点である。テイラーは、どち
作業効率を上げられるかという「労働者のための管理論」であったのに対して、ファヨールの管理
のかという「管理者のための管理論」であったと言える。したがって、テイラーは作業について詳
てはあまり詳しく論じていない。どちらかと言えば、自分がコマンボール社の経営者として三十年
うに進めるべきかを詳しく論じている。したがって、両者の管理論は、その対象が誰なのかという
復習する。

テストの実施方法について述べるが、小テストを終えた後には標準偏差と平均点を確認するため
説明を加えておくこととする。小テストは二〇問を基本とし、一問五点の配点として計一〇〇点満
ムなどに入力することとし、学生と教員がともに点数分布と平均点を確認していく。これを行うと、
出来る。また、教員にとっても点数分布と平均点を確認することによって、学生の理解度を教員の
ことは、教員が点数分布についての標準偏差を求めることが出来るということを意味している。標
かを示す指標のことであるが、小テストは一二～一五を目指すこととする。これは、『シラバス論』
張を帯びている状態だからである（八七－八八頁）。標準偏差が一桁になってしまうと、上位学生
になってしまう。また、標準偏差が一八を超えると、二山現象となってしまい、上位グループと下
のような状態は放置して期末試験を行ってはならないが、だからこそ小テストを行って期末試験ま
を前もって教えるなどは試験主義であるため、そういう対策は取らない）。以上、ここでは標準偏
ろまでを行う。

③	平均点	④	標準偏差	⑤	知的緊張
☑	ICT		PowerPoint・Keynote		教科書
	その他		該当なし		

二回から第四回まで）の復習を行う。したがって、あらかじめ履修指標の一から三までについてそ
がどこから、どこまで、どれくらいの深さで問われるのかを今一度確認しておくこととする。その
第四回までを熟読しておくこと。この時に、履修指標の水準において問われていることが自分でも
て講義草稿を読みながらそれらをルーズリーフなどに用語（キーワード）や文章としてまとめるこ
ーワード）が問われた場合にも、意味を混同することなく、正確に理解しておくことを推奨する。
べく高得点が取れるように、ここでの予習（＝復習）に集中して一週間を過ごすこと。

意したいのは小テストの点数に一喜一憂しないことである。仮に高得点が取れたとしても、期末試
得点を取れないということはない。重要なことは、点数に一喜一憂することなく、自分はどの問題
がなぜ合っていたのか）について、きちんと講義草稿を読み直して該当箇所（とその周辺）を今一
た問題と偶然正解した問題をリストアップして、それらがどの履修判定指標や関連回に該当するの
に該当する、のように）。その上で、履修判定指標とともに講義草稿を確認して、期末試験での出
ことである。この場合には、高得点を取っている学生などに尋ねるなどするのも一つの手かもしれ
た問題について履修判定指標や講義草稿に立ち返ることである。

教材・教具

(1) 中原翔「経営管理論第二回講義草稿（第二章）」大阪産業大学経営学部商学科経営管理論、2022 年。

(2) 中原翔「経営管理論第三回講義草稿（第三章）」大阪産業大学経営学部商学科経営管理論、2022 年。

(3) 中原翔「経営管理論第四回講義草稿（第四章）」大阪産業大学経営学部商学科経営管理論、2022 年。

(4) 芦田宏直『シラバス論：大学の時代と時間、あるいは〈知識〉の死と再生について』晶文社、2019 年、87–89 頁、142–143 頁。

【教材・講義レジュメとコマ主題細目との対応】

コマ主題細目① 教材（4）『シラバス論』

コマ主題細目② 教材（1）第二回講義草稿～（3）第四回講義草稿

コマ主題細目③ 教材（4）『シラバス論』

5	復習コマ①	科目の中での位置付け	本科目では、〈管理〉という概念がどのように誕生し、発展し、批 は、第一回で経営管理論への導入を行った後、第二回から第四回 関係論と組織論的管理論について考えていく（第二単元）。第十回 いく（第三単元）。なお、それぞれの単元についての「復習コマ」 実際に作成した期末試験予想問題（と予想解答）を発表するもの を復習するコマとする。ただし、その際に単なる復習ではなく、（評 ルを確認する。		
		コマ主題細目	① 小テストの意義	② 履修判定指標の再確認	
		細目レベル	① 小テストの意義について理解する。本コマは、これまで第二 試験に直結する）小テストを二〇問ほど行って、学生がどの程 ストの意義について確認しておきたい。そもそも、小テストを 一四三頁）。教員は、すべてのコマを終えた時にこそ満点を取 て設計ミスということになってしまう、というものである。つ きであるのに対して、小テストを評価に入れるということは五 る。それでは、小テストにはどのような意義があるかと言えば、 えられていたかをそれぞれが自己確認するためである。つまり、 のとして機能することを意味している。ここでは、ひとまずこ		
			② 履修判定指標の再確認を行う。このコマまでに、すでに学生は の復習コマは、これまでに理解してきた内容の繰り返しではな もある。それで言えば、これまでに理解したアメリカのビッグ・ 働きかける管理論であったことが分かる。ビッグ・ビジネスも ある。ただし、ここで注意が必要であるのは、テイラーの管理 らかと言えば、生産性を向上させるためにいかにして労働者の 論とは生産性の向上のために管理者はどのように管理すべきな しく述べている点が特徴的であるが、ファヨールは作業につい 間勤続してきた経験を踏まえて、管理過程や管理教育をどのよ 点で大いに異なることを理解しなければならない。ここまでを		
			③ 標準偏差と平均点の役割について理解する。ここではまず、小 に、これらがどのような意味をもつのかについてもあらかじめ 点で行うこととする。終了後には、学生が自分の回答をフォー 自分の点数がどこに位置づけられているのかを確認することが 教授度として把握することが出来る。また、点数が出るという 準偏差とは、簡単に言えば、点数分布がどの程度開いているの でも記載されているように、一二～一五がクラス全体が知的緊 と下位学生との点数差がないためにどちらもやる気がない状態 位グループの開きが大きくなっていることを意味している。こ でに対策を打つのが教員の役割であると言える（ただし、解答 差について簡単な解説を行い、実際に小テストを実施するとこ		
		キーワード	① 小テスト	② 履修判定指標	
		コマの展開方法	社会人講師	AL	
			☑ コマ用オリジナル配布資料	コマ用プリント配布資料	
		予習・復習課題	予習（　　h　／　　）：本コマは、第一単元「古典的管理論」（第 れぞれを履修指標の水準を読む形で確認し、期末試験の出題範囲 上で、この出題範囲を念頭に置きながら、講義草稿の第二回から 理解出来ているかを確認しながら熟読する必要があるため、改め となどを推奨したい。実際の小テストや期末試験では、その用語（キ なお、小テスト後には点数順に座席シャッフルを行うため、なる 復習（　　h　／　　）：本コマの復習を行う際に、まずもって留 験の点数が良いとは限らないし、低得点であっても期末試験で高 を、なぜ間違えたのか（あるいは、理解しておらず正解した問題 度理解し直すことである。そのためには、まず小テストで間違っ かを整理することである（問２は履修判定指標１（第二回の内容） 題があるとすれば、どのような切り口で出題されるかを再考する ない。いずれにせよ、重要なことは、間違った問題と偶然正解し		

判されてきたのかを経営管理論と経営組織論の歴史（＝経営学説史）を通じて把握する。具体的に
にかけて古典的管理論について考えていく（第一単元）。第六回から第八回にかけては、新旧人間
から第十三回にかけては、経営組織論として組織文化論、意思決定論、経営戦略論について考えて
として第五回、第九回、第十四回を設けている。十五回は模擬試験・模擬解答発表会として学生が
とする。このような科目全体の構成において、本コマ（第六回）は、「人間関係論」としてウェス
を中心に理解することとし、特にメイヨーとレスリスバーガーの二人が著書において述べたことを

③	人間関係論における管理教育の必要性	④	—	⑤	—

験とは、一九二四年から一九三二年までの八年間で行われた六つの実験の総称である。初めに行わ
ウェスタン・エレクトリック社は、共同研究による実験として照明度と作業能率の関係を明らかに
って作業能率が向上する」というもので、この実験では被験者に作業をしてもらい、照明度を変え
準グループ）ではどのように作業能率に影響があるかが調べられた。しかしながら、結果としては
作業量が増加する要因として照明度は必ずしも必要であるとは言えなかった。二回目の照明実験で
敗」であるとされた。次に行われた継電器組立作業実験では、継電器と呼ばれる電気制御装置を組
っている間に室内の温度、湿度、休憩時間の提供、食事や睡眠の記録などが行われたものの、この
かった。この実験を主導したペンノックは、その理由を考えてみると、女子作業員が実験に対する
が受け入れられていたことなどを挙げ、このような人間関係が生産高に影響を与えうることが示さ

一九二九年から一九三一年にかけてウェスタン・エレクトリック社において行われた大規模な面接
メイヨーとフリッツ・レスリスバーガーが担当しており（ハーバード・グループ）、その目的は管
というものであった。のべ二万一千人以上の人々が一人ひとり面接を受けるというもので、大規模
接を通じて労働者ではなく管理者や監督者が労働者への接し方について根本的な態度変更をもた
において述べられていたように、管理者や監督者による労働者の接し方によって生産高が増加する
けをハーバード・グループは行ったのである。続いてバンク配線作業実験では、インフォーマル集
実験は、一九三一年十一月から一九三二年五月にかけて行われ、配線作業のために捲線作業員、ハ
線作業を主に三つの職種によって行うものであるが、一つの配線作業を終えると一グループの作業
実際の作業量は、なぜか増加することもなく、与えられる報酬も増加することもなかった。あるい
量を報告するなど虚偽申告が行われる場面などもあった。結論を言えば、グループの中にボスのよ
うに口裏を合わせるなどして、集団的作業量制限行為を行っていた。このようなインフォーマル集
のところまでを理解する。

まで四つの実験を中心に理解してきた。ここから注目したいのは、メイヨーやレスリスバーガーと
ク社へ調査を行ったのかというねらいである。レスリスバーガーの『経営と勤労意欲』の「第六章
考がある。そこで、レスリスバーガーは業務執行者を取り巻く環境の大部分が言語的なものである
うまく使って仕事をしていくものであると述べている。さらにレスリスバーガーは、言葉を大きく
葉であり、もう一つは自己とのコミュニケーションの言葉である。前者は、どちらかと言えば何気
なわちじっくりと自分自身に問いを発して、それに答えるものである。レスリスバーガーは、後者
話をじっくりと行った上で部下などに働きかける必要があるとした。実は、このような言葉の捉え
がいる。吉本もまた、言葉には二種類あると考え、それらは他者との言葉と自己との言葉であると
考えた上で価値を生むようなことには繋がらない。したがって、後者のように深く自問自答し、価
吉本も、このような自分自身との会話の先に他者との会話があることを重要としている。したがっ
である。以上のところまでを理解する。

③	照明実験と継電器組立作業実験	④	面接実験とバンク配線作業実験	⑤	言葉
☑	ICT		PowerPoint・Keynote		教科書
	その他		該当なし		

上げる四つの実験の名称、実験内容、実験結果、含意について、それぞれを理解しておくことが大
かれている第六回（第六章）の講義草稿の第一、二節を熟読して、実験について先に挙げた点を整
実験と継電器組立作業実験）は、もともと古典的管理論で示されていた「作業条件の改善が生産
という点が大事である。結果的に、これらの実験は失敗に終わったが、その〝失敗〟の意味がきち

まず履修判定指標の四の箇所を読んだ上で、各節の要点を押さえておくこと。特に予習課題にも示
については、この復習時点においてもそれぞれを正確に理解することが求められる。特に、照明実
的環境）に明確な関係が見られなかったこと、そして面接実験では労働者の感情的な側面が生産高
業実験については報酬を増やす仕組みがあったにも関わらず、インフォーマル集団によって集団
メイヨーとレスリスバーガーがウェスタン・エレクトリック社に調査を行ったねらいとして管理
第六回（第六章）の講義草稿の重要な箇所には赤ペンで線を引き、難しいと感じた箇所については
いた箇所が「わかった」と思えるように特にその点に関する議論には集中し、授業の前中後の時間

教材・教具

(1) 経営学史学会監修・吉原正彦編『経営学史学会叢書Ⅲ メイヨー＝レスリスバーガー—人間関係論—』文眞堂、2013年、45-88頁。

(2) エルトン・メーヨー（勝木新次校閲・村本栄一訳）『産業文明における人間問題』日本能率協会、1951年、58頁。

(3) F. J. レスリスバーガー（野田一夫・川村欣也訳）『経営と勤労意欲』文眞堂、1945年、8-54頁。

(4) 吉本隆明『ひきこもれ—ひとりの時間をもつということ—』大和書房、2006年、40頁。

【教材・講義レジュメとコマ主題細目との対応】

コマ主題細目① 教材(1)『メイヨー＝レスリスバーガー』と教材(2)『産業文明における人間問題』、第六回講義草稿第一節

コマ主題細目② 教材(3)『経営と勤労意欲』、第六回講義草稿第二節

コマ主題細目③ 教材(4)『ひきこもれ』、第六回講義草稿第三節

6	人間関係論	科目の中での 位置付け	本科目では、〈管理〉という概念がどのように誕生し、発展し、批 は、第一回で経営管理論への導入を行った後、第二回から第四回 関係論と組織論的管理論について考えていく（第二単元）。第十回 いく（第三単元）。なお、それぞれの単元についての「復習コマ」 実際に作成した期末試験予想問題（と予想解答）を発表するもの タン・エレクトリック社のホーソン工場で行われたホーソン実験 解説するものである。
		コマ主題細目	① 照明実験と継電器組立作業実験　② 面接実験とバンク配線作業実験
		細目レベル	① 照明実験と継電器組立作業実験について理解する。ホーソン実 れたのが、照明実験である。国家学術調査審議会（NRC）と しようとした。作業仮説としては、「照明度を上げることによ るグループ（実験グループ）と照明度を変えないグループ（基 双方のグループとも作業量が向上することとなった。つまり、 も同様の結果が示された。このことによって、照明実験は「失 み立てる作業が行われた。女子作業員六名が選ばれ、作業を行 実験でも作業員の生産高と物理的環境との関係は明確にならな 意見をきちんと聞いてもらえていたこと、また彼女たちの提言 れたのであった。以上のところまでを理解する。
			② 面接実験とバンク配線作業実験について理解する。面接実験は、 実験のことである。この実験は、ハーバード大学のエルトン・ 理者や監督者の作業指示について労働者からの聞き取りを行う な面接実験となった。メイヨーとレスリスバーガーは、この面 らすことを狙いとしていた。というのは、継電器組立作業実験 ということが既に示されていたためである。このような働きか 団（非公式な集団）による生産高への影響が発見された。この ンダ作業員、検査作業員がそれぞれ選ばれた。これはバンク配 員には報酬が与えられる仕組みとなっていた。しかしながら、 は、作業員は観察者が実際に確認した作業量よりも過小に作業 うな作業員がおり、その作業員がより作業量が増加しないよ 団の発見がなされたことがこの実験の一つの成果である。以上
			③ 人間関係論における管理教育の必要性について理解する。ここ いったハーバード・グループがなぜウェスタン・エレクトリッ 人間と言葉」には「業務執行者をめぐる言語的環境」という論 と述べ、業務執行者は言葉や記号、そして時には抽象的概念を 二つに分類している。一つは他者とのコミュニケーションの言 なく用いられるものであるが、後者は自分と自分との会話、す の方が大事であると考え、業務執行者はむしろ自分自身との会 方をしている人物に、戦後最大の思想家とも呼ばれた吉本隆明 した。前者は他人との意味のやりとりには向くが、じっくりと 値を生むことが大事であるとしている。レスリスバーガーも、 て、管理教育においても、このような言葉の自己表出性が大事
		キーワード	① ウェスタン・エレクトリック社　② ホーソン工場（ホーソン実験）
		コマの展開方法	社会人講師　AL ☑ コマ用オリジナル配布資料　コマ用プリント配布資料
		予習・復習課題	予習（　h　/　）：人間関係論は、ホーソン実験として取り 事である。したがって、予習段階ではそれぞれの実験について書 理しておくことを求めたい。また、特に最初の二つの実験（照明 性の向上に結びつくもの」と考えられていたことの追試であった、 んと押さえられるかが予習課題における肝となる。 復習（　h　/　）：本授業の内容を忘れてしまわないうちに、 したように、それぞれの実験の名称、実験内容、実験結果、含意 験と継電器組立作業実験については、生産高と作業条件（＝物理 に影響していることが明らかになったこと、最後にバンク配線作 的に生産高が制限されたことについて押さえておくこと。最後に、 者教育に力を入れようとしていたことを理解しておくこと。なお、 青ペンで線を引くなどしておくこと。期末試験までに青ペンで引 を利用して質問すること。

判されてきたのかを経営管理論と経営組織論の歴史（＝経営学説史）を通じて把握する。具体的に
にかけて古典的管理論について考えていく（第一単元）。第六回から第八回にかけては、新旧人間
から第十三回にかけては、経営組織論として組織文化論、意思決定論、経営戦略論について考えて
として第五回、第九回、第十四回を設けている。十五回は模擬試験・模擬解答発表会として学生
のとする。このような科目全体の構成において、本コマ（第七回）は、「新人間関係論」としてリ
それらを彼らの代表的著作に基づいて解説するものである。

③	マズローの管理論	④	—	⑤	—

人間関係論、新人間関係論の位置づけとしては、それぞれ経済的動機、社会的動機、自己実現的動
異なっている。人間が働くのは、給与や賞与などの経済的動機だけではないし、人間同士のつなが
て働くということを押さえる必要がある。その上で、リッカートに注目すれば、彼はもともと社会
経営や組織の現場に応用した学者である。リッカートは、その際に監督者の振る舞い方に注目し、
い方として分類した。このことを踏まえつつ、リッカートが提唱したのがシステム４である。シス
態へと導けるかを示したもので、システム１は独善的・専制的な組織、システム２は温情的・専
集団の組織である。リッカートによれば、最も生産性が高くなるのは、システム４すなわち参加的
に従事することが重要であるとした。しかし、これだけでは組織が高い生産性を達成するために管
ートは、管理者とは連結ピンであるとし、組織における集団間の調整を行う人物であるとした。組
がら異なっている。そこで管理者は、利害や思惑を調整しながら、情報共有を促し、意思決定を迅
理解する。

システム４や連結ピンなどのように組織全体をどのように管理していくのかというマクロな考え方
管理していくのかというミクロな考え方である。このマグレガーが主張した理論としては、X 理論
はもともと仕事をするのが嫌いで、出来ることならやりたくないと思っている。仕事が嫌いである
令されたり、処罰するぞと脅されなければ十分に力を出さない。そのため、人間は通常命令される
を望んでいる。以上が X 理論である。このことを踏まえると、管理者は従業員を強制的に管理す
せ、高い業績の達成を目指すのである。一方で、Y 理論は、性善説に近い考え方であり、人間は仕
わりない。外から統制されたりしなくとも、自分が定めた目標に対して自ら頑張ろうとするもので
が Y 理論である。このことを踏まえると、管理者は従業員にすすんで仕事をさせるための支援的
重んじることが出来る。このようにマグレガーは、X 理論と Y 理論という二つの人間像を想定する
かを明らかにしようとした。これは、従業員個人がいずれの人間であるかを意味するものというよ
によってどのような管理を行っているかを明らかにしようとしている点で管理論である。以上のと

学という領域を開拓してきた人物として知られている。それまでの心理学（機能主義心理学）で
把握し、そのデータを分析することによって人間を理解してきたとする。しかし、このような人間
過してきたとマズローは批判している。その上で、自らは人間性心理学として今一度人間性を取り
層説は、有名なものである。欲求階層説とは、生理的欲求、安全欲求、所属欲求、承認欲求、自己
れらの欲求が人間に備わっていると〝仮定（＝仮説）〟した上で、管理者がその個人を導いていく
〟であっても、管理者がそれに基づいて管理をしていくことが求められている。このことは、動機
は、人間の動機そのものを明らかにするものと考えられているが、それは動機理論である。これが
機づけること（＝一定の方向へ駆り立てること）に重きを置いており、かつそれに基づいて管理を
営（Maslow on Management）』においても「欲求階層のレベルに応じた経営管理原則」として、マ
まり、欲求階層説は、労働者の「内なる欲求」そのものを正確に写し取るものというよりは、管理
るのか」を考えるための方略（＝ツール）として考えられる。以上のところまでを理解する。

③	X 理論と Y 理論	④	人間性心理学	⑤	欲求階層説
☑	ICT		PowerPoint・Keynote		教科書
	その他		該当なし		

人間関係論、新人間関係論それぞれの人間モデルと想定されている動機の違いについて、（二）新
れ理解しておく必要がある。（一）については、講義草稿の第一節部分の冒頭を読み、新人間関係
を理解しておくこと。（二）については、まず新人間関係論の代表的論者がリッカート、マグレガー、
ム４と連結ピン、マグレガーであれば X 理論と Y 理論、マズローであれば人間性心理学と欲求階
て、メモなどを取っておくこと。

まず履修判定指標の五の箇所を読んだ上で、各節の要点を押さえておくこと。特に予習課題で示し
の位置づけをそれぞれ理解しておくこと。特にリッカートについてはシステム４がそれぞれ、シス
システム３が協議的な組織、システム４が参加的組織であることを理解しつつ、連結ピンの役割
いて理解しておくこと。また、マズローは欲求階層説は労働者の欲求そのものを反映するものでは
導くことを念頭に置いていたことを理解しておくこと。なお、第七回（第七章）の講義草稿の重要
ペンで線を引くなどしておくこと。期末試験までに青ペンで引いた箇所が「わかった」と思えるよ
利用して質問すること。

教材・教具

（1）R. リッカート（三隅二不二訳）『経営の行動科学―新しいマネジメントの探求』ダイヤモンド社、1964 年、14 頁。

（2）R. リッカート／ J. G. リッカート（三隅二不二監訳）『コンフリクトの行動科学』ダイヤモンド 社、1987 年、172 頁。

（3）D. マグレガー（高橋達男訳）『企業の人間的側面（新版）』産業能率大学出版部、1966 年、38–39、50、54–55 頁。

（4）A. H. マズロー（小口忠彦訳）『改訂新版 人間性の心理学―モチベーションとパーソナリティ』産業能率大学出版部、1987 年、10–11、31–32 頁。

（5）A. H. マズロー（金井壽宏監訳・大川修二訳）『完全なる経営』日本経済新聞 社、2001 年、29–30 頁。

【教材・講義レジュメとコマ主題細目との対応】

コマ主題細目① 教材（1）『経営の行動科学』と（2）『コンフリクトの行動科学』、第七回講義草稿第一節

コマ主題細目② 教材（3）『企業の人間的側面（新版）』、第七回講義草稿第二節

コマ主題細目③ 教材（4）『人間性の心理学』と教材（5）『完全なる経営』、第七回講義草稿第三節

7	新人間関係論	科目の中での位置付け	本科目では、〈管理〉という概念がどのように誕生し、発展し、批 は、第一回で経営管理論への導入を行った後、第二回から第四回 関係論と組織論的管理論について考えていく（第二単元）。第十回 いく（第三単元）。なお、それぞれの単元についての「復習コマ」 が実際に作成した期末試験予想問題（と予想解答）を発表するも ッカート、マグレガー、マズローの主要な概念について取り上げ、
		コマ主題細目	① リッカートの管理論 ／ ② マグレガーの管理論
		細目レベル	① リッカートの管理論について理解する。まず、古典的管理論、 機に基づいて人間が振る舞うことを前提に議論されている点が りのように社会的動機だけでもなく、人間本来の欲求に基づい 心理学の学者で主に人間行動についての科学（＝行動科学）を 一つは従業員中心の振る舞い方、もう一つは仕事中心の振る舞 テム４は、組織をどのように組み立てれば最も生産性が高い状 制的な組織、システム３が協議的な組織、システム４が参加的 集団の組織であり、従業員が参加し、その意見を踏まえて仕事 理者がどのように振る舞うべきかが分からない。そこでリッカ 織には様々な集団があるため、それぞれの利害や思惑は当然な 速にするなどの振る舞いを行うのである。以上のところまでを
			② マグレガーの管理論について理解する。リッカートの管理論が であった一方で、マグレガーは従業員個人をどのような前提で とＹ理論がある。Ｘ理論は、性悪説に近い考え方であり、人間 という特性があるために、たいていの人間は強制されたり、命 方が好きで、責任を回避する傾向にあり、野心をもたず、安全 ることになる。強制することによって、従業員を仕事へ向かわ 事をすることが当たり前のことで、それは遊びや休憩と何ら変 ある。責任も、その目標に対して積極的に取ろうとする。以上 な働きを担うこととなる。強制しなくとも、従業員の自発性を ことで、管理者がそのいずれの人間像に基づいて管理している りも、管理者がどのような人間像を有しているのか、またそれ ころまでを理解する。
			③ マズローの管理論について理解する。マズローは、人間性心理 は、心理学が科学的アプローチを通じて人間をデータによって 理解は、人間を受動的な存在と見なし、その能動的な側面を看 戻すための心理学を展開すると主張している。なかでも欲求階 実現欲求のように個人が有する欲求に注目する。その上で、そ ことが予定されている。すなわち、欲求階層は〝仮定（＝仮説） づけ理論について考えても納得がいく。通常、動機づけ理論と あくまで動機づけ理論と呼ばれるゆえんは、管理者が個人を動 推し進めるからである。このことは、マズローの『完全なる経 ズローが管理者の原則を論じていることからも説明がつく。つ 者がそれを見て、「今、どのように彼らを動機づける必要があ
		キーワード	① システム４ ／ ② 連結ピン
		コマの展開方法	社会人講師 ／ AL ☑ コマ用オリジナル配布資料 ／ コマ用プリント配布資料
		予習・復習課題	予習（　　h　／　　）：新人間関係論は、(一) 古典的管理論、 人間関係論そのものの提唱者、理論、主要概念について、それぞ 論が他の二つと異なって人間自身の欲求に焦点を当てていること マズローであることを押さえた上で、リッカートであればシステ 層説のそれぞれがどのような考え方であるかを講義草稿を熟読し 復習（　　h　／　　）：本授業の内容を忘れてしまわないうちに、 たように、新人間関係論の位置づけと新人間関係論の中での論者 テム１は独善的･専制的な組織、システム２が温情的･専制的な組織、 も踏まえておくこと。マグレガーは、Ｘ理論とＹ理論の異同につ なく、管理者がその欲求階層説に基づいて労働者を一定の方向へ な箇所には赤ペンで線を引き、難しいと感じた箇所については青 うに特にその点に関する議論には集中し、授業の前中後の時間を

判されてきたのかを経営管理論と経営組織論の歴史（＝経営学説史）を通じて把握する。具体的に
にかけて古典的管理論について考えていく（第一単元）。第六回から第八回にかけては、新旧人間
から第十三回にかけては、経営組織論として組織文化論、意思決定論、経営戦略論について考えて
として第五回、第九回、第十四回を設けている。十五回は模擬試験・模擬解答発表会として学生
のとする。このような科目全体の構成において、本コマ（第八回）は、「組織論的管理論」として
バーナードの代表的著作を取り上げながらそれらを解説するものである。

③	推理することと直観すること	④	—	⑤	—

と呼ばれるように、主著『経営者の役割』において独特かつ秀逸な人間論、協働論、組織論、管
退した後にアメリカ電話電信会社（AT & T）に入社し、一九二七年にはニュージャージー・ベル
書物にまとめたのが、『経営者の役割』である。この書物は、経営学のみならず、社会学、経済学、
学賞を受賞したサイモンもバーナードから多大なる影響を受けたと語っている。さて、このような
とは何かである。バーナードは、人間を「過去および現在の物的、生物的、社会的要因である無数
全体」と説明しており、人間が物的、生物的、社会的な制約を受ける有限な存在である点に着目し
な目的を達成するためには、他の人間との協働をしなければならない。そのため、人間はこの協働
の場合には協働（体系）において個人的目的ではなく協働的目的を達成しなければならないため、
系）に加わるかどうかは個人の判断であるが（個人人格）、ひとたび協働（体系）に加わればそこ
えに、人間はいつも二重人格である。以上のところまでを理解する。

論を理解するためには、まずもって組織とは何かを理解しなければならない。協働（体系）があく
れた活動又は体系のことであり、協働（体系）からその性質を抽出したものが組織である。この組
うに、何か具体的な組織体というよりは抽象概念としての組織を設定することで広くその傾向を明
には三つあり、（一）相互に意思を伝達できる人々がおり、（二）それらの人々は行為を貢献しよう
組織が成立するとされている。つまり、伝達（コミュニケーション）、貢献意欲、共通目的がその
式組織の二つがあり、前者は計画や手順などにしたがって運営されるものであるが、後者はどちら
のとしている。以上が組織一般の説明であるが、管理についてはどうだろうか。バーナードは、管
式組織を存続させるために管理者は（一）組織伝達の維持、（二）必要な活動の確保、（三）目的と
織全体の伝達（コミュニケーション）を維持することを意味しており、（二）は公式組織を存続さ
は公式組織の目的とそれを達成するための個人や集団の目標を決めることを意味している。つま
以上のところまでを理解する。

一九三六年にプリンストン大学工学部のサイラス・フォッグ・ブラケット講義において「日常の心
間が日常業務を行う際に兼ね備えている〈精神〉には、論理的精神過程（論理的過程）と非論理的
神的態度を切り替えながら日常業務を行っているとしている。論理的過程とは、言葉や記号によっ
は、じっくりと考えたり、決断を留保したりすることが含まれるため、時間を要する点が特徴であ
識のことで、「直観」が中心である。「直観」では、即時の判断を求められるため、瞬間的に行われ
程と直観中心の非論理的過程の二つがあり、その時々に応じて人間はこの二つをうまく切り替えな
を経るにしたがって、経営者や管理者は論理的過程の経験を重視しすぎて、その経験が乏しい人た
を見抜けなくなることがある。つまり、論理的過程のみならず非論理的過程もまた同様に重要な局
ることが経験者には多いとバーナードは警告している。したがって、彼らにこそ重要であるのは、
にとって重要であると、バーナードは言っている。以上のところまでを理解する。

③	組織（公式組織と非公式組織）	④	組織論的管理論	⑤	日常の心理
☑	ICT		PowerPoint・Keynote		教科書
	その他		該当なし		

の役割』が人間論、協働論、組織論、管理論の流れとなっていることを踏まえた上で、まずもって
については、講義草稿の第一節部分を読み、人間とは物的、生物的、社会的制約をもつ有限な存在
に協働の必要性（協働体系に加わることとその貢献の仕方）が生じることを理解しておくこと。ま
又は諸力の体系として（あくまで）抽象的な概念であることを踏まえつつ、この公式組織の存続に

まず履修判定指標の六の箇所を読んだ上で、各節の要点を押さえておくこと。特に予習課題で示し
であることを踏まえた上で、より大きな目的を達成するために協働が必要となることを理解してお
意識的に調整された活動又は諸力の体系」として定義していることを踏まえた上で、管理者はその
定式化を行うことを理解しておくこと。最後に、バーナードは「日常の心理」と題された講演にお
分類しており、特に経営者や管理者にとっての前者のあり方を論じていたことを理解しておくこ
で線を引き、難しいと感じた箇所については青ペンで線を引くなどしておくこと。期末試験までに
関する議論には集中し、授業の前中後の時間を利用して質問すること。

教材・教具

(1) C. I. バーナード・山本安次郎（田杉競・飯野春樹訳）『新訳 経営者の役割』ダイヤモンド社、1968 年、8–22 頁。

(2) 加藤勝康・飯野春樹編『バーナード―現代社会と組織問題―』文眞堂、1987 年、17 頁。

(3) W. B. ウォルフ・飯野春樹編（飯野春樹監訳・日本バーナード協会訳）『経営者の哲学』文眞堂、1978 年、13–38 頁。

(4) C. I. バーナード・山本安次郎（田杉競・飯野春樹訳）『新訳 経営者の役割』ダイヤモンド社、1956 年、85–99 頁。

(5) C. I. バーナード・山本安次郎（田杉競・飯野春樹訳）『新訳 経営者の役割』ダイヤモンド社、1968 年、313–338 頁。

【教材・講義レジュメとコマ主題細目との対応】

コマ主題細目① 教材（1）『経営者の役割』と教材（2）『バーナード』と教材（3）『経営者の哲学』、第八回講義草稿第一節

コマ主題細目② 教材（4）『経営者の役割』、第八回講義草稿第二節

コマ主題細目③ 教材（5）『経営者の役割』、第八回講義草稿第三節

8	組織論的管理論	科目の中での位置付け	本科目では、〈管理〉という概念がどのように誕生し、発展し、批 は、第一回で経営管理論への導入を行った後、第二回から第四回 関係論と組織論的管理論について考えていく（第二単元）。第十回 いく（第三単元）。なお、それぞれの単元についての「復習コマ」 が実際に作成した期末試験予想問題（と予想解答）を発表するも バーナードの人間論、協働論、組織論、管理論をそれぞれ概観し、		
		コマ主題細目	① 人間と協働	② 組織論的管理論	
		細目レベル	① 人間と協働について理解する。バーナードは「近代組織論の祖」 理論を展開した人物である。彼はもともとハーバード大学を中 電話会社の初代社長に就任している。その社長の経験を一冊の 心理学など幅広い学問分野に影響を与え、のちにノーベル経済 『経営者の役割』において、まず論じられるのが人間（＝個人） の力やモノを具体化する、単一の、独特な、独立の、孤立した ている。人間は一人では生きられない。したがって、より大き (体系）に加わり、一人の参加者として振る舞う。ただし、こ ときに非人格化され、社会化されると言える。つまり、協働（体 の人間として振る舞わなければならない（組織人格)。それゆ		
			② 組織論的管理論について理解する。バーナードの組織論的管理 まで人々の集合体を指すのに対して、組織とは意識的に調整さ 織のことを、バーナードは「概念的構成体」とも呼んでいるよ らかにすることが目的とされている。この組織が成立する要件 とする意欲をもっており、(三)共通目的の達成を目指すときに、 要件となる。その上で、バーナードは組織には公式組織と非公 かと言えば人間同士の非公式なやり取りによって運営されるも 理とは公式組織の存続に対して行われるものと述べており、公 目標の定式化の三つを行う、としている。(一）については組 せるために構成員の活動を引き出すことを意味しており、(三) り、管理者は公式組織を存続させるために振る舞うのである。		
			③ 推理することと直観することについて理解する。バーナードは、 理」と題した講演を行っている。この講演でバーナードは、人 精神過程（非論理的過程）があると言い、人間はこの二つの精 て表現される意識のことであり、「推理」が中心である。「推理」 る。他方で非論理的過程とは、言葉や記号では表現できない意 る点が特徴である。このように人間には、推理中心の論理的過 がら仕事を行う。しかし、注意しなければならないのは、経験 ちのことを合理的・説得的に説き伏せようとするあまり、本質 面がありながらも、前者ばかりに固執し後者をないがしろにす その論理的な精神に対する否定性である。それが「日常の心理」		
		キーワード	① 経営者の役割	② 人間と協働	
		コマの展開方法	社会人講師	AL	
			☑ コマ用オリジナル配布資料	コマ用プリント配布資料	
		予習・復習課題	予習（　h　/　）：バーナードの議論については、『経営者 人間とは何か、協働とは何かを理解しておく必要がある。この点 であることを押さえておくこと。そして、人間が有限であるが故 た、組織論的管理論については、組織が意識的に調整された活動 対して管理者は三つの事柄を行うことを理解しておくこと。 復習（　h　/　）：本授業の内容を忘れてしまわないうちに、 たように、人間を物的、生物的、社会的制約を受ける有限な存在 くこと。そして、バーナードが組織を「二人以上の人々によって 存続に向けて組織伝達の維持、必要な活動の確保、目的と目標の いて、人間の精神を論理的精神過程と非論理的精神過程の二つに と。なお、第八回（第八章）の講義草稿の重要な箇所には赤ペン 青ペンで引いた箇所が「わかった」と思えるように特にその点に		

判されてきたのかを経営管理論と経営組織論の歴史（＝経営学説史）を通じて把握する。具体的に
にかけて古典的管理論について考えていく（第一単元）。第六回から第八回にかけては、新旧人間
から第十三回にかけては、経営組織論として組織文化論、意思決定論、経営戦略論について考えて
として第五回、第九回、第十四回を設けている。十五回は模擬試験・模擬解答発表会として学生が
とする。このような科目全体の構成において、本コマ（第九回）は、第六回から第八回までの内容
価には入れないが期末試験に直結する）小テストを実施し、期末試験において問われる問題のレベ

③	標準偏差と平均点の役割	④	—	⑤	—

から第八回までに学んできた内容について簡単に復習を行った上で、（評価には入らないが期末試
内容を理解しているか、教員がどの程度教えられているのかを確認する。ここではまず、これまで
小テストを評価には入れない理由については、『シラバス論』において次のように述べられている
満点を取れるように日々の講義設計を行っているため、途中までの内容を評価に組み込むことは教
ある。つまり、一五回目を終えた時にそれまでに学んだ内容が隅々まで理解出来ている状態が目指
ことは五回目、十回目のように一五回の長さを短くして評価を行ってしまう単元主義に陥ってしま
と言えば、これまでの内容について、学生が自分がきちんと理解出来ていたのか、あるいは教員も
る。つまり、この小テストとは、学生の学生自身に対する自己評価、教員の教員自身に対する自己
ひとまずこのような小テストの意義について理解する。

履修判定指標、コマシラバス、講義草稿などを利用して本単元の復習を行っている。ただし、こ
く、それらを理解すればどのような事柄が追加的に考えうるのかを改めて考え直すという意味合い
ともと生産高と作業条件（＝物理的環境）の関係が見られるのではないかという古典的管理論の問
ことから、偶然にも労働者の感情的な側面が生産高に影響することが発見された。このことは、人
係論で注目された労働者への視点を踏襲し、労働者がどのような動機づけによって生産性の向上を
ぞれの欲求についての焦点化である。このような新旧人間関係論では人間同士の協働や人間個人の
は人間、協働、組織、管理という統合的な視点を持っていたと考えられる。つまり、新旧人間関係
組織論的管理論は「全体の管理論」である。ここまでを復習する。

テストの実施方法について述べるが、小テストを終えた後には標準偏差と平均点を確認するため
説明を加えておくこととする。小テストは二〇問を基本とし、一問五点の配点として計一〇〇点満
ムなどに入力することとし、学生と教員がともに点数分布と平均点を確認していく。これを行うと、
出来る。また、教員にとっても点数分布と平均点を確認することによって、学生の理解度を教員の
ことは、教員が点数分布についての標準偏差を求めることが出来るということを意味している。標
かを示す指標のことであるが、小テストは一二〜一五を目指すこととする。これは、『シラバス論』
張を帯びている状態だからである（八七－八八頁）。標準偏差が一桁になってしまうと、上位学生
になってしまう。また、標準偏差が一八を超えると、二山現象となってしまい、上位グループと下
のような状態は放置して期末試験を行ってはならないが、だからこそ小テストを行って期末試験ま
を前もって教えるなどは試験主義であるため、そういう対策は取らない）。以上、ここでは標準偏
ろまでを行う。

③	平均点	④	標準偏差	⑤	知的緊張
☑	ICT		PowerPoint・Keynote		教科書
	その他		該当なし		

組織論的管理論」（第六回から第八回まで）の復習を行う。したがって、あらかじめ履修指標の四
期末試験の出題範囲がどこから、どこまで、どれくらいの深さで問われるのかを今一度確認してお
義草稿の第六回から第八回までを熟読しておくこと。この時に、履修指標の水準において問われて
要があるため、改めて講義草稿を読みながらそれらをルーズリーフなどに用語（キーワード）や文
試験では、その用語（キーワード）が問われた場合にも、意味を混同することなく、正確に理解し
ッフルを行うため、なるべく高得点が取れるように、ここでの予習（＝復習）に集中して一週間を

意したいのは小テストの点数に一喜一憂しないことである。仮に高得点が取れたとしても、期末試
得点を取れないということはない。重要なことは、点数に一喜一憂することなく、自分はどの問題
がなぜ合っていたのか）について、きちんと講義草稿を読み直して該当箇所（とその周辺）を今一
た問題と偶然正解した問題をリストアップして、それらがどの履修判定指標や関連回に該当するの
に該当する、のように）。その上で、履修判定指標とともに講義草稿を確認して、期末試験での出
ことである。この場合には、高得点を取っている学生などに尋ねるなどするのも一つの手かもしれ
た問題について履修判定指標や講義草稿に立ち返ることである。

教材・教具

(1) 中原翔「経営管理論第六回講義草稿（第六章）」大阪産業大学経営学部商学科経営管理論、2022 年。

(2) 中原翔「経営管理論第七回講義草稿（第七章）」大阪産業大学経営学部商学科経営管理論、2022 年。

(3) 中原翔「経営管理論第八回講義草稿（第八章）」大阪産業大学経営学部商学科経営管理論、2022 年。

(4) 芦田宏直『シラバス論：大学の時代と時間、あるいは〈知識〉の死と再生について』晶文社、2019 年、87–89 頁、142–143 頁。

【教材・講義レジュメとコマ主題細目との対応】

コマ主題細目① 教材 (4)『シラバス論』

コマ主題細目② 教材 (1) 第六回講義草稿〜 (3) 第八回講義草稿

コマ主題細目③ 教材 (4)『シラバス論』

<table>
<tr><td rowspan="9">9</td><td rowspan="9">復習コマ②</td><td>科目の中での位置付け</td><td colspan="4">本科目では、〈管理〉という概念がどのように誕生し、発展し、批
は、第一回で経営管理論への導入を行った後、第二回から第四回
関係論と組織論的管理論について考えていく（第二単元）。第十回
いく（第三単元）。なお、それぞれの単元についての「復習コマ」
実際に作成した期末試験予想問題（と予想解答）を発表するもの
を復習するコマとする。ただし、その際に単なる復習ではなく、（評
ルを確認する。</td></tr>
<tr><td>コマ主題細目</td><td>①</td><td>小テストの意義</td><td>②</td><td>履修判定指標の再確認</td></tr>
<tr><td rowspan="3">細目レベル</td><td>①</td><td colspan="3">小テストの意義について理解する。本コマは、これまで第六回
験に直結する）小テストを二〇問ほど行って、学生がどの程度
と同様に小テストの意義について確認しておきたい。そもそも、
（一四二－一四三頁）。教員は、すべてのコマを終えた時にこそ
員にとって設計ミスということになってしまう、というもので
されるべきであるのに対して、小テストを評価に入れるという
うのである。それでは、小テストにはどのような意義があるか
きちんと教えられていたかをそれぞれが自己確認するためであ
評価を促すものとして機能することを意味している。ここでは、</td></tr>
<tr><td>②</td><td colspan="3">履修判定指標の再確認を行う。このコマまでに、すでに学生は
の復習コマは、これまでに理解してきた内容の繰り返しではな
もある。それで言えば、これまでに理解した人間関係論は、も
題意識を踏襲していた。しかしながら、数々の実験が失敗した
間関係論の重要な発見である。そして、新人間関係論は人間関
もたらすのかに焦点を当てた。（人間関係というよりも）それ
欲求についての議論であるが、組織論的管理論ではバーナード
論は人間や集団（協働）についての「個別の管理論」であるが、</td></tr>
<tr><td>③</td><td colspan="3">標準偏差と平均点の役割について理解する。ここではまず、小
に、これらがどのような意味をもつのかについてあらかじめ
点で行うこととする。終了後には、学生が自分の回答をフォー
自分の点数がどこに位置づけられているのかを確認することが
教授度として把握することが出来る。また、点数が出るという
準偏差とは、簡単に言えば、点数分布がどの程度開いているの
でも記載されているように、一二～一五がクラス全体が知的緊
と下位学生との点数差がないためにどちらもやる気がない状態
位グループの開きが大きくなっていることを意味している。こ
でに対策を打つのが教員の役割であると言える（ただし、解答
差について簡単な解説を行い、実際に小テストを実施するとこ</td></tr>
<tr><td>キーワード</td><td>①</td><td>小テスト</td><td>②</td><td>履修判定指標</td></tr>
<tr><td rowspan="2">コマの展開方法</td><td></td><td>社会人講師</td><td></td><td>AL</td></tr>
<tr><td>☑</td><td>コマ用オリジナル配布資料</td><td></td><td>コマ用プリント配布資料</td></tr>
<tr><td>予習・復習課題</td><td colspan="4">予習（　　h　／　　）：本コマは、第一単元「新旧人間関係論と
から六までについてそれぞれを履修指標の水準を読む形で確認し、
くこととする。その上で、この出題範囲を念頭に置きながら、講
いることが自分でも理解出来ているかを確認しながら熟読する必
章としてまとめることなどを推奨したい。実際の小テストや期末
ておくことを推奨する。なお、小テスト後には点数順に座席シャ
過ごすこと。

復習（　　h　／　　）：本コマの復習を行う際に、まずもって留
験の点数が良いとは限らないし、低得点であっても期末試験で高
を、なぜ間違えたのか（あるいは、理解しておらず正解した問題
度理解し直すことである。そのためには、まず小テストで間違っ
かを整理することである（問2は履修判定指標1（第二回の内容）
題があるとすれば、どのような切り口で出題されるかを再考する
ない。いずれにせよ、重要なことは、間違った問題と偶然正解し</td></tr>
</table>

判されてきたのかを経営管理論と経営組織論の歴史（＝経営学説史）を通じて把握する。具体的に
にかけて古典的管理論について考えていく（第一単元）。第六回から第八回にかけては、新旧人間
から第十三回にかけては、経営組織論として組織文化論、意思決定論、経営戦略論について考えて
として第五回、第九回、第十四回を設けている。十五回は模擬試験・模擬解答発表会として学生が
とする。このような科目全体の構成において、本コマ（第十回）は、「組織文化論」として文化の
ーネンの組織エスノグラフィーを解説するものである。

③	組織エスノグラフィーとは何か	④	—	⑤	—

たちが接する機会があるのは「自国の文化」「海外の文化」などのように自国と他国を比較する時
する時に顕著なものとなるが、日本に生まれ、日本に住んでいれば、ことさら日本文化を問題にす
本の文化は、どのようなものであるか」と私たちに問う場合に改めて私たちが考える、という風に
いる人々にとっては、ごく当たり前なものという性質がある。このことを自明性と呼ぶ。したがっ
文化の自明性を脱しなければならない。それは当たり前を疑うことを意味している。言わば、文化
によって、私たちは文化とは何かを理解するのである。それでは、この疑うことは、どのように
「書くこと」である。もともと、文化というものについて深く考えてきた学問に文化人類学という
的な民俗芸能などを対象とし、それらを経験的な調査方法としてフィールドワーク（＝現地調査）、
ら調べている。その際、「書くこと」とは非常に重要な調査方法として位置づけられた。なぜなら、
改善するなどの役割があるからである。したがって、文化が何かを知るためには、まずもって書か

て、これと言って定義をせずに説明をしてきた。改めて文化とは何かと言えば、「目に見えないが〈全
から議論を展開しているエドガー・シャインによれば、組織文化には可視化できるか否かによって
人工物（artifact）である。人工物とは、最も目に見えるものとして表出しているもので、（自然物
に作り出したもののことである。企業であれば、建物、機会、オフィス・レイアウト、装飾品、製
工物は、物理的かつ社会的な環境として、その企業を視覚的に象徴する力を持つ。したがって、外
解する。第二に、価値（value）である。価値とは、企業において重視されている事柄であり、例
は利益を最大化することに重きを置くが、しかしそれだけでも良くない。したがって、企業は自然
る。このように、企業には複数の価値があり、それらの価値が対立したり、衝突することによって
異を生むことによって人間は実践している。第三に、基本的仮定（basic assumption）である。基本
が働く際に当たり前に信じられている（あるいは本人すらもそれに気づいていない）条件である。
的な条件として存在している。ここでは、このような組織文化の三次元について分析例を示してい

グラフィーとは、組織文化の調査方法のことである。エスノグラフィーとは、ethnographyと英語
呼ばれている。もともと、文化人類学では特定の民族集団の生活様式を探るために、このエスノグ
味であり、-graphyとは「書かれたもの」という意味である。したがって、組織エスノグラフィー
とである。どのような組織体であっても、そこで働いていない人にとっては、そこで働いている人々
こに、どのような人工物があるのか、価値があるのか、基本的仮定があるのかを探索することこそ、
二つの意味がある。一つには、民族誌を象徴する書かれたものを指す場合、もう一つは調査そのも
ラフィー」であり、後者であれば「方法としてのエスノグラフィー」である。ここでは中心的に、
かれたものであることから、その文章をどのように書いていくかが慎重に判断される。それぞれは
つの物語形式があるとしている。一つ目が写実的物語である。これは自分が調査者として入り込ん
ことを指している。二つ目に、告白体の物語である。写実的物語が（客観的な）現象を中心に書く
る。第三位、印象派の物語である。これは目の前で起きたことを忠実に再現するのではなく、まさ
て使って表現するものである。以上のところまでを理解する。

③	組織エスノグラフィー	④	民族誌	⑤	物語
☑	ICT		PowerPoint・Keynote		教科書
	その他		該当なし		

は「目に見えないが〈全体〉を指し示すもの」と理解した上で、組織文化が人工物、価値、基本
この三次元は人工物、価値、基本的仮定の順で目に見えにくく、かつ人間の行為前提や決定前提と
草稿の第二節部分を読み、その具体例（分析例）についてもイメージを掴んでおくこと。その上で、
グラフィーと方法としてのエスノグラフィーの二つがあり、講義においては作品としてのエスノグ
フィーを講義草稿の第三節部分から理解しておくこと。

まず履修判定指標の七の箇所を読んだ上で、各節の要点を押さえておくこと。特に予習課題で示し
二つについて理解しておくこと。特に作品としての組織エスノグラフィーは、具体的な記述例を講
述例とともに理解しておくこととしたい。なお、第十回（第十章）の講義草稿の重要な箇所には赤
くなどしておくこと。期末試験までに青ペンで引いた箇所が「わかった」と思えるように特にその
すること。

教材・教具

(1) E・H・シャイン（梅津祐良・横山哲夫訳）『組織文化とリーダーシップ』白桃書房、2012年、19、25–26頁。

(2) 金井壽宏、佐藤郁哉、ギデオン・クンダ、ジョン・ヴァン－マーネン『組織エスノグラフィー』有斐閣、2010年、iii頁。

(3) ジョン・ヴァン－マーネン『フィールドワークの物語―エスノグラフィーの文章作法―』（森川渉訳）現代書館、1999年、93、133、180頁。

(4) ミシェル・フーコー『作者とは何か？』（清水徹訳）哲学書房、1990年。

【教材・講義レジュメとコマ主題細目との対応】

コマ主題細目①教材なし、第十回講義草稿第一節

コマ主題細目②教材(1)『組織文化とリーダーシップ』、第十回講義草稿第二節

コマ主題細目③教材(2)『組織エスノグラフィー』と教材(3)『フィールドワークの物語』と教材(4)『作者とは何か』、第十回講義草稿第三節

<table>
<tr><td rowspan="10">10</td><td rowspan="10">組織文化論</td><td>科目の中での位置付け</td><td colspan="4">本科目では、〈管理〉という概念がどのように誕生し、発展し、批
は、第一回で経営管理論への導入を行った後、第二回から第四回
関係論と組織論的管理理論について考えていく（第二単元）。第十回
いく（第三単元）。なお、それぞれの単元についての「復習コマ」
実際に作成した期末試験予想問題（と予想解答）を発表するもの
自明性について考えながら、シャインの組織文化論とヴァン－マ</td></tr>
<tr><td>コマ主題細目</td><td>①</td><td>文化とは何か</td><td>②</td><td>組織文化とは何か</td></tr>
<tr><td rowspan="3">細目レベル</td><td>①</td><td colspan="3">文化とは何かについて理解する。文化とは何かと考える時、私
である。この比較は、私たちが異なる文化圏に住む人々と交流
ることは少ない。それは海外の方が旅行に来るなどして、「日
して話題にのぼるようになる。つまり、文化とはその文化圏に
て、文化が何かを考える時には、必ずと言っていいほど、この
の脱－自明視化である。文化という当たり前のものを疑うこと
して可能になるのか。その一つの方法として考えられるのは、
領域がある。文化人類学とは、未開地に密かに棲む民族や伝統
聞き取り調査（＝インタビュー調査）、参与観察等を用いなが
そこで起きていることを「書くこと」によって記録し、反省し、
なければならない。以上のところまでを理解する。</td></tr>
<tr><td>②</td><td colspan="3">組織文化とは何かについて理解する。先に文化とは何かについ
体〉を指し示すもの」である。ただし、組織文化について古く
次元があるという。それらは次の三つの次元である。一つに、
のように自然に出来上がったものではなく）人間自身が意図的
品・サービスなど、あらゆるものが人工物である。こうした人
部者はそれらの人工物を見て、内部者の特徴や形式について理
えば経済的価値や社会的価値がある。経済的価値であれば企業
環境や労働環境への配慮として様々な施策を打ち出すことにな
働く人々の認識に変化を生んでいる。言わば、複数の価値が差
的仮定とは、価値のように明確にはなっていないものの、人々
働く人々によって無意識に信じられているため、それらは基本
きながら、組織文化を理解する。以上のところまでを理解する。</td></tr>
<tr><td>③</td><td colspan="3">組織エスノグラフィーとは何かについて理解する。組織エスノ
表記され、日本語では「民族誌」もしくは「民族誌的調査」と
ラフィーが使用されていた。ethno－とは「民族の」という意
とは、企業や行政を含む組織体を対象に民族誌的調査を行うこ
がどのような組織文化に根ざしているのかが定かではない。そ
組織エスノグラフィーである。この組織エスノグラフィーには、
のを指す場合である。前者であれば、「作品としてのエスノグ
前者について説明する。作品としてのエスノグラフィーは、書
物語的に書かれるが、社会学者のヴァン－マーネンは、次の三
だ組織にどのような出来事が生じているのかを虚心坦懐に記す
のに対して、告白体は（主観的な）感覚を中心に書くものであ
に印象派の絵画のように洗練された言葉や刺激的な言葉をあえ</td></tr>
<tr><td>キーワード</td><td>①</td><td>文化</td><td>②</td><td>組織文化</td></tr>
<tr><td rowspan="2">コマの展開方法</td><td></td><td>社会人講師</td><td></td><td>AL</td></tr>
<tr><td>☑</td><td>コマ用オリジナル配布資料</td><td></td><td>コマ用プリント配布資料</td></tr>
<tr><td rowspan="2">予習・復習課題</td><td colspan="4">予習（　　h　　/　　）：組織文化の議論については、まず文化と
的仮定の三つの次元に分類できることを理解しておくこと。特に、
なっていることを理解しておくこと。このことについては、講義
組織エスノグラフィーという調査方法には、作品としてのエスノ
ラフィーについて詳しく解説するため、方法としてのエスノグラ

復習（　　h　　/　　）：本授業の内容を忘れてしまわないうちに、
たように、組織文化の三次元とともに、組織エスノグラフィーの
義草稿にも掲載しているため、第三節部分を読み、その特徴を記
ペンで線を引き、難しいと感じた箇所については青ペンで線を引
点に関する議論には集中し、授業の前中後の時間を利用して質問</td></tr>
</table>

本文	教材・教具
判されてきたのかを経営管理論と経営組織論の歴史（＝経営学説史）を通じて把握する。具体的に にかけて古典的管理論について考えていく（第一単元）。第六回から第八回にかけては、新旧人間 から第十三回にかけては、経営組織論として組織文化論、意思決定論、経営戦略論について考えて として第五回、第九回、第十四回を設けている。十五回は模擬試験・模擬解答発表会として学生が とする。このような科目全体の構成において、本コマ（第十一回）は、「組織と環境」として決定 として論じたウッドワードの研究を解説するものである。	(1) F. W. テーラー（上野陽一訳）『科学的管理法〈新版〉』産業能率大学出版部、1969 年、337–541 頁。
③ 主意主義としてのサウス・エセックス研究　④ —　⑤ —	(2) G. バレル・G. モーガン（鎌田伸一・金井一頼・野中郁次郎訳）『組織理論のパラダイム』千倉書房、1986 年、6 頁。
術が組織構造を規定する」という命題を残したことから、技術決定論（technological determinism） 考え方を知るために、ギブソン・バレルとガレス・モーガンが執筆した『組織理論のパラダイム』 書物において私たちの認識や存在に関わる見方が次の「主観－客観次元」に整理出来るとし、そ である。存在論とは「あるものがどのようにして存在しているか」について考えるもので、これは はすでにある言葉によって私たちが存在を捉えることで、後者はすでにある存在を言葉で表すこと に、認識論である。認識論とは「あるものをどのように認識しているか」について考えるものであり、 られる。後者の実証主義が「実際の現象を証拠（＝データ）に基づいて明らかにすること」を意味 づかずに明らかにすること」を意味する。第三に、方法論である。方法論とは、「ある方法を選択 いて考えるもので、個性記述的（主観主義）な研究と法則定立的な研究に分類出来る。前者は一人 するのに対して、後者は集団の法則を導き出すことを意味する。そして、最後に人間性である。こ 者は私たちの意識が外界に対して優位性をもつことを仮定するのに対して、後者は外界が私たちの ところまでを理解する。	(3) ジョン・ウッドワード（矢島鈞次・中村壽雄訳）『新しい企業組織―原点回帰の経営学―』日本能率協会、1970 年、3–81 頁。
る。もともと、ウッドワードはテイラーに代表される古典的管理論が「唯一最善の方法（one best た。そうではなく、組織と技術の関係（適合性）を見なければならないとウッドワードは考えたの である。ウッドワードは、一九五三年から調査プロジェクトを組み、イギリスのサウス・イースト・ に調査を行った。その結果明らかになったのは、企業で用いられている生産システム（＝技術特性） うことであった。簡単に言えば、「その工場で使われている機械が、人々がどのように集団で作業 意味である。そのため、ウッドワードは、サウス・エセックス研究を踏まえて「技術は組織構造 果については講義草稿を確認することとしたい）。だが、このことでウッドワードは「技術決定論」 のように組織を形成したとしても、生産システムが組織構造に影響を与えるとウッドワードは述べ 判されたウッドワードは、そのことが自分の本意ではないことを述べた上で、弁明を行っている。	(4) ジョン・ウッドワード（都築栄・宮城浩祐・風間禎三郎訳）『技術と組織行動』日本能率協会、1971 年、23–24 頁。
ウッドワードらのサウス・エセックス研究は、長らくの間、技術決定論として断罪されてきた。し ックス研究が単なる技術決定論ではないことが分かる。というのも、サウス・エセックス研究の続 た『技術と組織行動』では、むしろ技術特性は半ば恣意的（＝主意主義的）に技術特性が設定され ことが告白されている。つまり、ウッドワードは技術決定論だと言われることを分かった上で、こ のような恣意的（＝主意主義的）な操作化を行っていたのか。そのことを考えなければならない。 性と構造特性は互いに独立である必要がある。しかし、ウッドワードの技術特性は必ずしも構造特 「目立った技術の特徴」を取り出しており、それが結果的に構造特性に影響を与えたというトート を覚悟の上で「技術は組織構造を規定する」と言い切ったのである。しかし、問題はなぜここまで る。当時、経営管理論を席巻していたのは、冒頭にも述べたテイラーやファヨールなどの古典的管 学派）では、技術に注目するあまり、技術と組織の適合度まではあまり考えられていなかった。ウ ティンジェンシー理論）を開発しようとしていたのである。技術研究を進展させることによって時 のである。以上のところまでを理解する。	(5) 松嶋登『現場の情報化―IT利用実践の組織論的研究―』有斐閣、2015 年、60 頁。 【教材・講義レジュメとコマ主題細目との対応】 コマ主題細目①　教材 (1)『科学的管理法〈新版〉』と教材 (2)『組織理論のパラダイム』、第十一回講義草稿第一節
③ 技術決定論　④ 唯一最善の方法　⑤ 告白	コマ主題細目②　教材 (3)『新しい企業組織』と教材 (4)『技術と組織行動』、第十一回講義草稿第二節
☑ ICT　PowerPoint・Keynote　教科書	
その他　該当なし	
てそれらが組織と技術の関係を論じるものであることを理解しておくこと。その上で、ウッドワー ちの認識」があり、それらが存在論（唯名論－実在論）、認識論（反実証主義－実証主義）、人間性（主 類されることを理解しておくこと。また、ウッドワードのサウス・エセックス研究については、細 のかを講義草稿の第二節部分を読み、理解しておくこと。特に、生産システムの三つの分類と発見	コマ主題細目③　教材 (5)『現場の情報化』、第十一回講義草稿第三節
まず履修判定指標の八の箇所を読んだ上で、各節の要点を押さえておくこと。特にサウス・エセッ 定論と断罪されてきたこと、そしてその批判は必ずしもウッドワードの真意ではなくウッドワード を取り出していたことを復習しておくこととしたい。なお、第十一回（第十一章）の講義草稿の重 青ペンで線を引くなどしておくこと。期末試験までに青ペンで引いた箇所が「わかった」と思える を利用して質問すること。	

<table>
<tr><td rowspan="9">11</td><td rowspan="9">組織と環境</td><td>科目の中での位置付け</td><td colspan="4">本科目では、〈管理〉という概念がどのように誕生し、発展し、批
は、第一回で経営管理論への導入を行った後、第二回から第四回
関係論と組織論的管理論について考えていく（第二単元）。第十回
いく（第三単元）。なお、それぞれの単元についての「復習コマ」
実際に作成した期末試験予想問題（と予想解答）を発表するもの
論について理解した上で、組織と環境の関係を組織と技術の問題</td></tr>
<tr><td>コマ主題細目</td><td>①</td><td>私たちの認識</td><td>②</td><td>技術決定論としてのサウス・エセックス研究</td></tr>
<tr><td rowspan="3">細目レベル</td><td>①</td><td colspan="3">私たちの認識について理解する。ウッドワードの研究は、「技
と呼ばれることがある。ここではまず、決定論とはどのような
という有名な書物を取り上げたい。バレルとモーガンは、この
れらを次の四つの軸に基づいて説明している。第一に、存在論
唯名論（主観主義）と実在論（客観主義）に分けられる。前者
を指している。つまり、言葉が先か、存在が先かである。第二
これは反実証主義（主意主義）と実証主義（客観主義）に分け
するのに対して、前者は「実際の現象を証拠（＝データ）に基
する時に、その方法がどのような前提に基づいているか」につ
の個人、一つの企業、一つの社会のようにその特徴を厚く記述
れは主観主義（主意主義）と決定論（客観主義）であるが、前
意識に対して優位性をもつことを仮定するものである。以上の</td></tr>
<tr><td>②</td><td colspan="3">技術決定論としてのサウス・エセックス研究について理解す
way)」を追求して技術にばかり焦点を当てていたことを批判し
である。この考えから行われたのが、サウス・エセックス研究
エセックス地域の従業員一〇〇名以上の製造業一〇〇社を対象
が組織構造（＝構造特性）に少なからず影響を与えているとい
するのかという意味での組織のかたちに影響を与える」という
を規定する」という刺激的な命題を残した（調査内容や調査結
でもあると批判されてきた。それは企業の経営者や管理者がど
るからである。しかし、このように「技術決定論」であると批
以上のところまでを理解する。</td></tr>
<tr><td>③</td><td colspan="3">主意主義としてのサウス・エセックス研究について理解する。
かし、彼女らが執筆した文献を読むと、必ずしもサウス・エセ
編として行っていた「インペリアル・カレッジ研究」をまとめ
ており、その技術特性に従う形で発見事実がまとめられていた
のような調査結果を残したということである。なぜ彼女は、こ
そもそも、「技術は組織構造を規定する」のであれば、技術特
性と独立しておらず、むしろ組織構造に影響を与えるであろう
ロジー（＝同語反復）であった。つまり、ウッドワードは批判
ウッドワードがこの命題にこだわったのかという時代背景であ
理論（＝古典学派）であった。ただし、古典的管理論（＝古典
ッドワードは、その状況を憂いて、組織の状況適合理論（コン
代を進めること。ウッドワードは、そのことを切に願っていた</td></tr>
<tr><td>キーワード</td><td>①</td><td>主意主義と決定論</td><td>②</td><td>サウス・エセックス研究</td></tr>
<tr><td rowspan="2">コマの展開方法</td><td></td><td>社会人講師</td><td></td><td>AL</td></tr>
<tr><td>☑</td><td>コマ用オリジナル配布資料</td><td></td><td>コマ用プリント配布資料</td></tr>
<tr><td>予習・復習課題</td><td colspan="4">予習（　　h　／　　）：組織と環境の議論については、まずもっ
ドの著作を確認していくが、これらを理解する前提として「私た
意主義－決定論）、方法論（個性記述的－法則定立的）の四つに分
目レベルの内容を踏まえた上で、それらがどのような調査である
事実（二つ）である。

復習（　　h　／　　）：本授業の内容を忘れてしまわないうちに、
クス研究が技術特性が構造特性を一方的に規定する意味で技術決
はむしろ構造特性に積極的に影響を与える「目立った技術の特徴」
要な箇所には赤ペンで線を引き、難しいと感じた箇所については
ように特にその点に関する議論には集中し、授業の前中後の時間</td></tr>
</table>

判されてきたのかを経営管理論と経営組織論の歴史（＝経営学説史）を通じて把握する。具体的に
にかけて古典的管理論について考えていく（第一単元）。第六回から第八回にかけては、新旧人間
から第十三回にかけては、経営組織論として組織文化論、意思決定論、経営戦略論について考えて
として第五回、第九回、第十四回を設けている。十五回は模擬試験・模擬解答発表会として学生が
とする。このような科目全体の構成において、本コマ（第十二回）は、「意思決定」として主とし
踏まえながら限定合理性や満足化原理について解説するものである。

③	経営者の意思決定	④	—	⑤	—

モンは、もともと人工知能やコンピュータ・サイエンスなどに精通した学者で、政治学、認知心理
あった。特に、意思決定については、その功績から一九七八年にノーベル経済学賞を受賞してお
を再検討し、それに変わる意思決定の理論を生み出した点に功績が認められている。サイモンは、
少期から勉学に励んだサイモンは、シカゴ大学政治学科を卒業後、ミルウォーキー市の行政部門に
行政調査プロジェクトに従事した。その後、イリノイ工科大学教授を経て、カーネギー工科大学（現
サイモンが主眼としていたのは、詳しくは後述するように新古典派経済学で想定されている「最適
人間についてであった。なぜ満足が大事であるかと言えば、（そこにバーナードとの関係を見るこ
ある。バーナードが述べたように、有効性とは目標の達成度であり、能率とは満足度である。人間
に自分が満足出来なければ組織を離脱してしまう。したがって、人間個人（＝個人人格）にとって
多分にバーナードに影響を受けながら、自らの考えを立論している。以上のところまでを理解する。

経済学と対比して理解される。もともと新古典派経済学では、人間の意思決定について、あらゆ
選択できることが前提とされていた。このことを「最適化原理」と呼ぶ。これは、あらゆる代替
ると考えるため、完全に合理的な意思決定が出来る状態が仮定されている。つまり、「完全合理性」
（economic man）」と呼ばれ、経済学的な人間像を反映したものであった。だが、サイモンはこれを
間ではなく）実際の経営現場の人々を観察してみると、限られた代替案の中から満足なものを選択
したがって、サイモンはこのことを「満足化原理」と呼んでいる。また、このような状態では限定
定合理性」に基づく意思決定と呼んでいる。そして、このような人間モデルは「経営人」と呼ばれ
は限られた代替案の中で、その都度満足のいくものを限られた時間において選ばざるを得ないから
準（criteria of satisfaction）」と呼ぶ）をクリアしてさえいれば良いからである。このように、サイモ
経済人に対して、満足化原理ー限定合理性ー経営人という〝代替案〟の提示したのであった。以上

思決定が満足化されたものであると述べている。しかし、同時に経営者の全ての意思決定が満足化
おいてはあらゆる情報技術が進歩しており、人間には到底不可能で高度な計算や演習などをコンピ
は経営者の意思決定は（厳密に言えば）最適な意思決定と満足な意思決定の二つがあると述べてい
定は、情報技術によって処理できるもので、日常的に反復されるものであることが多い。事務処理
思決定であり、これは一度きりの、構造化しにくい、例外的な方針決定などである。このように経
さえておく必要がある。さて、今一度サイモンの意思決定論について考えてみた場合、彼が〈時間〉
らゆる代替案が前もって与えられている状態を想定するため、その〈時間〉は無限化されている。
れていることはほとんどない。それは〈時間〉が有限だからである。経営者は、有限な時間におい
に、不要な代替案を捨てることが行われているとも言える。何かを決める時には、何を決めないか
ているのが経営者であるから、決めなければならないことの前に決めないことを決めている。決定
あることを意味している（決定の前の決定）。以上のところまでを理解する。

③	完全合理性と限定合理性	④	最適化原理と満足化原理	⑤	経済人と経営人
☑	ICT		PowerPoint・Keynote		教科書
	その他		該当なし		

派経済学との対比の中でそれらを論じた点を踏まえる必要がある。このことを踏まえると、講義草
れ最適化原理ー完全合理性ー経済人、満足化原理ー限定合理性ー経営人という比較が可能であるこ
定を考えた時に、本当にサイモンが述べるように満足化された意思決定「だけ」であるのかも、自

まず履修判定指標の九の箇所を読んだ上で、各節の要点を押さえておくこと。特に予習において述
密に言えば）すべてが満足化されたものではなく、一方でプログラム化しうる意思決定と他方でプ
講義草稿の第三節部分を読んで理解しておくこと。なお、第十二回（第十二章）の講義草稿の重要
ペンで線を引くなどしておくこと。期末試験までに青ペンで引いた箇所が「わかった」と思えるよ
利用して質問すること。

教材・教具

(1) ハーバード・A・サイモン（安西祐一郎・安西徳子訳）『学者人生のモデル』岩波書店、1998年。

(2) ハーバード・A・サイモン（二村敏子他訳）『経営行動——経営組織における意思決定過程の研究——』ダイヤモンド社、2009年、221–276頁。

(3) 占部都美『新訂 経営管理論』白桃書房、1984年、127頁。

(4) ハーバード・A・サイモン（稲葉元吉・倉井武夫訳）『意思決定の科学』産業能率出版局、1979年、62–63頁。

【教材・講義レジュメとコマ主題細目との対応】

コマ主題細目① 教材（1）『学者人生のモデル』と（2）『経営行動』、第十二回講義草稿第一節

コマ主題細目② 教材（3）『経営管理論』、第十二回講義草稿第二節

コマ主題細目③ 教材（4）『意思決定の科学』、第十二回講義草稿第三節

12	意思決定	科目の中での位置付け	本科目では、〈管理〉という概念がどのように誕生し、発展し、批 は、第一回で経営管理論への導入を行った後、第二回から第四回 関係論と組織論的管理論について考えていく（第二単元）。第十回 いく（第三単元）。なお、それぞれの単元についての「復習コマ」 実際に作成した期末試験予想問題（と予想解答）を発表するもの てサイモンの意思決定論を参照した上で、バーナードとの関係を
		コマ主題細目	① サイモンの経歴とバーナードとの関係 ／ ② 合理性と原理
		細目レベル	① サイモンの経歴とバーナードとの関係について理解する。サイ 学、経済学、情報科学など、幅広い知識を持ち合わせた学者で り、もともと新古典派経済学で仮定されていた意思決定の議論 一九一六年にアメリカのミルウォーキー市に生まれている。幼 携わり、その後カリフォルニア大学バークレー校で公共組織の 在のカーネギーメロン大学）教授に就任している。このような 化」する人間ではなく、限られた代替案の中で「満足化」する とが出来るが）人間は有効性と能率を兼ね備えた存在だからで は、組織目標の達成に対して尽力しなければならないが、同時 満足(化)というのは重要な指標である。このようにサイモンは、
			② 合理性と原理について理解する。サイモンの議論は、新古典派 る代替案があらかじめ与えられた状態で、その最適な代替案を 案が与えられており、かつその中で最も適したものを選択でき に基づく意思決定である。このような人間モデルは、「経済人 批判する。というのは、（新古典派経済学のように理論上の人 しなければならず、最適化とは程遠い状況であったからである。 的な合理性の中で意思決定を行うものであるため、これを「限 る。それは、実際の経営現場において奮闘する経営者や管理者 であり、その時々に自らの基準（サイモンは、これを「満足水 ンは新古典派経済学が想定していた最適化原理―完全合理性― のところまでを理解する。
			③ 経営者の意思決定について理解する。サイモンは、経営者の意 されたものであるとは言い切っていない。というのは、現代に ュータで行うことが出来るからである。したがって、サイモン る。前者は、プログラム化しうる意思決定である。この意思決 などが代表例である。他方で、後者はプログラム化しえない意 営者の意思決定は、二種類の意思決定があることをここでは押 を意思決定の軸としていたことが分かる。最適化原理では、あ しかし、実際の経営現象においては、すべての代替案が与えら て意思決定しなければならない。これは必要な代替案を選ぶ時 を決めている。限られた〈時間〉の中で、決めないことを決め はいつも非決定を決定すること、決定の前に決定されることが
		キーワード	① 組織均衡論 ／ ② 新古典派経済学
		コマの展開方法	社会人講師 ／ AL ☑ コマ用オリジナル配布資料 ／ コマ用プリント配布資料
		予習・復習課題	予習（　h　/　）：意思決定については、サイモンが新古典 稿の第二節を読み、新古典派経済学とサイモンの議論が、それぞ とを押さえておくこと。そして、実際の経営現場における意思決 分が働いたことのある経験において考えておくことも求めたい。 復習（　h　/　）：本授業の内容を忘れてしまわないうちに、 べた点を踏まえつつ、サイモンが経営者の意思決定について（厳 ログラム化しえない（しにくい）意思決定があると述べたことを な箇所には赤ペンで線を引き、難しいと感じた箇所については青 うに特にその点に関する議論には集中し、授業の前中後の時間を

判されてきたのかを経営管理論と経営組織論の歴史（＝経営学説史）を通じて把握する。具体的ににかけて古典的管理論について考えていく（第一単元）。第六回から第八回にかけては、新旧人間から第十三回にかけては、経営組織論として組織文化論、意思決定論、経営戦略論について考えてとして第五回、第九回、第十四回を設けている。十五回は模擬試験・模擬解答発表会として学生がとする。このような科目全体の構成において、本コマ（第十三回）は、「経営と戦略」として主とうに戦略を論じているのかについて解説するものである。

③	戦略経営の実践原理	④	—	⑤	—

ードに続く三人目の「経営学の父」と呼ばれるほど重要な経営学者であり、彼は主に三部の著作を本書は、それまでの経営戦略論が単に企業の分析に留まり、企業にとって実用的な道具（tool）を思決定について実用的な道具を開発するための手立てを提供するという狙いをもっていた。この問類する。第一に、業務的意思決定である。これは比較的現場に近い人々による意思決定であり、日を含むものである。第二に、管理的意思決定である。これは現場と経営陣をつなぐために主に管理か、予算をどう割り当てるのか、人材をどのように配置していくのかなど組織目標に対する資源配は経営者（経営陣）によって行われる意思決定であり、企業の資本収益率を最大化するために製品製品を作れば売れるというものでもない。どの市場に、いつ、どのくらい製品を投げ入れるかが大的無知」の状態で行われるとした。というのは、市場動向は限定合理的にしか分からないからであル」を開発することが経営学者（経営戦略の研究者）には重要であるとした。このような科学観は、の意思決定に貢献する〝処方科学〟である。以上のところまでを理解する。

いて刊行したのが『戦略経営論』である。この著作では、組織がいかにして環境の乱気流に適応し環境が激しく変化するか」についての指標のことであり、それらは乱気流として安定的、反応的、て、これらの乱気流は七つの組織変化の特徴と照らして理解される。それぞれ、一．戦略的な予算（市場の）予測可能性、三．（乱気流の発生）頻度、四．（環境からの）対応時間、五．新規性（＝ための知識の状態）、七．適用可能な予測技術である。講義草稿に記載しているように、これらは乱気流水準において変化の特徴をもつのかが一目瞭然となっている。つまり、組織はそれぞれのめられる（組織のコンティンジェンシー理論）。その上で、アンソフはこれらの乱気流的環境に組して戦略経営を実践出来ないとも言及している。しかし、組織はそう簡単には動かないものであ（organizational inertia）がある。アンソフは、このような組織慣性に対処することがまずもって経営論じている。以上のところまでを理解する。

ールを開発するというアンソフの最終地点となったのが、『「戦略経営」の実践原理』である（以下、大成となるものであった。『実践原理』の冒頭において、アンソフは企業が成功するためには、戦と述べている。この戦略的な診断とは、「企業が将来の環境のもとで成功を収めるために、変革すーチ」のことを指している。つまり、企業が将来的に成功するためには、どのように自社の戦略と重要である。そのために、アンソフは次の三つの方法に即して診断を行うのが良いとする。第一に、は省略する。第二に、戦略の積極性である。これは、次の五つがあり、安定的（先例に基礎をおく）、現状延長に基礎をおく）、企業家的（非連続的、予測される将来に基礎をおく）、創造的（非連続的、る。これは、乱気流に対して企業が能力としてどのように対応出来るかを示したもので、保守（先戦略（環境主導型）、柔軟性（環境創造型を追求）の五つがある。アンソフは、これらの指標を用い、その差異（ギャップ）を意識させると同時に、それを解消するための手立てを考えるのであった。〟すること、それこそがアンソフの処方科学的戦略論である。以上のところまでを理解する。

③	戦略経営の実践原理	④	乱気流	⑤	処方科学
☑	ICT		PowerPoint・Keynote		教科書
	その他		該当なし		

サイモンに影響を受けて、経営者の意思決定が「部分的無知」の状態で行われると述べたことを理定を三つに分類し、特に戦略的意思決定については「決定ルールの開発」を目的としていたことを践原理』については乱気流モデルが重要な役割を果たしており、それぞれの乱気流基準において企シー理論として理解しておくこと。

まず履修判定指標の十の箇所を読んだ上で、各節の要点を押さえておくこと。特に予習において述理解しておくこと。記述することとは、すでにある現象を説明することに近いがこれは研究者がど企業の問題に対して有益な貢献を行うという意味での処方的立場が目指されることになる。なお、引き、難しいと感じた箇所については青ペンで線を引くなどしておくこと。期末試験までに青ペン議論には集中し、授業の前中後の時間を利用して質問すること。

教材・教具

(1) H・I・アンゾフ（広田寿亮訳）『企業戦略論』産業大学出版部、1969年、6–31頁。

(2) H. イゴール・アンゾフ（中村元一監訳）『アンゾフ 戦略経営論〔新訳〕』中央経済社、2007年、61–88頁。

(3) H. イゴール・アンゾフ（中村元一・黒田哲彦・崔大龍監訳）『「戦略経営」の実践原理―二一世紀企業の経営バイブル―』ダイヤモンド社、1994年、8頁。

【教材・講義レジュメとコマ主題細目との対応】

コマ主題細目① 教材(1)『企業戦略論』、第十三回講義草稿第一節

コマ主題細目② 教材(3)『戦略経営論』、第十三回講義草稿第二節

コマ主題細目③ 教材(4)『「戦略経営」の実践原理』、第十三回講義草稿第三節

13	経営と戦略	科目の中での 位置付け	本科目では、〈管理〉という概念がどのように誕生し、発展し、批 は、第一回で経営管理論への導入を行った後、第二回から第四回 関係論と組織論的管理論について考えていく（第二単元）。第十回 いく（第三単元）。なお、それぞれの単元についての「復習コマ」 実際に作成した期末試験予想問題（と予想解答）を発表するもの してアンソフの三部作を参照した上で、それぞれの著作がどのよ
		コマ主題細目	① 企業戦略論 ／ ② 戦略経営論
		細目レベル	① 企業戦略論について理解する。アンソフは、テイラー、バーナ 記している。その一つ目となったのが、『企業戦略論』である。 開発して来なかったとする。そのため、アンソフは経営者の意 題意識からアンソフは、まず企業で行われている意思決定を分 常的に反復される業務の計画や遂行、資源配分、価格決定など 者によって行われる意思決定であり、資源をどう配分していく 分に関するものである。第三に、戦略的意思決定である。これ をどの市場に投下していくかを決める意思決定である。企業は、 事である。アンソフは、特に戦略的意思決定が経営者の「部分 る。したがって、経営者が意思決定の際に参照する「決定ルー 現象を記述するだけの〝記述科学〟ではなく、積極的に経営者
			② 戦略経営論について理解する。アンソフが『企業戦略論』に続 ていくかを考えたものである。環境の乱気流とは、「どれだけ 先行的、探究的、創造的の順で流れが激しくなっている。そし の強度（＝すべての予算の中で戦略に使える予算の割合）、二． 現有能力の応用性）、六．乱気流の水準（＝対応を成功させる 「乱気流の水準と変化の特徴」としてまとめられ、組織がどの 乱気流において状況適合的（contingent）に対応することが求 織が対応せねばならず、もしその対応が出来なければ組織と る。つまり、組織はそう簡単に動かないという意味の組織慣性 者に求められることであるとし、組織と環境の相互性について
			③ 戦略経営の実践原理について理解する。処方科学として決定ル 『実践原理』と記載）。この著作は、それ以前の二つの著作の集 略的な診断を通じて企業の方向性を見極めることが大事である べき自社の戦略と能力の挑戦課題を決定する、体系的なアプロ 能力をうまく整えていくのかについて、その診断を行うことが 環境の乱気流である。これは先にも述べているものなので説明 反応的（部分改良的、経験に基礎をおく）、先行的（部分改良的、 創造性に基礎をおく）である。第三に、企業能力の対応性であ 例主導型）、生産（効率主導型）、マーケティング（市場主導型）、 いた上で経営者に対して自社のプロフィールを作成してもら つまり、その差異（ギャップ）に対して取るべき戦略を〝処方
		キーワード	① 企業戦略論 ／ ② 戦略経営論
		コマの展開方法	社会人講師 ／ AL ☑ コマ用オリジナル配布資料 ／ コマ用プリント配布資料
		予習・復習課題	予習（　h　/　）：予習については、前提としてアンソフが 解しておく必要がある。このような背景から、アンソフは意思決 理解しておくこと。そして、『戦略経営論』と『「戦略経営」の実 業が行うべき事柄が異なってくることを組織のコンティンジェン 復習（　h　/　）：本授業の内容を忘れてしまわないうちに、 べた点を踏まえつつ、記述科学と処方科学の違いについて改めて のような立場から現象に加わるかという視点が欠落する。ゆえに、 第十三回（第十三章）の講義草稿の重要な箇所には赤ペンで線を で引いた箇所が「わかった」と思えるように特にその点に関する

判されてきたのかを経営管理論と経営組織論の歴史（＝経営学説史）を通じて把握する。具体的に
にかけて古典的管理論について考えていく（第一単元）。第六回から第八回にかけては、新旧人間
から第十三回にかけては、経営組織論として組織文化論、意思決定論、経営戦略論について考えて
として第五回、第九回、第十四回を設けている。十五回は模擬試験・模擬解答発表会として学生が
とする。このような科目全体の構成において、本コマ（第十四回）は、第十回から第十三回までの
（評価には入れないが期末試験に直結する）小テストを実施し、期末試験において問われる問題の

③	標準偏差と平均点の役割	④	—	⑤	—

から第十三回までに学んできた内容について簡単に復習を行った上で、（評価には入らないが期末
度内容を理解しているか、教員がどの程度教えられているのかを確認する。ここではまず、これま
も、小テストを評価には入れない理由については、『シラバス論』において次のように述べられて
にこそ満点を取れるように日々の講義設計を行っているため、途中までの内容を評価に組み込むこ
ものである。つまり、一五回目を終えた時にそれまでに学んだ内容が隅々まで理解出来ている状態
ということは五回目、十回目のように一五回の長さを短くして評価を行ってしまう単元主義に陥っ
あるかと言えば、これまでの内容について、学生が自分がきちんと理解出来ていたのか、あるいは
めである。つまり、この小テストとは、学生の学生自身に対する自己評価、教員の教員自身に対す
こでは、ひとまずこのような小テストの意義について理解する。

履修判定指標、コマシラバス、講義草稿などを利用して本単元の復習を行っている。ただし、この
それらを理解すればどのような事柄が追加的に考えうるのかを改めて考え直すという意味合いも
を今一度押さえておきたい（組織文化論と技術決定論についてはここではふれないが、今一度各自
営組織論の中でもバーナードからサイモンへ、サイモンからアンソフへと影響を受けているからで
意思決定を完全合理性と限定合理性の観点から理解している。その意味で言えば、バーナード流の
えている。人間は、一人では大きなことを成し遂げられないからこそ、協働を行う。つまり、人間
定的ならざるを得ない（サイモン）。さらに、この考えはアンソフにも受け継がれている。アンソ
経営者の意思決定を論じた。つまり、経営者は部分的に無知であるからこそ、そこに戦略経営を支
する。

テストの実施方法について述べるが、小テストを終えた後には標準偏差と平均点を確認するため
説明を加えておくこととする。小テストは二〇問を基本とし、一問五点の配点として計一〇〇点満
ムなどに入力することとし、学生と教員がともに点数分布と平均点を確認していく。これを行うと、
出来る。また、教員にとっても点数分布と平均点を確認することによって、学生の理解度を教員の
ことは、教員が点数分布についての標準偏差を求めることが出来るということを意味している。標
かを示す指標のことであるが、小テストは一二～一五を目指すこととする。これは、『シラバス論』
張を帯びている状態だからである（八七－八八頁）。標準偏差が一桁になってしまうと、上位学生
になってしまう。また、標準偏差が一八を超えると、二山現象となってしまい、上位グループと下
のような状態は放置して期末試験を行ってはならないが、だからこそ小テストを行って期末試験ま
を前もって教えるなどは試験主義であるため、そういう対策は取らない）。以上、ここでは標準偏
ろまでを行う。

③	平均点	④	標準偏差	⑤	知的緊張
☑	ICT		PowerPoint・Keynote		教科書
	その他		該当なし		

十回から第十三回まで）の復習を行う。したがって、あらかじめ履修指標の七から一〇までについ
範囲がどこから、どこまで、どれくらいの深さで問われるのかを今一度確認しておくこととする。
から第十三回までを熟読しておくこと。この時に、履修指標の水準において問われていることが自
改めて講義草稿を読みながらそれらをルーズリーフなどに用語（キーワード）や文章としてまとめ
用語（キーワード）が問われた場合にも、意味を混同することなく、正確に理解しておくことを推
なるべく高得点が取れるように、ここでの予習（＝復習）に集中して一週間を過ごすこと。

意したいのは小テストの点数に一喜一憂しないことである。仮に高得点が取れたとしても、期末試
得点を取れないということはない。重要なことは、点数に一喜一憂することなく、自分はどの問題
がなぜ合っていたのか）について、きちんと講義草稿を読み直して該当箇所（とその周辺）を今一
た問題と偶然正解した問題をリストアップして、それらがどの履修判定指標や関連回に該当するの
に該当する、のように）。その上で、履修判定指標とともに講義草稿を確認して、期末試験での出
ことである。この場合には、高得点を取っている学生などに尋ねるなどするのも一つの手かもしれ
た問題について履修判定指標や講義草稿に立ち返ることである。

教材・教具

(1) 中原翔「経営管理論第十回講義草稿（第十章）」大阪産業大学経営学部商学科経営管理論、2022年。

(2) 中原翔「経営管理論第十一回講義草稿（第十一章）」大阪産業大学経営学部商学科経営管理論、2022年。

(3) 中原翔「経営管理論第十二回講義草稿（第十二章）」大阪産業大学経営学部商学科経営管理論、2022年。

(4) 中原翔「経営管理論第十三回講義草稿（第十三章）」大阪産業大学経営学部商学科経営管理論、2022年。

(5) 芦田宏直『シラバス論：大学の時代と時間、あるいは〈知識〉の死と再生について』晶文社、2019年、87–89頁、142–143頁。

【教材・講義レジュメとコマ主題細目との対応】

コマ主題細目① 教材（5）『シラバス論』

コマ主題細目② 教材（1）第十回講義草稿 ～（4）第十三回講義草稿

コマ主題細目③ 教材（5）『シラバス論』

14	復習コマ③	科目の中での位置付け	本科目では、〈管理〉という概念がどのように誕生し、発展し、批 は、第一回で経営管理論への導入を行った後、第二回から第四回 関係論と組織論的管理理論について考えていく（第二単元）。第十回 いく（第三単元）。なお、それぞれの単元についての「復習コマ」 実際に作成した期末試験予想問題（と予想解答）を発表するもの 内容を復習するコマとする。ただし、その際に単なる復習ではなく、 レベルを確認する。
		コマ主題細目	① 小テストの意義 ｜ ② 履修判定指標の再確認
		細目レベル	① 小テストの意義について理解する。本コマは、これまで第十回 試験に直結する）小テストを二〇問ほど行って、学生がどの程 でと同様に小テストの意義について確認しておきたい。そもそ いる（一四二－一四三頁）。教員は、すべてのコマを終えた時 とは教員にとって設計ミスということになってしまう、という が目指されるべきであるのに対して、小テストを評価に入れる てしまうのである。それでは、小テストにはどのような意義が 教員もきちんと教えられていたかをそれぞれが自己確認するた る自己評価を促すものとして機能することを意味している。こ
			② 履修判定指標の再確認を行う。このコマまでに、すでに学生は 復習コマは、これまでに理解してきた内容の繰り返しではなく、 ある。それで言えば、バーナード、サイモン、アンソフの関係 が復習を行っておくものとする）。というのは、この三者は経 ある。サイモンは、バーナードの『経営者の役割』を踏まえつつ、 人間論（すなわち、人間とは限定的な存在であること）を踏ま は限定的な存在であるからこそ（バーナード）、意思決定も限 フは限定合理性を「部分的無知（partial ignorance）」と言い換え、 援する研究者の処方科学が存在するのである。ここまでを復習
			③ 標準偏差と平均点の役割について理解する。ここではまず、小 に、これらがどのような意味をもつのかについてもあらかじめ 点で行うこととする。終了後には、学生が自分の回答をフォー 自分の点数がどこに位置づけられているのかを確認することが 教授度として把握することが出来る。また、点数が出るという 準偏差とは、簡単に言えば、点数分布がどの程度開いているの でも記載されているように、一二〜一五がクラス全体が知的緊 と下位学生との点数差がないためにどちらもやる気がない状態 位グループの開きが大きくなっていることを意味している。こ でに対策を打つのが教員の役割であると言える（ただし、解答 差について簡単な解説を行い、実際に小テストを実施するとこ
		キーワード	① 小テスト ｜ ② 履修判定指標
		コマの展開方法	社会人講師 ｜ AL ☑ コマ用オリジナル配布資料 ｜ コマ用プリント配布資料
		予習・復習課題	予習（　h　/　）：本コマは、第三単元「経営組織論」（第 てそれぞれを履修指標の水準を読む形で確認し、期末試験の出題 その上で、この出題範囲を念頭に置きながら、講義草稿の第十回 分でも理解出来ているかを確認しながら熟読する必要があるため、 ることなどを推奨したい。実際の小テストや期末試験では、その 奨する。なお、小テスト後には点数順に座席シャッフルを行うため、 復習（　h　/　）：本コマの復習を行う際に、まずもって留 験の点数が良いとは限らないし、低得点であっても期末試験で高 を、なぜ間違えたのか（あるいは、理解しておらず正解した問題 度理解し直すことである。そのためには、まず小テストで間違っ かを整理することである（問2は履修判定指標1（第二回の内容） 題があるとすれば、どのような切り口で出題されるかを再考する ない。いずれにせよ、重要なことは、間違った問題と偶然正解し

判されてきたのかを経営管理論と経営組織論の歴史（＝経営学説史）を通じて把握する。具体的に
にかけて古典的管理論について考えていく（第一単元）。第六回から第八回にかけては、新旧人間
から第十三回にかけては、経営組織論として組織文化論、意思決定論、経営戦略論について考えて
として第五回、第九回、第十四回を設けている。十五回は模擬試験・模擬解答発表会として学生が
とする。このような科目全体の構成において、本コマ（第十五回）は、これまでに学んできた内容
模擬解答を用いて自己採点を行うものである。

③	模擬試験・模擬解答発表会の双務性	④	—	⑤	—

解答発表会とは、これまでに実施した（評価に入れないが期末試験に直結する）小テストの二回分
模擬解答の作成を依頼し、実際にそれらを学生自身が受けてみるというものである。ここでは、こ
あらかじめ指定された期日までに模擬試験と模擬解答を作成した上で、それらを担当教員まで送信
合わせを行い、自己採点を行う。なお、ここでは自己採点を行うだけではなく、この試験を受験し
の学生は、言わば「模擬試験評価者」に該当する。評価者は、作成者に対して、次のような観点か
履修判定指標に即したものであるか。即したものでなければ、どのような点が即していないのか。
ものであるか。即したものでなければ、どのような点が即していないのか。（三）模擬試験や模擬
るか。以上の三つである。なお、期末試験の実施時間は、六〇分を想定するものとする。これらの
があった学生）に対して説明を行う時間を設ける。作成者は、評価者の意見が適切かどうかを踏ま
ととする。なお、この模擬試験・模擬解答発表会では、作成された模擬試験と模擬解答について担
試験の問題に関係する内容を話してしまわないためである。また、可能であれば、担当教員以外の
ととする。これは授業公開の意味もあるが、本質的には客観性と厳格性の担保のためである。以上

採点を行うところまでを実施する。なお、このような模擬試験・模擬解答は、学生の学習成果とい
ている。もともと、『シラバス論』では「最もリアルな授業評価としての学生模擬試験作成」（二〇六
料を作成しようとも、学生がきちんとそれらを理解していなければならないからである。つまり、
指標）をきちんと教えられているかの現実的な評価が模擬試験・模擬解答である。したがって、模
単に確認するだけではなく、教員の達成度を確認するためにむしろ重要なことと言える。そのため、
ら逸脱したものとなってはならない。それは、教員が教えたかったこと（講義草稿とコマシラバス
からである。ただし、教えたかったことと教えたことの差分が意識できるという意味では、一連の
バスと履修判定指標がない授業であれば、教えたかったことと実際に教えたことの差分が見えにく
点数を獲得しておらず、素点処理を行わざるを得ないからである。その悪しき点数調整は、本来教
っていく。以上の点を踏まえながら、この時間では模擬試験・模擬解答発表会として模擬試験を実
する。

での内容を踏まえると、模擬試験・模擬解答の作成とは、学生（作成者）と教員がともに評価を受
性は、発表会が終わった後でも機能するものである。というのは、学生は仮に模擬試験で高得点を
が作成出来たとしても）、実際の期末試験で高得点が取れるかどうかは保証がない。実際の期末試
間で一層の勉学に励まなければならない。模擬試験で問われたことが実際の期末試験で同様の問題
あるいは、模擬試験で問われたことは実際の期末試験では問われず、他の点について問われるのか
を果たさなければならないのである。したがって、模擬試験・模擬解答発表会とは、学生を期末試
にとっても模擬試験・模擬解答発表会は次期に向けた教材改訂の足がかりとなる。この発表会で学
ればならないが、しかしそこで諦めるわけにもいかない。「どうして、この教材で高得点が取れな
上で、それを次期に向けて教材を改訂していくしかない。むしろ、このことは授業評価アンケート
係は教員自身が一番感じ取ることのできることでもあるため）、教員にとっては教材改訂という一
員の双務性は半ば孤独（単独）の中で果たされていく。この孤独な時間が、学生と教員の「陶治の

③	模擬試験評価者	④	最もリアルな授業評価	⑤	孤独な時間
☑	ICT		PowerPoint・Keynote		教科書
	その他		該当なし		

について模擬試験を受けるものである。そのため、全ての講義草稿を用いて、履修判定指標を確認
うに言葉の意味を理解しながらノートに取るなどして復習しておくこと。なお、疑問に思うところ
った時点で理解している友人や担当教員に質問をして、納得のいくようにしておくこと。なお、こ
この時点までに入手しておかなければ、そもそも期末試験に向けた勉強を始めることは出来ないた
えること。

意したいのは模擬試験の点数に一喜一憂しないことである。仮に高得点が取れたとしても、期末試
得点を取れないということはない。重要なことは、点数に一喜一憂することなく、自分はどの問題
がなぜ合っていたのか）について、きちんと講義草稿を読み直して該当箇所（とその周辺）を今一
験で間違った問題と偶然正解した問題をリストアップして、それらがどの履修判定指標や関連回に
回の内容）に該当する、のように）。その上で、履修判定指標とともに講義草稿を確認して、期末
を再考したい。いずれにせよ、重要なことは間違った問題と偶然正解した問題について履修判定指

教材・教具

(1) 中原翔「経営管理論コマシラバス」大阪産業大学経営学部商学科経営管理論、2022 年。

(2) 中原翔「経営管理論講義ノート（第 1 回～第 14 回）」大阪産業大学経営学部商学科経営管理論、2022 年。

(3) 中原翔「履修判定指標」大阪産業大学経営学部商学科経営管理論、2022 年。

(4) 芦田宏直『シラバス論―大学の時代と時間、あるいは〈知識〉の死と再生について』晶文社、206–225 頁、2019 年。

【教材・講義レジュメとコマ主題細目との対応】

コマ主題細目① 教材（1）（2）（3）（4）

コマ主題細目② なし

コマ主題細目③ なし

15	模擬試験 模擬解答 発表会	科目の中での位置付け	本科目では、〈管理〉という概念がどのように誕生し、発展し、批 は、第一回で経営管理論への導入を行った後、第二回から第四回 関係論と組織論的管理論について考えていく（第二単元）。第十回 いく（第三単元）。なお、それぞれの単元についての「復習コマ」 実際に作成した期末試験予想問題（と予想解答）を発表するもの について学生が実際に作った模擬試験を実施するとともに、その
		コマ主題細目	① 模擬試験・模擬解答発表会とは何か　② 模擬試験・模擬解答発表会の実施と意義
		細目レベル	① 模擬試験・模擬解答発表会について理解する。模擬試験・模擬 で高得点を獲得している学生に期末試験を想定した模擬試験と の作成者を「模擬試験作成者」と呼ぶこととする。作成者は、 する。そして、授業中には全員がこの試験を受験した上で答え た学生の中から作成者に対して評価を行う学生を選抜する。こ ら意見を行うものとする。（一）模擬試験や模擬解答の内容は、 （二）模擬試験や模擬解答の難易度は、履修判定指標に即した 解答の実施時間は、実際の期末試験に即したものであると言え 意見が寄せられた後に、再度作成者から評価者（あるいは質問 えた上で、仮に不適切と考えた場合には、その理由を述べるこ 当教員からは、特段の発言を行わないものとする。誤って期末 教員を教室へお招きして、発表会の様子を見学していただくこ のところまでを理解する。
			② この時間では、模擬試験を実際に行い、模擬解答を用いて自己 うよりも教員の教育成果を測定するものとして実質的に機能し 頁）と呼ばれており、その理由は教員がどれだけ詳細な講義資 教員が教えたかったこと（講義草稿とコマシラバスと履修判定 擬試験・模擬解答を学生に作成させることは、学生の理解度を この模擬試験・模擬解答があまりにも想定していた期末試験か と履修判定指標）がほとんど教えられていないことを意味する 教材は機能している（とも言える）。仮に講義草稿とコマシラ くなり、実際に期末試験を終えたところで学生が思った以上に 材改訂への足がかりにすべき多くの事項を無視することに繋が 際に行い、模擬解答を用いて自己採点を行うところまでを実施
			③ 模擬試験・模擬解答発表会の双務性について理解する。これま けるという意味で双務性を前提としている。さらに、この双務 取れたとしても（あるいは作成者の場合であれば良い模擬試験 験で高得点を取るためには、発表会から期末試験までの約一週 として問われるのか、あるいは違ったかたちで問われるのか。 どうか。学生は、試験勉強の期間においてより一層の〝務め〟 験へ向かわせるための最後の機縁となっている。さらに、教員 生の点数（分布）が芳しくない場合は大量落伍者を覚悟しなけ いのだろう」「どこが分かりにくかったのだろう」と自問した では問われない点でもあるため（というより、教材と点数の関 層の〝務め〟を果たさなければならない。そうして、学生と教 時間」である。以上のところまでを理解する。
		キーワード	① 模擬試験・模擬解答発表会　② 模擬試験作成者
		コマの展開方法	社会人講師　／　AL ☑ コマ用オリジナル配布資料　／　コマ用プリント配布資料
		予習・復習課題	予習（　h　/　）：本コマは、これまでに学んだ全ての内容 しながら、復習をしておくこと。特にキーワードを間違えないよ や理解が追いついていないところについては、第十四回目が終わ の時点で講義草稿がそろっていない学生は必ず入手しておくこと。 め、それらをきちんと行った上で模擬試験・模擬解答発表会に備 復習（　h　/　）：本コマの復習を行う際に、まずもって留 験の点数が良いとは限らないし、低得点であっても期末試験で高 を、なぜ間違えたのか（あるいは、理解しておらず正解した問題 度理解し直すことである。そのためには、まず小テストや模擬試 該当するのかを整理することである（問2は履修判定指標1（第二 試験での出題があるとすれば、どのような切り口で出題されるか 標や講義草稿に立ち返ることである。

	重要キーワード	関連回	配点
おくこと。これらの産業発展を担った経営者の経営思想（＝経営を行 展させる進化論か、あるいは神によって与えられたものとして発展さ 一九二〇年代以降、大企業では近代的な全般管理（＝全社管理）が行わ ジメント・サイクルの実行であったことを、事業部制組織の構造ととも	ビッグ・ビジネス、進化論、創造論、事業部制組織	第2回 第5回	10点
視力が低下し入学を断念したことを理解しておくこと。工場管理法にお 理する方法として職長制度（職能的職長制）と計画部の設置があったこ 験的に行われ、それによって工場の生産性が大いに向上したことを理解 理法の本質が精神革命（＝労使双方の繁栄）にあったと訴えたことを理	工場管理法、科学的管理法、計画と執行の分離、精神革命	第2回 第3回 第5回	10点
において三十年間勤続することとなった経歴を理解しておくこと。『産 保全的活動、会計的活動、管理的活動）に分類されており、特に管理的 理解しておくこと。そして管理は「予測し、組織し、命令し、調整し、 は、公共事業に対しても技術的教育だけではなく管理教育の重要性が謳	産業ならびに一般の管理、管理的活動、管理原則、公共心の覚醒	第4回 第5回	10点
概要と結果について理解しておくこと。特に前者二つについては生産高 については労働者の感情的な側面が生産高に影響していることが明ら ず、インフォーマル集団によって集団的に生産高を制限する行為が確認 レクトリック社へ調査を行ったねらいとして管理者教育に力を入れよ	ホーソン実験、感情、インフォーマル集団、人間と言葉	第3回 第6回 第9回	10点
情的・専制的な組織、システム3が協議的な組織、システム4が参加 論について理解しておくこと。前者は、普通の人間は生来仕事が嫌いで、 の人間は仕事が遊びと同じように好きで、強制されなくても一生懸命 は、管理者は欲求階層説に基づいて労働者を一定の方向へ導くことを念	システム4、連結ピン、X理論、Y理論、欲求階層説	第6回 第7回 第9回	10点
な存在であるとし、より大きな目的を達成するために〈協働〉を行うと て意識的に調整された活動や諸力の体系』として定義し、管理者が〈組 とを理解しておくこと。最後に、バーナードは『日常の心理』において〈精 特に前者において管理者の〈精神〉が否定される重要性を伝えていたこ	人間、協働、組織、管理、論理的過程、非論理的過程	第8回 第9回	10点
つの特徴があることを理解しておくこと。一つ目に、自明性（＝当たり ることを意味している。二つ目に、脱－自明視化（＝当たり前を疑っ の方法としては、組織エスノグラフィー（＝組織民族誌）があったこと の要素があり、それぞれが相互作用しながら組織文化を築き上げること	書くこと、組織文化、人工物、価値、基本的仮定、組織エスノグラフィー	第10回 第14回	10点
間性（主意主義－決定論）、方法論（個性記述的－法則定立的）の四つ として批判された研究としてウッドワードのサウス・エセックス研究が 技術特性が構造特性を一方的に規定することが断罪されたことを理解 しろ構造特性から「目立った技術の特徴」として技術特性を選定してお 指してのことだったということを理解しておくこと。	主意主義、決定論、技術決定論、技術特性、構造特性	第11回 第14回	10点
おくこと。特にそれは組織均衡論と呼ばれる理論に現れている。また、 その中から最適解を選ぶという完全合理的な意思決定を批判したこと 場合にあらかじめ代替案が与えられていることは少なく、限られた認 が出来る。その上でサイモンが経営者の意思決定はすべてが限定合理的 定があると分類していたことを理解しておくこと。	カーネギー学派、限定合理性、満足化原理、経営者の意思決定	第12回 第14回	10点
理解しておくこと。それぞれについて『企業戦略論』では、企業の意思 略的意思決定について決定ルールを開発することを狙いとしていたこ 況において適応する仕方が異なることが示され、かつ組織は環境におい そして『実践原理』では企業が置かれている状況を分析するために戦略 プを解消することが重要になることを理解しておくこと。	部分的無知、戦略的意思決定、乱気流モデル、ギャップ解消	第13回 第14回	10点

履修判定指標		
履修指標		履修指標の水準
1	アメリカのビッグ・ビジネス	アメリカのビッグ・ビジネスとは鉄道を軸にした大規模な産業発展であることを理解して うための考え方）は二つに分類することが出来、それらは企業を種を開花させるように発 せる創造論かに分類できることを理解しておくこと。ビッグ・ビジネスが確立してきた れるようになり、それは経営機能と実行機能の分離、各事業部に対する管理・統制、マネ に理解しておくこと。
2	科学的管理法	テイラーは幼少期から高い教育を受けハーバード大学に合格するものの、猛勉強によって ける「差別出来高給制度」が労働者の作業意欲を駆り立てるものであり、かつ労働者を管 とを理解しておくこと。また、科学的管理法では銑鉄運び作業とシャベルすくい作業が実 しておくこと。しかし、テイラーの科学的管理法は誤解されたため、テイラーは科学的管 解しておくこと。
3	管理過程論	ファヨールがサン・テチエンヌ鉱山学校にて勉学に励み、その後就職したコマンボール社 業ならびに一般の管理』では、企業活動が六つ（技術的活動、商業的活動、財務的活動、 活動はその他の企業活動とは異なり、企業規模が大きくなるにつれて重要性が増すことを 統制すること」と定義されることを理解しておくこと。ファヨールの『公共心の覚醒』で われたことを理解しておくこと。
4	人間関係論	ホーソン実験について照明実験、継電器組立作業実験、面接実験、バンク配線作業実験の と作業条件（＝物理的環境）に関係が見られなかったことを理解しておくこと。面接実験 かになったこと、バンク配線作業実験については報酬を増やす仕組みがあったにも関わら されたことを理解しておくこと。その上でメイヨーとレスリスバーガーがウェスタン・エ うとしていたことを理解しておくこと。
5	新人間関係論	リッカートのシステム４について、システム１が独善的・専制的な組織、システム２が温 的組織であることを理解しておくこと。また、マグレガーの管理論として、X 理論と Y 理 強制されたり、命令されたりしなければ働かないという前提に基づくこと、後者は、普通 働くという前提に基づくことをそれぞれ理解しておくこと。そして、マズローの管理論で 頭に置いていたことを理解しておくこと。
6	組織論的管理論	人間論と協働論としてバーナードが、〈人間〉を物的、生物的、社会的制約を受ける有限 したことを理解しておくこと。そして、バーナードは〈組織〉を『二人以上の人々によっ 織〉の存続に向けて、組織伝達の維持、必要な活動の確保、目的と目標の定式化を行うこ 神〉を論理的過程（＝論理的精神過程）と非論理的過程（＝非論理的精神過程）に分類し、 とを理解しておくこと。
7	組織文化論	文化とは、「目に見えないものの〈全体〉を指し示すものである」ことを踏まえ、次の二 前であること）であり、これは私たちが文化とは何かを考えることなしに文化を体現出来 てみること）であり、それは『書くこと』によって可能になる。そして、その『書くこと』 を理解しておくこと。次に、組織文化については、人工物、価値、基本的仮定という三つ を理解しておくこと。
8	組織と環境	私たちの認識について、存在論（唯名論－実在論）、認識論（反実証主義－実証主義）、人 があったことを理解しておくこと。この中でいわゆる技術決定論（technical determinism） あり、この批判では「技術が組織構造を規定する」という命題（＝発見事実）に対して、 しておくこと。しかし、ウッドワードの古典を今一度読み返せば、ウッドワード自身はむ り、それは単なる技術決定論ではなく、ウッドワードが技術によって唯一最善の理論を目
9	意思決定	サイモンがバーナードに影響を受けながら自らの意思決定論を練り上げたことを理解して サイモンは新古典派経済学において人間があらかじめすべての代替案を与えられており、 を理解しておくこと。それは実際に企業に所属している経営者や管理者が意思決定を行う 知、知識、学習能力において限定合理的な意思決定を行っていることとしてまとめること なのではなく、プログラム化しうる完全な意思決定とプログラム化しえない満足な意思決
10	経営と戦略	アンソフ三部作が『企業戦略論』『戦略経営論』『「戦略経営」の実践原理』であることを 決定が業務的意思決定、管理的意思決定、戦略的意思決定に分類出来、かつアンソフは戦 とを理解しておくこと。『戦略経営論』では、組織が環境の乱気流においてそれぞれの状 て「動かない」選択を取れば破綻しやすいことを組織慣性との関係で理解しておくこと。 的な診断として環境の乱気流、戦略の積極性、企業能力の対応性についてそれぞれギャッ

参考文献

Clegg, S. T., Kornberger, M., and Pitsis, T. (2011) *Managing and Organizations: An Introduction to Theory and Practice*, SAGE Publications.

芦田宏直（二〇一九）『シラバス論―大学の時代と時間、あるいは〈知識〉の死と再生について―』晶文社。

アダム・スミス（二〇〇〇）『国富論（一）』（水田洋監訳・杉山忠平訳）岩波書店。

アブラハム・マズロー（一九八七）『改訂新版 人間性の心理学―モチベーションとパーソナリティ―』（小口忠彦訳）産業能率大学出版部。

アブラハム・マズロー（二〇〇一）『完全なる経営』（金井壽宏監訳・大川修二訳）日本経済新聞社。

アルフレッド・チャンドラー・ジュニア（二〇〇四）『組織は戦略に従う』（有賀裕子訳）ダイヤモンド社。

アンリ・ファヨール（一九七〇）『公共心の覚醒―ファヨール経営管理論集―』（佐々木恒男編訳）未来社。

アンリ・ファヨール（一九七二）『産業ならびに一般の管理』（佐々木恒男監訳）未来社。

飯野春樹（一九七八）『バーナード研究』文眞堂。

ウィリアム・ウォルフ・飯野春樹編（一九八七）『経営者の哲学』（飯野春樹監訳・日本バーナード協会訳）文眞堂。

占部都美（一九八四）『新訂　経営管理論』白桃書房。

エドガー・シャイン（二〇一二）『組織文化とリーダーシップ』（梅津祐良・横山哲夫訳）白桃書房。

エルトン・メーヨー（一九五一）『産業文明における人間問題』（勝木新次校閲・村本栄一訳）日本能率協会。

加藤勝康・飯野春樹編（一九八七）『バーナード―現代社会と組織問題―』文眞堂。

金井壽宏、佐藤郁哉、ギデオン・クンダ、ジョン・ヴァン－マーネン（二〇一〇）『組織エスノグラフィー』有斐閣。

ギブソン・バレル、ガレス・モーガン（一九八六）『組織理論のパラダイム』（鎌田伸一・金井一頼・野中郁次郎訳）千倉書房。

経営学史学会編（二〇〇二）『経営学史事典』文眞堂。

経営学史学会監修・佐々木恒男編（二〇一一）『経営学史学会叢書Ⅱ　ファヨール』文眞堂。

経営学史学会監修・藤井一弘編（二〇一一）『経営学史学会叢書Ⅳ　バーナード』文眞堂。

経営学史学会監修・岸田民樹編（二〇一二）『経営学史学会叢書Ⅷ　ウッドワード』文眞堂。

経営学史学会監修・中川誠士編（二〇一二）『経営学史学会叢書Ⅰ　テイラー』文眞堂。

経営学史学会監修・吉原正彦編（二〇一三）『経営学史学会叢書Ⅲ　メイヨー＝レスリスバーガー』文眞堂。

佐々木恒男（一九八四）『アンリ・ファヨール―その人と経営戦略、そして経営の理論―』文眞堂。

ジャン－ルイ・ポセール編（二〇〇五）『アンリ・ファヨールの世界』（佐々木恒男監訳）文眞堂。

ジョン・ヴァン＝マーネン（一九九九）『フィールドワークの物語―エスノグラフィーの文章作法―』（森川渉訳）現代書館。

ジョン・ウッドワード（一九七〇）『新しい企業組織―原点回帰の経営学―』（矢島鈞次・中村壽雄訳）日本能率協会。

ジョン・ウッドワード（一九七一）『技術と組織行動』（都築栄・宮城浩祐・風間禎三郎訳）日本能率協会。

ダグラス・マグレガー（一九六六）『企業の人間的側面（新版）』（高橋達男訳）産業能率大学出版部。

ダニエル・レン（二〇〇三）『マネジメント思想の進化（第四版）』（佐々木恒男監訳）文眞堂。

ダニエル・レン／ロナルド・グリーンウッド（二〇〇〇）『現代ビジネスの革新者たち―テイラー、フォードからドラッカーまで―』（井上昭一・伊藤健市・廣瀬幹好監訳）ミネルヴァ書房。

チェスター・バーナード（一九九〇）『組織と管理』（飯野春樹監訳・日本バーナード協会訳）文眞堂。

チェスター・バーナード・山本安次郎（一九六八）『新訳　経営者の役割』（田杉競・飯野春樹訳）ダイヤモンド社。

チャールズ・ダーウィン（一九九〇）『種の起原（上）』（八杉龍一訳）岩波書店。

寺澤芳雄編（一九九七）『英語語源辞典』研究社。

トマス・コクラン（一九六九）『アメリカのビジネス・システム』（中川敬一郎訳）筑摩書房。

ハーバート・サイモン（一九七九）『意思決定の科学』（稲葉元吉・倉井武夫訳）産業能率出版局。

ハーバート・サイモン（一九九八）『学者人生のモデル』（安西祐一郎・安西徳子訳）岩波書店。

ハーバート・サイモン（二〇〇九）『経営行動―経営組織における意思決定過程の研究―』（二村敏子・桑田耕太郎・高尾義明・西脇暢子・高柳美香訳）ダイヤモンド社。

ハリー・アンゾフ（一九六九）『企業戦略論』（広田寿亮訳）産業能率大学出版部。

ハリー・アンゾフ（一九九四）『「戦略経営」の実践原理―二一世紀企業の経営バイブル―』（中村元一・黒田哲彦・崔大龍

監訳）ダイヤモンド社。

ハリー・アンゾフ（二〇〇七）『アンゾフ戦略経営論〔新訳〕』（中村元一監訳）中央経済社。

フリッツ・レスリスバーガー（一九五四）『経営と勤労意欲』（野田一夫・川村欣也訳）ダイヤモンド社。

フレデリック・テーラー（一九六九）『科学的管理法〈新版〉』（上野陽一訳）産業能率大学出版部。

フレデリック・テイラー（二〇〇九）『新訳　科学的管理法―マネジメントの原点―』（有賀裕子訳）ダイヤモンド社。

マックス・ウェーバー（一九八九）『プロテスタンティズムの倫理と資本主義の精神』（大塚久雄訳）岩波書店。

松嶋登（二〇一五）『現場の情報化―IT利用実践の組織論的研究―』有斐閣。

ミシェル・フーコー（一九九〇）『作者とは何か？（ミシェル・フーコー文学論集）』（清水徹訳）哲学書房。

山下剛（二〇一九）『マズローと経営学―機能性と人間性―』文眞堂。

吉本隆明（二〇〇六）『ひきこもれ―ひとりの時間をもつということ―』大和書房。

吉本隆明（二〇〇八）『貧困と思想』青土社。

ヨッヘン・ヘーリッシュ（二〇一七）『メディアの歴史―ビッグバンからインターネットまで―』（川島建太郎・津崎正行・林志津江訳）法政大学出版局。

レンシス・リッカート（一九六四）『経営の行動科学―新しいマネジメントの探求―』（三隅二不二訳）ダイヤモンド社。

レンシス・リッカート／ジェーン・リッカート（一九八七）『コンフリクトの行動科学―対立管理の新しいアプローチ―』（三隅二不二監訳）ダイヤモンド社。

ラ行

ライン組織　170
ライン・スタッフ組織　170
乱気流的環境　199-202, 250
乱気流モデル　198-201, 203, 250, 256
理解の理解　069, 135, 209
利害　063, 102, 232, 238-239
履修指標　007-008, 013, 019, 033, 049, 070-071, 077, 097, 115, 136-137, 143, 163, 179, 191, 210-211, 234-235, 242-243, 252-253, 257
——の水準　007-008, 019, 033, 049, 077, 097, 115, 143, 163, 179, 191, 234-235, 242-243, 252-253, 257
履修判定指標　007, 010, 019, 033, 049, 069, 073, 077, 097, 115, 135, 139, 143, 163, 179, 191, 209, 214, 218-220, 225-226, 228, 230, 232, 234-236, 238, 240, 242-244, 246, 248, 250, 252-255, 257
リンゴ　119
連結ピン　102-104, 107, 238-239, 256
労使双方の繁栄　034, 070, 079, 230, 256
労働者のための管理論　071, 234
論理的過程　116, 126, 128-129, 137, 240-241, 256-257

ワ行

Y理論　238-239, 256-257

人間論　115-117, 137-138, 212, 240-241, 253, 257
認識論(反実証主義－実証主義)　163, 165-167, 210, 246-247, 257
能率(efficiency)　045, 053, 079-081, 083, 089, 106, 119-120, 158, 182-183, 236, 248-249
ノーベル経済学賞　117, 180-181, 241, 248

ハ 行

ハーバード大学　033, 035-036, 070, 085, 117, 230-231, 237, 241, 257
話し言葉　002
バンク配線作業実験　077-079, 084, 087-088, 090, 098, 136, 236-237, 257
非公式組織　123-124, 240-241
ビッグ・ビジネス　009, 011, 019-022, 024-025, 027-028, 030, 034, 070-071, 078, 228-229, 235, 256-257
非論理的過程　116, 126, 129, 137, 240-241, 256-257
標準化　078, 230-231
復習コマ　009-012, 067, 133, 207, 227, 229, 231, 233, 235, 237, 239, 241, 243, 245, 247, 249, 251, 253, 255
物的制約　117-118
物理的環境　077, 082-086, 090, 136-137, 149, 237, 242, 257
部分的無知　192, 195-196, 204, 212, 250-251, 253, 256
プログラム化しうる意思決定　186, 248-249
プログラム化しえない意思決定　180, 186-187, 211, 249, 257
分業　029, 040, 056, 059, 228, 233
ベツレヘム・スチール　036
方法論(個性記述的－法則定立的)　055, 163, 165, 167, 210, 246-247, 256
ボトム・アップ　145, 171-172
ホーソン実験　077, 079, 098, 136, 237, 256-257
——工場(ウェスタン・エレクトリック社)　078-081, 085-086, 088, 090, 098, 136, 236-237, 257

マ 行

マネジメント・サイクルの実行　020, 070, 228, 256
満足化原理　183-186, 188, 248, 256
ミッドベール・スチール　036-037, 230-231
ミシガン大学　099
命令の一元性　056, 060, 232
面接実験　077, 079, 085-087, 090, 098, 136, 236-237, 257
模擬解答　010-013, 217-222, 226, 228, 230, 232, 234, 236, 238, 240, 242, 244, 246, 248, 250, 252, 254-255
模擬試験　010-013, 217-222, 226-228, 230, 232, 234, 236, 238, 240, 242, 244, 246, 248, 250, 252, 254-255
模擬試験作成者　255
——評価者　254
模擬試験・模擬解答発表会　010-012, 217-219, 221-222, 226, 228, 230, 232, 234, 236, 238, 240, 242, 244, 246, 248, 250, 252, 254-255
最もリアルな授業評価　219, 221, 254

ヤ 行

唯一最善の方法(one best way)　164, 169, 176, 246
有限性　118, 212
有効性(effectiveness)　119-120, 182-183, 248-249
ユニバーサル・スタジオ・ジャパン　152-154
欲求階層説　098, 107-108, 110-111, 136-137, 238-239, 256

257
戦略的決定　191-192
垂直統合戦略　030, 228
推理　126-129, 240-241
精神革命　034, 043, 045, 070, 079, 164, 230-231, 256
生物的制約　118
全人仮説　116
全体としての個人　108-111, 116
専門化　040, 129
創意　056, 061, 106
創造論(創造論的経営観)　020, 024-026, 070, 228-229, 256-257
組織エスノグラフィー(組織民族誌)　144, 147, 155-158, 161, 210, 244-245, 256
組織慣性　192, 201, 211, 250-251, 257
組織均衡論　179, 182-183, 211, 249, 256
組織構造　027-028, 030, 124, 164-165, 169-176, 187, 200-201, 210, 228-229, 246-247, 257
組織人格　121, 241
組織的怠業　038, 041, 078, 230-231
組織のコンティンジェンシー理論　165, 193, 250-251
組織は戦略に従う　030, 228-229
組織能力　200
組織論(組織論的管理論)　010-012, 075, 115-117, 122, 125, 137-138, 141, 144, 165, 168, 212, 226-255, 257
存在論(唯名論－実在論)　163, 165-167, 210, 246-247, 257

タ 行

大規模な産業発展　019-020, 070, 078, 228-229, 257
大臣　063-064, 232
タウン報告　022-023, 226-229
多角化戦略　030, 054, 228, 232
惰性　118-119
脱－自明視化　144, 146-147, 150, 210, 245, 256
単位制　068, 134, 208
炭鉱　052-055, 232-233
炭鉱経営者　052, 055, 232
単独性　004, 227
秩序　056, 059, 061-062, 203
知的伝統　001-003, 226-227
　──の継承者　001-002, 227
調教する(manege)　009, 226
直観　094, 126-128, 187, 240-241
沈黙　003-004, 084, 151, 226-227
手(manus)　009
ディズニーランド　152-154
鉄道　019-022, 036, 043, 070, 228-230, 257
　──公聴会　044, 230
点数調整(素点処理)　220, 254, 256
点数分布　068, 072, 134, 138-139, 208, 213, 234-235, 242-243, 252-253
伝達(コミュニケーション)　004, 039, 061, 091, 103, 116, 122-125, 137, 145, 172, 236-237, 240-241, 257
動機　098-099, 105, 109-111, 116, 119, 124, 129, 137, 238-239, 242
　──づけ理論　109-111, 238-239
　──の理論　109, 111
同語反復的(トートロジカル)　146, 174-175
トップ・ダウン　100, 145, 170-172
トートロジー　175, 246-247

ナ 行

成行管理　038
日常の心理　116, 126, 129, 137, 240-241, 256
人間モデル　098-099, 116, 181, 238, 248-249
人間性(主意主義－決定論)　108, 149, 163, 165, 167, 210, 238-239, 246-247, 256-257
人間性心理学　107-108, 238-239

サ行

最適化原理　183-185, 188, 248-249
細目レベル　007, 226-227, 229, 231, 233, 235, 237, 239, 241, 243, 245-247, 249, 251, 253, 255
サイラス・フォッグ・ブラケット講義　126, 240
差別出来高給制度　033, 037-038, 044-045, 050, 070, 078, 230-231, 257
サボタージュ　038
サボる　038, 041, 231
サン・テチエンヌ鉱山学校　049, 051-052, 054, 071, 232-233, 257
三本の矢　053-054, 232-233
時間化　iii
時間型シラバス　005, 227
時間研究　038, 044-045, 050, 078
時間性(無時間性)　005
指揮の一元性　056, 060, 063
事業部制組織　020, 028-030, 070, 228-229, 256
自己実現人モデル　098-099, 116
自己評価　068-069, 134-135, 208-209, 234, 242-243, 252-253
システム1(独善的・専制的な組織)　097, 100-101, 104, 136, 238-239, 257
システム2(温情的・専制的な組織)　097, 100, 136, 238-239, 256-257
システム3(協議的な組織)　097, 101, 136, 238-239, 256
システム4(参加的組織)　097, 136, 238-239, 256-257
自然的怠業　041, 230
実験グループ　080, 237
市民大学　006
自明視化　144, 146-147, 150, 210, 245, 256
社会化　120-121, 241
社会人モデル　090, 098-099, 116
社会的制約　115, 117-118, 137, 240-241, 257
写実的物語　157-161, 204, 244
シャベルすくい作業の研究　042
主意主義　163, 167, 174, 176, 210, 246-247, 256
従業員の安定　056, 061
——の団結　056, 062
——の報酬　056, 060
集団圧力　089
集団的作業量制限行為　089, 236
授業の前中後　226-227, 229-230, 233, 236, 239-240, 245, 247, 249-250
主題　001, 004, 006-007, 009, 019, 024, 027, 033, 038, 043, 049, 055, 062, 067, 069, 072, 077, 084, 089, 097, 104, 107, 115, 126, 133, 135, 138, 143, 147, 154, 163, 168, 174, 179, 183, 186, 191, 198, 201, 207, 209, 213, 217, 219, 222, 226-255
小テスト　011-013, 067-069, 072-073, 133-135, 138-139, 207-209, 213-214, 217, 221, 226, 234-235, 242-243, 252-255
照明実験　077, 079-081, 083, 085, 089, 098, 136, 236-237, 257
処方科学　192, 196-198, 201, 204, 250-251, 253
職長制度(職能的職長性)　033, 038-039, 050, 070, 078, 230-231, 256
職能　022-023, 028-031, 038-040, 050, 056-059, 070, 078, 117, 125, 170-171, 228-231, 256
職能制組織　028-030, 228-229
進化論(進化論的経営観)　020, 024-026, 070, 228-229, 256
信仰　025-027, 228
人工物(artifact)　144, 148-149, 151-156, 210, 244-245, 256-257
新古典派経済学　179-181, 183-185, 211, 248-249, 257
成績評価の客観性と厳格性　218
製造(manufacture)　009, 022, 028-030, 057, 079, 088, 169-171, 177, 193, 229, 247
銑鉄(ずく)運び　034, 041-042, 070, 078, 231,

教員の達成度　254
教材・教具　007, 073, 139, 214, 220, 222, 226, 228, 230, 232, 234, 236, 238, 240, 242, 244, 246, 248, 250, 252, 254-255
業務的決定　191
規律　056, 059, 062
共通目的　002, 123, 226-227, 240-241
協働体系（協働システム）　120-122, 240
協働論　115-117, 120, 137-138, 240-241, 257
近代的な全般的管理（general management）　027-028, 228
クローズド・システム（閉じられた組織）　193
経営機能と実行機能の分離　020, 028, 070, 229, 257
経営資源　020-022, 025, 195, 228
経営思想　024, 030, 070, 228-229, 256
経営者　019, 022, 024-028, 040, 052-053, 055, 063, 070, 084, 091, 105-106, 117, 120, 125-127, 129, 138, 173, 180, 182, 184-189, 192, 194-198, 201-204, 211-212, 228-229, 232-234, 240-241, 247-253, 256-257
経営人　180, 184-185, 248
計画と執行の分離　040, 050, 065, 231
計画部　034, 038, 040, 050, 070, 078, 230, 256
経済人モデル　090, 098, 116
継電器組立作業実験　077, 079, 081, 083, 085, 089, 136, 236-237, 257
決定ルール　196-198, 201, 204, 211, 250, 257
決定論　010, 163-165, 167-169, 173-174, 176, 180, 196-197, 200-201, 210-212, 226, 228, 230, 232, 234, 236, 238, 240, 242, 244, 246-250, 252, 254, 256-257
権限と責任　059, 232-233
権限の集中　056, 060
原稿（manuscript）　009
限定合理性　117, 180-181, 183-185, 192, 212, 248, 252-253
講義草稿　iii - iv, 006-007, 011-012, 069, 135, 209, 212, 219-220, 226-230, 232-236, 238-242, 244, 246, 248, 250-255
公共事業　050, 062-064, 071, 232-233, 256
貢献意欲　123, 240
鉱山　232
鉱山学校　049, 051-052, 054, 071, 232-233, 257
鉱山技師　023, 051, 054
鉱山経営　051
公式組織　123-124, 240-241
公正　056, 060-061
工場管理法　033-034, 038-040, 070, 078, 230-231, 256
構造特性　164, 169, 172-176, 210, 246-247, 256
告白体の物語　159-161, 244
個人的利益の全体的利益への従属　060
個人人格　121, 240, 248
国家学術調査審議会　079, 081, 237
古典　011, 017, 023, 039, 051, 071, 079, 084, 094, 099, 104-105, 116, 137-138, 164-165, 169-170, 174, 193, 210, 226, 228, 230, 232, 234-236, 238-240, 242, 244, 246-248, 250, 252, 254, 257
古典学派　176-177, 247
孤独な時間　222, 254
コマ（授業回）　004-005, 007-008, 010, 219
コマシラバス　iv, 004-007, 010-011, 209, 219, 226-227, 234, 242, 252, 254-255
コマ主題細目　001, 004, 007-008, 019, 024, 027, 033, 038, 043, 049, 055, 062, 067, 069, 072, 077, 084, 089, 097, 104, 107, 115, 126, 133, 135, 138, 143, 147, 154, 163, 168, 174, 179, 183, 186, 191, 198, 201, 207, 209, 213, 217, 219, 222, 226-255
コマの展開方法　007, 227, 229, 231, 233, 235, 237, 239, 241, 243, 245, 247, 249, 251, 253, 255
コマンボール社　049, 052, 053-054, 062-063, 071, 232-234, 257

主要事項索引

ア行

アメとムチ　105
アメリカ機械技師協会(ASME)　009, 022, 226, 228
アメリカ電話電信会社　079, 117, 240
一流労働者　044, 231
印象派の物語　160-161, 244
ウェスタン・エレクトリック社　078-079, 081, 085-086, 088, 090, 098, 136, 236-237, 257
ウォータータウン兵器廠　044, 230-231
X理論　238-239, 256-257
オープン・システム(開かれた組織)　193

カ行

カーネギー学派　256
カーネギーメロン大学　181, 249
回数　006
階層組織　056, 061
概念概要型シラバス　005, 226
科学的管理法　009-011, 031, 033-034, 038-040, 042-045, 050, 070, 078-079, 090, 098-099, 164, 230-231, 234, 257
書き言葉　002
書くこと　ⅲ, 005, 008, 045, 144, 146-147, 151, 154-156, 158, 160, 210, 226-227, 244-245, 256-257
各事業部に対する管理・統制　020, 028, 228, 257
学生スタッフ　072, 138, 213
学生の理解度　220-221, 234, 242, 252, 255
仮構(フィクション)　003
課題(予習課題、復習課題)　007, 081, 202, 227, 229, 231, 233, 235, 237-241, 243-245, 247, 249, 251, 253, 255
価値(value)　003, 024, 056, 059, 065, 092, 103, 144-145, 149-157, 228-229, 236, 244-245, 257-256
科目の中での位置付け　226-227, 229, 231, 233, 235, 237, 239, 241, 243, 245, 247, 249, 251, 253, 255
環境の乱気流モデル　198-200
感情　044, 077, 085-087, 090-093, 098, 136-137, 160, 176, 236, 242, 256
完全合理性　183-185, 212, 248-249, 252
管理教育　050, 055-056, 064, 071, 079, 089, 232-233, 235, 237, 256
管理原則　023, 059, 111, 176-177, 232, 238, 256
管理者のための管理論　071, 234
管理する(manage)　009, 033, 058, 064, 070, 116, 227, 230
管理的決定　191
管理論　ⅲ, 001-002, 006-012, 017, 020, 022-023, 030-031, 034, 039, 055, 071, 075, 079, 084, 097-099, 104, 107, 110, 115-117, 122, 124-125, 136-138, 164, 168-170, 193, 226-255, 257
関連回　008, 234, 242, 252, 254, 256
キーワード　007-008, 112, 226-227, 229, 231, 233-235, 237, 239, 241-243, 245, 247, 249, 251-252, 255-256
機械技師(engineer)　009, 022, 226-229
記述科学　192, 196, 198, 204, 251
技術決定論　163, 165, 168-169, 173-174, 176, 210, 212, 246-247, 252, 256-257
技術特性　164, 169, 171-176, 210, 246-247
基準グループ　080
基本的仮定(basic assumption)　144, 150-152, 154-156, 210, 244, 257

［著者略歴］
中原　翔（なかはら・しょう）
大阪産業大学経営学部准教授
神戸大学大学院経営学研究科博士課程後期課程修了。博士（経営学）。
大阪産業大学経営学部講師を経て、二〇一九年より現職。専門は経営管理論、経営組織論。
主著に『社会問題化する組織不祥事：構築主義と調査可能性の行方』（中央経済社）。

経営管理論
——講義草稿

二〇二三年五月一日　初版第一刷発行

著者　中原　翔
発行者　千倉成示
発行所　株式会社　千倉書房
〒一〇四-〇〇三一　東京都中央区京橋二-七-一
電話　〇三-三五二八-六九〇一（代表）
https://www.chikura.co.jp/
造本装丁　米谷豪
印刷・製本　精文堂印刷株式会社

Printed in Japan〈検印省略〉
ISBN 978-4-8051-1292-2 C3034
乱丁・落丁本はお取り替えいたします